Karl Biedermann

Fünfzig Jahre im Dienste des nationalen Gedankens

Aufsätze und Reden

Karl Biedermann

Fünfzig Jahre im Dienste des nationalen Gedankens
Aufsätze und Reden

ISBN/EAN: 9783744644723

Hergestellt in Europa, USA, Kanada, Australien, Japan

Cover: Foto ©ninafisch / pixelio.de

Weitere Bücher finden Sie auf **www.hansebooks.com**

Fünfzig Jahre

im Dienste des nationalen Gedankens.

Aufsätze und Reden

von

Karl Biedermann.

Zweite Auflage.

Breslau.
Schlesische Buchdruckerei, Kunst- und Verlags-Anstalt
vormals S. Schottlaender
Leipzig: E. F. Steinacker.   1892.   New-York: Gustav E. Stechert.

Vorwort.

Am 1. Januar 1842, also vor nunmehr 50 Jahren, trat meine „Deutsche Monatsschrift" ins Leben. Ich unternahm es darin, das Programm einer neuen politischen Partei, die ich die „nationale" nannte, zu entwerfen und zu vertreten. Dieselbe sollte sich nach meiner Ansicht von der landläufigen liberalen Partei dadurch unterscheiden, daß sie vor allem die Herstellung einer kräftigen Einheit Deutschlands erstrebte, daß sie neben den politischen Freiheitsfragen auch die Fragen des praktischen, wirthschaftlichen Lebens schärfer ins Auge faßte, daß sie nicht bloßen Theorien huldigte, sondern immer mit dem zunächst Nothwendigen, daher möglicherweise Erreichbaren sich begnügte.

Es waren die Grundsätze des heutigen National-Liberalismus, zu denen ich schon damals mich bekannte.

Den obersten Zielen des Liberalismus ward ich darum nicht untreu, obgleich ich sowohl damals als später von den „entschiedenen Liberalen" oftmals als ein „Halber", wohl gar als ein „Abtrünniger" behandelt worden bin. Der beste Beweis für das Gegentheil war, daß ich von oben her, trotz meines entschieden gemäßigten Auftretens, vielfach Beein-

trächtigungen meiner publicistischen Wirksamkeit und persönliche Verfolgungen zu erdulden hatte und an mir selbst die
Wahrheit des Uhland'schen Spruches reichlich erfuhr:

„Der Dienst der Freiheit ist ein schwerer Dienst.“

Daß ich der nationalen Sache während dieser seitdem
verflossenen 50 Jahre allezeit treu gedient, dafür ist mir zu
meiner innigsten Genugthuung ein Zeugniß zu Theil geworden, wie ich es mir werthvoller nicht hätte wünschen
können. Fürst Bismarck, der unvergeßliche hochverdiente Begründer unserer deutschen Einheit, schrieb mir am 29. Februar
1888:

„Gestatten Sie mir, Ihnen meinen Dank und meine
Anerkennung auszusprechen für die Treue Ihres, durch keinen
Wechsel der politischen Lage beirrten Festhaltens an dem
nationalen Gedanken und für die Thätigkeit, welche Sie für
die Verwirklichung desselben auch in Zeiten entfaltet haben,
wo eine Aussicht auf Erfolg noch nicht vorlag.“

Jetzt, am Schlusse des halben Jahrhunderts, fühle ich
das Bedürfniß, darüber, wie ich dem nationalen und auch
dem liberalen Gedanken während dieses langen Zeitraumes
zu dienen gesucht habe, öffentlich Rechenschaft abzulegen.
Einigermaßen zwar ist dies schon geschehen in der Schrift:
„Mein Leben und ein Stück Zeitgeschichte“, allein ich habe
dort Vieles nur andeuten, nicht näher ausführen können.
Was ich in Wort und Schrift, in Reden und Aufsätzen, als
Parlamentarier und als Publicist in diesen fünf Jahrzehnten
geleistet, das ist, wie das Meiste solcher Art (selbst viel Be-
deutenderes oft nicht ausgenommen) vereinzelt, verstreut, vergessen. Wenn ich es jetzt unternehme, wenigstens Einiges
davon durch Zusammenstellung in dieser Schrift wieder in Er-

innerung zu bringen, so leitet mich dabei nicht bloß der Wunsch, die Summe meines fünfzigjährigen politischen Wirkens zu ziehen, sondern auch der sachliche Gesichtspunkt, daß damit zugleich ein langer und wichtiger Zeitabschnitt unserer neuesten vaterländischen Geschichte den Jetztlebenden, von denen vielen er entweder unbekannt oder doch unklar ist, ins Gedächt= niß zurückgerufen und zum richtigen Verständniß gebracht werden mag.

Aus diesem doppelten Grunde wird, hoffe ich, die nach= stehende Veröffentlichung — eine Art von Nachtrag oder An= hang zu meiner Selbstbiographie — Rechtfertigung und wohlwollende Aufnahme finden.

Leipzig, den 1. Januar 1892.

Karl Biedermann.

Inhaltsverzeichniß.

I.

Die Fortschritte des nationalen Princips in Deutschland.

(Aus der „Deutschen Monatsschrift für Literatur und öffentliches Leben," 1. Band, 1. Heft.)

Im Jahre 1840 war gleichzeitig durch zwei Ereignisse, den Thronwechsel in Preußen und die Kriegsdrohungen Frankreichs, der nationale Gedanke, der schon durch den Zollverein (1834) eine neue Anregung und eine bestimmte Richtung auf die preußische Führung erhalten hatte, in erhöhtem Maße belebt und gekräftigt worden. Die Verfassungshoffnungen, welche sich für Preußen an den Thronwechsel knüpften, und das Gefühl der Einigkeit in dem Entschlusse tapferen Widerstandes gegen die französischen Eroberungsgelüste (wie es sich u. A. in dem alsbald zur Nationalhymne gewordenen Becker'schen „Rheinlied" kundgab), verschmolzen miteinander zu dem hoffnungsreichen Gedanken, das innerlich neugeborene Preußen werde sich an die Spitze des durch die äußere Gefahr in seinen Gesinnungen geeinigten deutschen Volkes stellen*).

---

*) S. meine „Dreißig Jahre deutscher Geschichte". 1. Band, S. 80, 88 und „Mein Leben", 1. Bd., S. 80.

Ich hatte schon 1841 als Vorläuferin meiner Monats=
schrift eine Flugschrift veröffentlicht unter dem Titel „Das
beutsche Nationalleben in seinem gegenwärtigen Zustande und
seiner fortschreitenden Entwickelung." Darin waren als die
leitenden Grundsätze der von mir herauszugebenden Monats=
schrift bezeichnet:*)

„Aufbau eines kräftigen Nationallebens auf der Grundlage
möglichst allseitig entwickelter materieller Interessen und eines tüchtigen
praktischen Geistes im Volke; im Politischen consequente Durchführung
des constitutionellen Princips, thunlichste Selbstverwaltung des Volkes,
Förderung des Gemein= und Associationsgeistes; für die allge=
meinen deutschen Verhältnisse: Anschluß der sämmtlichen
Staaten zweiten und dritten Ranges an Preußen, Weiter=
ausbildung des Zollvereins nach der politischen Seite
hin."

Zur Begründung und Erläuterung dieses Programms
schrieb ich sogleich an der Spitze des 1. Heftes der Monats=
schrift (unter der oben befindlichen Ueberschrift) den nach=
stehenden Artikel:

Indem wir unseren Blick, bevor wir ihn in die einzelnen Ver=
hältnisse unseres Nationallebens versenken, zuerst auf dem Ganzen
ruhen lassen, begegnen wir einer Thatsache, welche wohl geeignet ist,
uns mit Freude und Stolz zu erfüllen. Diese Thatsache ist das
wiedererwachte Nationalbewußtsein der Deutschen, das
wiedergewonnene Band der inneren Einheit für die bisher nur äußer=
lich verbundenen deutschen Stämme.

Ja, wir stehen auf dem Punkte, wieder eine Nation zu werden,
nachdem wir Jahrhunderte lang nur ein Aggregat von Völkerschaften
waren, die zerstreuten Glieder eines zerstörten Organismus, eine todte
Masse ohne belebendes und beseelendes Princip. Wir dürfen uns
wieder als eine Nation fühlen und behaupten; wir dürfen uns des
Namens: „Deutsche" nicht mehr schämen, denn wir haben ihn wieder

---

*) „Mein Leben," 1. Bd., S. 71.

zu Ehren gebracht; wir dürfen nicht mehr die Augen niederschlagen, wenn der Fremde uns höhnend fragt, wo denn unser Vaterland, wo denn Deutschland eigentlich sei, ob in Preußen, oder in Baiern, oder in Oesterreich, ob zu Berlin oder zu Frankfurt, sondern können ihm stolz erwidern, daß es wohl da ein Deutschland geben müsse, wo mehr als 30 Millionen laut und wie mit Einer Stimme den deutschen Namen bekennen und dies Bekenntniß mit ihrem Gut und Blut zu vertreten entschlossen sind.

Schon einmal, in den denkwürdigen Jahren 1813—1815, haben wir ein solches Aufstreben des deutschen Nationalgeistes erlebt; aber die Flamme, die damals so hoch aufloderte, sank wieder in die todte Asche zurück, weil ihr die Nahrung und die Lebensluft zum Weiter= brennen fehlte; selbst Diejenigen, welche von den Wogen jener Auf= regung am höchsten getragen worden, mußten, wenn sie wahr sein wollten, bekennen, daß jene glorreichen Tage mehr der Gipfelpunkt einer gewaltigen Bewegung, als der Anfangspunkt einer fortschreiten= den und sich steigernden Entwickelung unseres Nationallebens gewesen waren.

In welchem Zustande fand uns die große Bewegung der euro= päischen Staatenverhältnisse, deren Anfang durch die französische Revo= lution bezeichnet ward? Während Oesterreich und Preußen als zwei selbständige, abgeschlossene Staaten aus der Gesammtheit des deutschen Reichsverbandes heraustraten, nur dem Namen nach noch damit zu= sammenhängend, was blieb da von Deutschland übrig? Eine ver= worrene Masse kleiner, durch Gesetze, Sitten und den Geist der Be= völkerungen, besonders aber der Höfe, von einander geschiedener, auf ihre Souveränität stolzer Länder und Ländchen. Im Innern unfrei, nach außen macht= und ruhmlos, verlernten diese Bevölkerungen, sich als selbständige, stimmfähige Mitglieder der großen europäischen Völker= familie fühlen; ihr politischer Gesichtskreis schrumpfte zusammen; ihre ganze Thätigkeit zog sich in die Enge kleinbürgerlicher Lebensinteressen zurück, während ihre Fürsten häufig in ausländischer Sitte und aus= ländischem Luxus schwelgten.

Anders in Preußen, dessen Fürsten, von dem großen Kurfürsten an, ihren Ehrgeiz in die Vergrößerung des Gebietes und der Macht ihres Staates setzten, — einen Ehrgeiz, welcher ihr Interesse nicht von dem

Interesse ihres Volkes trennte, sondern vielmehr beide auf's Innigste ver-
schmolz. Hier war eine Nation, hier war ein Nationalleben und ein
Nationalgeist, und zwar ein sehr lebendiger, selbstbewußter, hochstrebender
Nationalgeist, aber freilich kein deutscher, sondern ein preußischer, und, je
fester sich dieser abschloß, je stärker er sich geltend machte, desto scheuer zogen
sich die übrigen deutschen Stämme von ihm zurück, da sie weder sich
ihm anzuschließen, noch ihm gegenüber eine eigene, selbstkräftige Nationalität zu behaupten im Stande waren.

So trafen uns die Rückschläge der französischen Revolution. Diese
Revolution, im Innern zum militärischen Despotismus verknöchert,
trat nach außen erobernd auf. Das deutsche Reich brach vor dem
ersten Andrange der französischen Waffen machtlos zusammen; Oesterreich und Preußen hatten um ihre eigene Existenz zu kämpfen; die
kleineren deutschen Staaten fielen größtentheils freiwillig dem Sieger
zu, welcher die Fürsten durch persönliche oder dynastische Interessen,
die Völker durch Umgestaltung der veralteten Formen des Staatslebens
oder durch einzelne materielle Begünstigungen an sich zu fesseln wußte.
Das war eine schmachvolle Zeit, eine Zeit der größten Erniedrigung
Deutschlands, ein Schandfleck in unserer Geschichte, eine Wunde, die so
lange in dem Herzen jedes echten Patrioten fortbluten wird, bis auch
die letzten Spuren jener unseligen Zerspaltung der deutschen Nation
ausgetilgt sind und die Rückkehr solcher Ereignisse selbst den Schein
der Möglichkeit verloren hat.

Der erste Schritt, den wir zur Austilgung jener Schmach thun
können, ist: allgemeines Vergessen jeder Feindschaft, jeder gehässigen
Anklage, durch welche so leicht jene traurige Spaltung der Gemüther
genährt und fortgepflanzt wird.

Daß man dies damals nicht genug bedachte, ward Ursache, daß
die große, ewig glorreiche Nationalerhebung, welche jener Zeit der
Schmach ein Ende machte, nicht alle die Folgen entwickelte, die man
sich davon versprach. Preußen konnte allerdings nicht wohl anders, als
mit Mißtrauen die Staaten betrachten, welche seine Sache, die es als
die deutsche ansehen durfte, verlassen und sich sogar zum Theil auf
seine Kosten vergrößert hatten; diese letzteren dagegen fühlten sich durch
den, wenn auch nicht ungerechten, Stolz der Preußen verletzt und
schlossen sich nur mit halber Seele einer Bewegung an, deren beste

Früchte doch immer wieder nur Preußen zufallen mußten, weil dieses, einmal im Besitze einer selbstkräftigen Nationalität und dadurch der bevorrechtete Repräsentant der deutschen Interessen, bei jeder Wieder= herstellung der deutschen Verhältnisse die Initiative und den ersten Rang ansprechen durfte.

Doch war dies mehr die Stimmung der Kabinette als die der Völker. Diese huldigten vielmehr zum größten Theil in rückhaltlosem Enthusiasmus dem erhebenden Beispiele Preußens, an dessen Sieg sich für sie die Ehre des deutschen Namens und die Sache der Freiheit knüpfte, und, hätte damals Preußen, diese Sympathien benutzend, sich an die Spitze eines deutschen Völkerbundes gestellt, gegründet auf das= selbe System des Fortschritts, durch welches die innere Neugeburt des preußischen Staats so glücklich bewerkstelligt worden war, wer weiß, ob nicht ein solcher Versuch gelungen und Deutschland schon damals zu einer Einheit gelangt wäre, welcher es erst jetzt, nach mehr als einem Vierteljahrhundert, auf einem anderen Wege entgegenstrebt.

Es kam anders. Preußen und Oesterreich nahmen ihre frühere Stellung als europäische Großmächte wieder ein; die Staaten zweiten und dritten Ranges wurden von Neuem zu einer politischen Unthätig= keit und Ohnmacht verdammt. Die hierdurch wieder auflebende Spannung zwischen Preußen und dem übrigen Deutschland erhielt noch von einer anderen Seite her bedenkliche Nahrung. Die durch die französische Revolution erweckten, durch die gewaltigen Aufregungen des heiligen Kriegs verstärkten und ermuthigten Freiheitsideen lebten in einem großen Theile des deutschen Volkes fort und erzeugten mannig= fache Wünsche und Versuche einer allgemeinen Neugestaltung des deutschen Staats= und Nationallebens. Die preußische Regierung schien anfangs nicht abgeneigt, diesen Wünschen durch zeitgemäße Zu= geständnisse entgegenzukommen; allein ängstlich gemacht durch den Un= gestüm, womit ein Theil der liberalen Partei seine Anforderungen erhob, und durch einzelne Beispiele von gefährlichem Mißbrauch jener Freiheit in anderen Staaten, hielt sie sich für verpflichtet, jedem weiteren Vorbringen der liberalen Ideen mit Ernst entgegenzutreten und die Unantastbarkeit des monarchischen Princips, in welcher sie die einzige Schutzwehr für die Sicherheit und Stärke der deutschen Natio=

nalität gegenüber dem Auslande zu erblicken glaubte, mit größter Strenge aufrecht zu erhalten.

Die Regierungen der kleineren Staaten, welche eine solche Rück= sicht nicht in gleichem Umfange geltend zu machen vermochten, konnten sich der Aufnahme der neuen Principien nicht wohl entziehen, und so entstanden nach und nach in den meisten derselben Verfassungen, fast insgesammt nach französischem Muster.

Hierdurch war der Grund zu einer neuen Spaltung der deutschen Nation gelegt, die, indem sie sich durch die alte Eifersucht der kleinen und besonders der süddeutschen Staaten gegen Preußen verstärkte, einen höchst bedenklichen Charakter annahm. Die liberale Partei gab Preußen schuld, daß es die gemeinsame Sache Deutschlands und der Freiheit an Rußland verrathe, und preußischerseits ward den Liberalen ihre Hinneigung zu Frankreich zum Vorwurfe gemacht.

Diese Spannung und Erbitterung erreichte ihren höchsten Grad in und nach dem verhängnißvollen Jahre 1830, und, wäre es damals nicht den vereinten Anstrengungen der Cabinette gelungen, den allge= meinen Frieden zu erhalten, so hätten wir leicht eine Wiederholung der früheren Ereignisse und den abermaligen Abfall eines großen Theiles von Deutschland zu der Sache Frankreichs erleben können. So sehr überwog damals die Gleichheit der politischen Principien den Gegensatz der Nationalitäten.

Preußen sah dies wohl ein und ergriff deshalb die Initiative zu einer neuen Vereinigung der so getrennten deutschen Stämme, zu einer Vereinigung, bei welcher sich ebensowohl die Regierungen als die Völker betheiligt und befriedigt finden mußten; es gründete den deutschen Zollverein. Der Zollverein drängte die politischen Parteikämpfe in den Hintergrund durch die großen nationalen Fragen, die er in's Leben rief; er bezeichnete den Weg zur Verschmelzung der Interessen Preußens mit denen des übrigen Deutschlands ohne Auf= opferung der einen oder der andern. Preußen, dem allgemeinen Zuge folgend, der die gesammte moderne Staatenpolitik in neue Bahnen fortriß, wendete eine erhöhte Aufmerksamkeit der Erweiterung und Be= festigung seiner commerciellen Macht zu. Von dieser Seite her trat es eben sowohl den liberalen Principien, als auch dem Interesse der kleineren Staaten näher. Auf der weiten Rennbahn, welche der Zoll= verein dem nationalen Gewerbfleiße aufschloß, fand die freie Thätigkeit der Privaten den unbegrenztesten Spielraum; ein ausgebreitetes Asso= ciationswesen, die natürliche Folge des erweiterten Verkehrs, sicherte den Einzelnen eine nachdrückliche und gern geduldete Einwirkung auf die gemeinsamen Angelegenheiten der Nation und selbst die öffentliche Meinung, die Presse, erstarkte und erhob sich zu einer einflußreicheren Stellung durch die freie Besprechung der wichtigen nationalökonomischen Fragen, welche die rasche Entwickelung der deutschen Industrie in's Leben rief.

Auch die Stellung Preußens zu den kleineren Regierungen ward durch den Zollverein eine andere, günstigere. Auf dem Gebiete commer= cieller und industrieller Fragen, welches die Basis dieses Völkerbünd= nisses ist, vermag auch der kleine Staat selbstständiger und selbst= bewußter dem größeren gegenüberzutreten, als dies bei einer Ver= bindung möglich ist, welche nur politische Zwecke verfolgt und auf poli= tischen Machtbedingungen beruht. Die Vortheile der Lage eines Landes, der Gewerbfleiß seiner Bevölkerung und viele andere natürliche Verhältnisse ersetzen hier häufig, was demselben an Flächengehalt und Einwohnerzahl abgeht, und machen sein Bündniß auch größeren Staaten wichtig und wünschenswerth. So sehen wir denn in der That die im Zollverein verbundenen deutschen Staaten über ihre gemeinschaftlichen Interessen auf der Basis vollkommener Rechtsgleichheit unterhandeln, und wenn in einzelnen Fällen die Stimme der größeren Staaten einen überwiegenden und oftmals bedenklichen Einfluß auszuüben scheint, so möchte deshalb weniger die Natur der Verhältnisse, als die Lauheit oder Unselbstständigkeit der übrigen Vereinsmitglieder anzuklagen sein.

Die Bedingungen sind somit gegeben, um die Einheit, Macht und Untheilbarkeit der deutschen Nation dauernd zu begründen; der Punkt ist gefunden, in welchem die verschiedenen Theile Deutschlands, in welchem Regierungen und Völker sich begegnen; die Schranken beginnen zu fallen, welche bisher die kleineren deutschen Staaten von dem großen preußischen, den Süden von dem Norden, die constitutionellen Gemeinwesen von der absoluten Monarchie trennten. Der Gang der

Ereignisse hat uns mit wunderbarer Gewalt in diese Bahn fort=
gerissen, und fast überraschend, wie mit einem Zauberschlag hervorgerufen, tritt uns ein deutscher Gemeingeist, ein deutsches National=
leben entgegen, kräftig, bewußt und selbst dem Auslande, das uns
eben noch verspottete, Achtung gebietend. Schon blickt England mit
Unruhe auf die raschen Fortschritte des deutschen Handelssystems und
fürchtet, einer neuen Hansa auf den Meeren und den Märkten zu be=
gegnen, die es bisher fast allein beherrschte; schon vermochte die
deutsche Nation durch die Energie und Würde, womit sie den Ueber=
muth französischer Eitelkeit in seine Schranken zurückwies, den ge=
fährdeten Frieden Europas zu sichern; schon wird die Wichtigkeit
dieses Einflusses, den das wieder enger verbundene Deutschland auf die
politische und commercielle Gestaltung der Staatenverhältnisse ausübt,
nicht nur von den fremden Nationen, sondern auch von den einzelnen
Gliedern der großen deutschen Familie selbst gefühlt, und sie erzeugt
in demselben den Trieb nach immer innigerer Vereinigung. Von den
Staaten des Deutschen Bundes sucht einer nach dem andern den An=
schluß an den Zollverein, und bald wird dieser mit seinen Grenzen
das ganze Bundesgebiet, soweit es nicht dem Kaiserstaate zugehört, um=
spannen, wird sich an die Nordsee, das eigentlich deutsche Meer, lagern
und von dort aus seine Flagge (das friedliche Banner der Neuzeit)
weithin über den Ocean wehen lassen. Die deutschen Stämme im
Norden, von dem Vaterlande, dem sie durch Abstammung, Sprache und
Sitte angehören, losgerissen und einem fremden Staatsleben einver=
leibt, streben einer Wiedervereinigung mit Deutschland zu, und auch
bei den westlichen, deren Rückkehr zur politischen Einheit mit den ver=
wandten Bevölkerungen durch die bestehenden Verhältnisse unmöglich
gemacht oder doch auf entferntere Zeiten hinausgeschoben wird, zeigt
sich wenigstens eine erhöhte Theilnahme an der Bewegung des geistigen
Lebens der Deutschen, ein stärkeres Festhalten an germanischer Sitte
und Sprache.

Eine reiche Zukunft liegt vor uns aufgeschlossen; sorgen wir da=
für, daß sie uns nicht entgehe! Der erste Schritt auf der neuen Bahn
ist gethan, die Richtung ist bezeichnet; haben wir Acht auf jeden
folgenden Schritt! Heften wir das Auge unverwandten Blickes auf
das hohe Ziel, welches uns entgegenleuchtet! Es ist ein großes, ein

erhabenes Wort, das Wort: Nationalität; suchen wir es recht zu
verstehen und recht zu gebrauchen! Die Kraft dieses Wortes ruht auf
zwei mächtigen Säulen: sie heißen: Einheit und Fortschritt. Eine
Nation ohne Einheit, ohne einen festen Zusammenhalt im Innern und
eine starke Widerstandsfähigkeit nach außen ist nichts als eine kraft-
lose Masse von Elementen, von der jeder Nachbar ein Stück abreißt,
die jeder kühne Abenteurer nach seinen Zwecken gestaltet und benutzt.
Deshalb hinweg mit dem kosmopolitischen Liberalismus, der nur von
einer Propaganda der Freiheit, von einer Gemeinde der politisch Gleichgesinnten träumt, aber darüber die näheren Bedürfnisse und Verhältnisse des Nationallebens vernachlässigt; der nicht eher für das Vaterland wirken und kämpfen möchte, als bis alle seine Forderungen erfüllt
wären; der gern dem Nationalfeinde die Hand böte, wenn er Hoffnung
hätte, durch diesen das zu erreichen, was ihm allein des Strebens
werth erscheint! Die Zeiten dieses Liberalismus sind, dem Himmel
sei Dank! in Deutschland vorüber und werden hoffentlich niemals
wiederkehren. Wir haben einsehen gelernt, daß das keine politische
Freiheit ist, welche nicht zugleich und vor allen Dingen das Vaterland, die Nation groß, einig und frei macht; wir haben die Täuschungen der französischen Freiheitssympathien in ihrer ganzen Gefährlichkeit
und Heimtücke erkannt.

Aber von der anderen Seite ist auch die Einsicht gewonnen worden,
daß es keine Einheit und keine Stärke giebt ohne stetigen Fortschritt
und daß die Bedingungen des Zusammenhaltens der Nation zugleich
die Bedingungen ihrer Entwickelung, ihres freien Wirkens und Sich-
ausbreitens sein müssen.

Das preußische System war bisher vorzugsweise auf die Einheit
des Staatslebens, auf die Concentration der Staatsmacht gerichtet; es
betrachtete das öffentliche Leben der Nation, die Freiheit der Einzelnen,
die rechtlichen und die politischen Institutionen fast nur aus dem Gesichtspunkte dieser Centralisation, als Mittel, die Einheit des Staates
zu befestigen und die Benutzung der Volkskraft für die Zwecke der
äußeren Politik zu erleichtern. Aber diese Einheit und diese Entwickelung war eine künstliche, denn es mangelte ihr die freie Bewegung
und Selbstthätigkeit des Volkes, die Initiative der öffentlichen Meinung.

In den conftitutionellen Staaten war diese Initiative der öffent=
lichen Meinung schon längst anerkannt und durch gesetzliche Bürg=
schaften vertreten; allein, um ihre ganze wohlthätige Wirksamkeit zu
entfalten, fehlte ihr ein umfassender Kreis großer nationaler Interessen.
Dieser ist ihr durch die Vereinigung der vielen Einzelstaaten zu einem
großen Gemeinzwecke gegeben; die staatsbürgerlichen Garantien und
die Repräsentation der Nation haben gegenwärtig eine unmittelbare,
praktische Wichtigkeit erhalten, denn, was im Rathe der Regierungen
verhandelt wird, sind nicht mehr blos die Fragen der Cabinetspolitik,
die Interessen der Kronen und der Fürsten, sondern die eigentlichsten,
wesentlichsten Interessen der Nation und der Privaten, die Interessen
des nationalen Gewerbfleißes, des Verkehrs von Land zu Land, der
industriellen und commerciellen Entwickelung der Volkskraft.

Die Verschmelzung jener beiden Principien, welche bisher das
deutsche Nationalleben in sich spalteten, ist der letzte, entscheidende Schritt,
der gethan werden muß, um die Entwickelung dieses Nationallebens zu
vollenden, um den politischen Fortschritt an das Interesse der Einheit
und der äußeren Macht Deutschlands zu knüpfen und um andererseits
dieser Macht eine feste und breite Basis an der öffentlichen Meinung, an
dem freien Auftreten der Volkskraft zu geben.

Hiermit haben wir, wenn wir uns nicht täuschen, das politische
Glaubensbekenntniß einer starken und täglich wachsenden Partei in
Deutschland ausgesprochen, die wir die nationale nennen möchten und
zu der auch wir uns von ganzer Seele bekennen. Die nationale Partei
unterscheidet sich dadurch von der früheren liberalen, daß sie nicht, wie
diese, die Form des Staatslebens von dessen Inhalt, von den bestimmten
thatsächlichen Interessen trennt, auf deren Entwickelung und Befestigung
dasselbe beruht. Die nationale Partei sieht ebenfalls die politische
Freiheit und Mündigkeit des Volkes als nothwendige Bedingung eines
kräftigen und gesunden Nationallebens an, aber sie fordert diese Freiheit
nicht unter allgemeinen, abstracten Formen, sondern in ihrer bestimmten
Anwendung auf einzelne Verhältnisse; sie erstrebt nicht im Namen der
Vernunft, der Philosophie eine ängstliche Abwägung der Volksrechte
und der Regierungsrechte, sondern sie sucht Regierungen und Völker
auf eine Bahn hinzubrängen, wo jeder Theil seine natürliche Aufgabe

bei dem gemeinsamen Werke sich zugewiesen findet, auf die Bahn materieller Fortschritte. Die nationale Partei will keine der gesetzlichen Bürgschaften aufgegeben wissen, in deren Besitz sich die Mehrzahl der kleinen deutschen Staaten befindet; sie verlangt vielmehr deren fortschreitende Entwickelung und Erweiterung; aber sie wird nicht ungeduldig und muthlos, wenn diese Entwickelung — bei der eigenthümlichen Natur unserer deutschen Staatenverhältnisse, — nur langsam und oft auf Umwegen vor sich geht; sie strebt nicht nach dem Fernsten und Höchsten zuerst, sondern nach dem Nächsten und Erreichbarsten; ganz besonders aber sucht sie die Befestigung und den Fortschritt der politischen Freiheit ebensowohl in der Feststellung und Ausbildung materieller und socialer Verhältnisse, als in formellen Garantien, und sieht aus diesem Grunde nicht selten das Zustandekommen einer neuen Communicationslinie oder die Abschließung eines Handelstractates als ein ebenso wichtiges und folgenreiches Ereigniß für die Freiheit und den Fortschritt an, wie einen Sieg der Opposition bei den Wahlen oder in den Kammern. Dem absoluten Staatsprincipe gegenüber, welches gegenwärtig noch das des größten und einflußreichsten Staates in dem deutschen Nationalvereine ist, verleugnet die nationale Partei keineswegs ihre entgegengesetzten politischen Ansichten; sie hält auch die jenem Staate fehlenden gesetzlichen Bürgschaften der Freiheit und des Fortschritts keineswegs für ersetzt oder überflüssig gemacht durch die Vorzüge der Persönlichkeiten, die daselbst an der Spitze der Geschäfte stehen, und ebenso wenig durch den streng georbneten Mechanismus der Verwaltung; allein sie lebt des sicheren Glaubens, daß der Gang der Ereignisse, daß die Bahn materieller Verbesserungen, durch deren Verfolgung die preußische Politik sich zum Mittelpunkte der deutschen Nationalentwickelung gemacht hat, sie in eine Richtung hineindrängen werde, welche früher oder später auch eine ausdrückliche Anerkennung freierer Staatsformen herbeiführen müsse, und diese Erwartung macht es ihr leicht, sich auch mit den dortigen Zuständen zu befreunden, welche, wenn schon unter ganz anderen Bedingungen entstanden, als die der übrigen deutschen Staaten, und deshalb auch einen ganz anderen Geist athmend, doch nicht minder kräftige Elemente zur Förderung der allgemeinen Nationalinteressen Deutschlands in sich tragen.

Diese Nationalinteressen des gemeinsamen Vaterlandes sind es überhaupt, welche die nationale Partei überall zunächst und b hauptsächlich in's Auge faßt und als den unverrückbaren Richtpunkt für alle Entscheidungen politischer, staatswirthschaftlicher und socialer Fragen betrachtet. In der beharrlichen Verfolgung dieses Wegs vertritt sie das System des Fortschritts, aber eines besonnenen, stetigen, auf Thatsachen, nicht auf Theorien gestützten Fortschritts, eines Fortschritts, den weder die ungemessenen Forderungen eines ideologischen Liberalismus, noch die ohnmächtigen Reactionsversuche eines verstockten Absolutismus aus seiner sicheren Bahn zu reißen im Stande sind.

II.

Der Liberalismus und das nationale Princip.

(Ebenda, 1. Band, 3. Heft).

Sehr bald schon war ich genöthigt, den Standpunkt meiner Monatsschrift gegen Angriffe von liberaler Seite her zu vertheidigen. Die „Sächsischen Vaterlandsblätter", das Organ Robert Blums, brachten einen Artikel, worin mit unverkennbarer Bezugnahme auf mein Programm gesagt wurde:

Wir sind nicht der Meinung, daß die Einheit Deutschlands dadurch erstrebt werden dürfe, daß wir uns unter eine Großmacht unterordnen, für die wir keine Sympathien haben, weil sie die ihr unterworfenen Stämme gewöhnt hat, sich innitten der deutschen Nation als eine besondere, auserwählte Nation zu betrachten, oder daß man die Einheit auf Kosten der Freiheit erkaufen dürfe, den Einfluß auf die europäischen Angelegenheiten und die Macht nach außen auf Kosten der Verfassungen und der inneren, im Freiheitsbewußtsein heranreifenden Macht. Die kleinen deutschen Staaten sind das bewegende, treibende, befruchtende Element in der deutschen Gesellschaft, und wenn sie aufhörten, selbständige Staaten zu sein, selbständig durch ihre Verfassung, selbständig durch ihren öffentlichen Geist, mächtig durch den Einfluß der öffentlichen Meinung, den sie auf die Großmächte ausüben, so würde Deutschland unter der Hand eines allmächtigen Selbstherrschers in einen Starrkrampf fallen. Wir halten vielmehr dafür, daß in der Ausbildung der kleinen deutschen Staaten der Weg vorgezeichnet ist, auf welchem das gesammte Deutschland sich immer inniger zu einem Bunde unabhängiger Staaten vereinigen wird. Und, solange wir nur die Wahl haben zwischen Zersplitterung und selbsteigener Ent= wickelung im Innern, oder Einheit und fremdem Willen folgendem Triebe, so lange ziehen wir die Zersplitterung vor, weil sie uns den Fortschritt giebt, die Freiheit verbürgt und eine Zukunft mit ausge= dehnten politischen Rechten in Aussicht stellt.

Darauf erwiderte ich:

Auch wir würden gar sehr Bedenken tragen, eine Annäherung der constitutionellen Gemeinwesen Deutschlands an eine der beiden Groß= mächte zu empfehlen, wenn es sich darum handelte, das politische System einer dieser letzteren, Preußens oder Oesterreichs, so, wie es v o r einer solchen Annäherung bestand, unverändert beizubehalten und den kleineren Staaten, mit Vernichtung ihrer Selbständigkeit, aufzu= bringen. Aber weil wir überzeugt sind, daß das politische System der größeren Staaten, zunächst Preußens, durch die engere Verbindung mit dem übrigen Deutschland eine erfolgreiche Umgestaltung früher oder später erfahren werde, daß das Princip des Absolutismus und der büreaukratischen Centralisation — beides die Folgen der künstlichen, geschraubten Stellung Preußens in seiner Vereinzelung — gemildert und endlich wohl ganz aufgegeben werden könne, sobald Preußen, im Bunde mit den kleineren Staaten, sich im Stande sieht, eine ent= scheidende Stellung und Macht nach außen ohne jene künstlichen Mittel, auf natürlichem Wege, zu erreichen, endlich, daß auch die Absonderung der preußischen Bevölkerung von ihren deutschen Brüdern, der Dünkel, womit sich bisher allerdings ein großer Theil derselben als eine aus= erwählte Nation unter allen anderen deutschen Stämmen betrachtete, mit der Trennung der politischen Systeme zugleich mehr und mehr verschwinden müsse; — deshalb und deshalb allein rathen wir zu einer solchen Annäherung, in welcher wir keine Gefahr für unsere freieren Institutionen, wohl aber die sichere Bürgschaft eines höheren Aufschwunges unserer Nationalmacht und einer daran geknüpften Kräftigung unseres Volksbewußtseins erblicken.

III.

Die preußische und die deutsche Verfassungsfrage.

(Ebenda, 2. Band, 1. Heft).

Den oben nur kurz angedeuteten Gedanken, daß Preußens
innere Gestaltung mit seiner äußeren Stellung in Deutsch=
land in engster Wechselwirkung stehe, daß Preußen sein
Regierungssystem aus einem absoluten in ein constitutionelles
nur dann verwandeln könne, aber dann auch sicherlich ver=
wandeln werde, wenn es durch die Bildung eines deutschen
Bundesstaates als dessen führende Macht der Nothwendigkeit
überhoben sei, immer nur ein straff centralisirter Militärstaat
zu sein, daß also eine Lösung der preußischen Verfassungs=
frage, wie sie die Liberalen ersehnten, zu ihrer Voraussetzung
eine Lösung der deutschen Verfassungsfrage in dem oben an=
gegebenen Sinne habe — diesen Gedanken führte ich dann
weiter aus in einem Artikel: „Preußens politische Ent=
wickelung seit dem Thronwechsel". Darin sagte ich:

Ein wichtiger Wendepunkt für Deutschland war das plötzliche,
fast wunderbare Erwachen und Umsichgreifen der Idee der Einheit und
Nationalität. Der Anstoß zur äußerlichen, lauten Kundgebung dieser
Idee ward durch die französischen Anmaßungen und Prahlereien ge=

geben; aber der innere Keim derselben mußte, wenn auch verborgen und verhüllt, doch schon in dem Bewußtsein der deutschen Nation vorhanden sein; sonst hätte sie nicht so mächtig, so tief, so nach allen Seiten hin Wurzel schlagen können.

Vorbereitet war dieser nationale Aufschwung und Einheitsdrang allerdings schon seit längerer Zeit durch die engere Verschmelzung der materiellen Interessen einer großen Anzahl deutscher Staaten. Aber es kam dazu noch eine andere Thatsache mehr politischer Natur. Es war dies einestheils das in den kleineren constitutionellen Staaten Deutschlands erwachende Gefühl des Unbehagens über so manches Mißverhältniß in ihren inneren und äußeren politischen Zuständen, anderntheils, auf Seiten des preußischen Volkes, ein durch den Thronwechsel und die daran geknüpften Hoffnungen erregter Drang nach großen Thaten, nach Umgestaltung aller Verhältnisse auf einer neuen, breiteren Grundlage.

Preußen sah sich den französischen Eroberungsgelüsten in erster Linie entgegengestellt. Die Regierung und die Nation bereiteten sich auf die Möglichkeit eines Kampfes vor. Die Erinnerungen von 1813 wurden wieder lebendig; Preußen fühlte sich von Neuem als den Vorkämpfer Deutschlands und rief die zerstreuten deutschen Stämme unter sein Panier, welches es als das allgemeine Nationalpanier hinstellte. Das improvisirte Nationallied N. Beckers ward zur officiellen Tagesparole erhoben.

Die Gefahr des Krieges ging vorüber, und so verklang denn allmählich auch der kriegerische Enthusiasmus. Aber der einmal gegebene Anstoß auf das Nationalbewußtsein blieb und pflanzte sich, stets wachsend, nach allen Seiten hin fort. Eine gemeinsame Rechtsgesetzgebung für alle deutschen Staaten, und zwar eine auf die Grundlagen altgermanischer Einrichtungen, des mündlich-öffentlichen Anklageverfahrens mit Geschworenen, begründete; gemeinsame Reformen in dem inneren Verkehrswesen; gemeinsame großartige Unternehmungen für die Erleichterung der Communication von Land zu Land, von Stamm zu Stamm; gemeinsame Vertheidigungsmaßregeln gegen feindliche Angriffe sowohl auf der Ost- als auf der Westgrenze; ein gemeinsames System der Volksbewaffnung — dies und Aehnliches waren die Haupteinrichtungen, nach denen hin das erwachte Nationalbewußtsein sich vorzugsweise entfaltete und bethätigte. In allen diesen Punkten aber stand Preußen im Vordergrunde als derjenige Staat, von welchem die Initiative zu den gewünschten Fortschritten zu erwarten sei.

Und nicht allein in Bezug auf Gegenstände der Verwaltung erwartete man den Impuls zu großen, gemeinsamen, nationalen Maßregeln von der nordischen deutschen Großmacht, dem Haupte des Zollvereins, dem Grenzwächter Deutschlands im Westen und im Osten, sondern auch die Bewegung der politischen Reformideen, das allseits erwachte Verlangen nach freieren Staatsformen, nach Entwickelung der Presse, nach Mündigsprechung des Volkes und der öffentlichen Meinung — auch diese Bewegung kehrte ihre Hauptströmung dem Norden Deutschlands, dem preußischen Staate zu. In Bezug auf diese letztere Erscheinung müssen wir, um nicht mißverstanden zu werden, uns etwas deutlicher erklären. Die constitutionelle Partei in Deutschland hatte nicht nur mit der Gegenpartei in jedem einzelnen Staate, sondern auch mit dem Bunde und seinem Widerstande gegen eine freiere Entwickelung des inneren Staatslebens zu kämpfen. Bei jedem Zugeständniß, welches die Verfassungspartei in dem einen oder dem anderen deutschen Staate von ihrer Regierung verlangte, bei jedem Widerstande, den sie Uebergriffen derselben in die verfassungsmäßigen Rechte des Landes entgegensetzte, stieß sie auf die unentfliehbare Macht des Bundes, auf den niederschmetternden Bannspruch: „Bis hierher und nicht weiter!"

Der Grund dieses unnatürlichen Verhältnisses liegt theils in der eigenthümlichen Föderativverfassung der deutschen Staaten, welcher zufolge die höchste gesetzgebende Gewalt in Deutschland völlig unbeschränkt dasteht, während in den meisten der Einzelstaaten (selbst in Preußen) mehr oder weniger Bürgschaften gegen Gewaltmißbrauch vorhanden sind, theils aber auch darin, daß die obere Bundesgewalt nicht in Einer Hand concentrirt, sondern an die Uebereinstimmung einer Vielheit von Souveränen gebunden ist, woraus zwar gesetzlich eine Gleichheit und Selbständigkeit aller Bundesregierungen, factisch jedoch ein unbedingtes Uebergewicht der größeren über die kleineren, der absoluten über die constitutionellen hervorgeht.

Denken wir uns an Stelle dieser gegenwärtigen Verfassung eine einzige souveräne Gewalt, ein einziges politisches Centrum in Deutschland, so würde (ganz abgesehen von den bedeutenden Vortheilen einer gemeinsamen und gleichmäßigen Verwaltung aller Nationalinteressen) auch die politische Entwickelung Deutschlands dabei nicht wenig ge= winnen, so würde es weit leichter sein, diesen Mittelpunkt mit gesetz= lichen Schranken und Garantien zu umgeben.

Waren solche Ideen bei einem Theile der Fortschrittspartei selbst in vielen constitutionellen Staaten rege geworden, so kam denselben die durch den Thronwechsel auch in Preußen entstandene politische Be= wegung ermunternd und verheißend entgegen. Der größere Theil der Verfassungspartei hatte sich anfangs darauf beschränkt, eine Verwirk= lichung der constitutionellen Ideen für Preußen deshalb zu verlangen, weil er von einer solchen Reform günstige Rückwirkungen auf das Verfassungsleben der anderen deutschen Staaten und eine ideale An= näherung derselben an Preußen durch das Band der constitutionellen Sympathien erwartete. Allein neben dieser Ansicht oder vielmehr aus ihr heraus entwickelte sich mehr und mehr eine andere, welche an die Spitze aller Reformideen den Gedanken einer Umbildung der deutschen Staatenverhältnisse stellte. Die Grundzüge dieser Ansicht sind folgende: „Preußen,“ sagen die Vertreter derselben, „kann und wird in seiner jetzigen Stellung sein System der unbeschränkten Monarchie auf keinen Fall gegen das der beschränkten Monarchie vertauschen; es kann aber ebenso wenig zugeben, daß dies letztere System in seiner vollen Kraft und Ausdehnung in den übrigen deutschen Staaten zur Entwickelung komme. Die kleinen Staaten werden also bei der Fortdauer der jetzt bestehenden Verhältnisse in Preußen niemals zu einer freieren Ausbildung ihres öffentlichen Lebens gelangen, und ebenso werden sie, ihrer äußeren Stellung nach, stets nur die Satelliten des größeren Staates bilden. Endlich aber, was das Wichtigste ist, Deutschland wird nie einig im Innern, nie mächtig nach außen dastehen, so lange kein anderes Band für die Vereinigung der vielen verschiedenen Stämme, so lange keine andere Form des Zusammenseins der vielen Staaten und Völker gefunden ist, als die gegenwärtig bestehende Bundesverfassung.“

Und so kam man mehr und mehr zu der Ueberzeugung, daß die **Verfassungsfrage Preußens** unabtrennbar sei von der **Verfassungsfrage Deutschlands**, daß die eine nur mit der anderen und durch die andere gelöst werden könne.

Früher fragte man: „Gestattet das politische System, welches Preußen, seit es sich unter dem großen Kurfürsten als selbständige Macht hinstellte, jederzeit verfolgt hat und worauf noch jetzt seine Größe beruht, gestattet dieses System ein Aufgeben des strengcentralen, absoluten Princips, eine erweiterte Theilnahme des Volkes an der Leitung seiner Angelegenheiten?" Auf diese Frage mußte wohl die Antwort verneinend ausfallen. Jetzt aber stellt sich die Frage ganz anders. Wenn Preußen eine Politik des Fortschritts befolgt, wenn es diejenigen seiner Institutionen aufgibt, welche man dort bisher, aber sehr irriger Weise, für die einzigen und unentbehrlichen Stützen einer starken politischen Macht hielt — die Heimlichkeit seiner Verwaltung, den starren Mechanismus seiner Bureaukratie, die absolute Unumschränktheit seiner Regierungsgewalt, das Fernhalten des Volkes von der Mitberathung seiner Angelegenheiten, die Unterdrückung jeder freien Kundgebung des Volksgeistes — wenn es statt dessen die entgegengesetzten in's Leben ruft, wird es dann im Stande sein, sich zum Mittelpunkte einer politischen Einheit zu machen, welche die gesammten reindeutschen Staaten in sich faßt? Wird es, was es durch das Aufgeben seines militärisch=büreaukratischen Systems vielleicht an Schnellkraft verliert, durch den Zuwachs an Macht wiedergewinnen, welcher in der Vereinigung der kleineren Staaten mit dem preußischen, in der Herstellung eines großen, wohl arrondirten, leicht zu vertheidigenden Territoriums unbedingt liegen würde? Und auf diese Frage wird jeder Unbefangene, Jeder, der es mit Preußen und mit Deutschland gut meint, nicht anders, als mit einem freudigen Ja! antworten können.

Man darf nicht vergessen, daß Obiges unter Censur geschrieben wurde, daß daher nicht glattweg gesagt werden konnte, der von Oesterreich geleitete deutsche Bund müsse einem preußisch=deutschen Bundesstaate ohne Oesterreich, der absolutistische Bundestag einer monarchisch=constitutionellen Centralgewalt Platz machen. Allein auch in den hier gebrauchten, damals unabweisbaren Verhüllungen wird man doch diesen Gedanken nicht verkennen.

2*

IV.

Weitere Angriffe und meine Abwehr derselben.

(Ebenda, 3. Band, 1. Heft).

Der Artikel der „Sächsischen Vaterlandsblätter" war nur der Vorläufer anderer Angriffe gewesen, die von verschiedenen Seiten auf mich und mein Unternehmen erfolgten, einerseits von einer kleinstaatlich constitutionellen, andererseits von einer philosophisch=radicalen! Partei in Preußen selbst. Auf alle diese Angriffe antwortete ich in einem „Das Programm der Redaktion" überschriebenen Artikel mit den folgenden Worten:

Wir sind von einem doppelten Standpunkte aus angegriffen worden, vom constitutionellen und vom philosophisch=radicalen. Die constitutionelle Partei hat uns unsere Annäherung an Preußen zum Vorwurfe gemacht, hat uns angeklagt, daß wir den constitutionellen Fortschritt in den einzelnen deutschen Staaten über dem Streben nach nationaler Einheit des ganzen Deutschlands vergäßen. Die radicale Partei wirft uns vor, wir ständen nicht auf der Höhe der politischen Zeitbewegung, weil wir den Weg eines ruhigen, allmäligen Fortschritts gehen, weil wir immer nur nach dem zunächst Nothwendigen und Erreichbaren streben, mit einem Worte, weil wir nicht Theorien aufstellen, sondern praktisch zu wirken suchen. Beide Parteien endlich beschuldigen uns gemeinsam, wir vernachlässigten über dem Eifer für die materiellen

Interessen die höheren, idealen Zwecke der politischen Freiheit und des geistigen Fortschritts.

Was den Vorwurf betrifft, als verriethen wir die Selbständigkeit der kleinen deutschen Staaten und den Fortschritt des constitutionellen Lebens durch unsere Parteinahme für ein engeres Anschließen dieser Staaten an Preußen, so haben wir die große Genugthuung, die Wahrheit dieses unseres Gedankens nun schon von den Stimmenführern der con= stitutionellen Partei selbst anerkannt und öffentlich ausgesprochen zu sehen. Die zwei neuesten Werke, welche über die politischen Zustände Deutschlands vom constitutionellen Standpunkte aus geschrieben worden sind, das Werk von Karl Steinacker*) und das von Paul Pfizer**), beide sprechen unverholen aus, daß eine erfolgreiche Entwickelung, ja selbst eine Behauptung der freien Verfassungen in den kleinen deutschen Staaten unmöglich, daß unser constitutionelles Leben und seine Be= wegung nur ein Scheinleben und eine Scheinbewegung sei, so lange nicht die allgemeinen Verfassungsverhältnisse Deutschlands andere ge= worden; beide erwarten eine solche Neugestaltung des deutschen Staaten= organismus von dem größten rein deutschen Staate, von Preußen.

Wenn also die constitutionelle Partei in der Annäherung an Preußen einen Verrath an der constitutionellen Freiheit erblickt, so möge sie dieses Verraths nur zu allererst ihre eigenen Führer anklagen! Aber nein! es ist kein Verrath an dem constitutionellen Princip, wenn wir das, was die constitutionelle Partei innerhalb jedes einzelnen der deutschen Staaten anstrebt, die Herstellung eines kräftigen Volksbewußt= seins und freier Institutionen, in größerem Umfange und von allge= meinerem Gesichtspunkte aus zu verwirklichen suchen — für das ganze verbundene Deutschland. Es ist kein Verrath, wenn wir diesen Zweck mit den Mitteln zu erreichen streben, welche wir für die wirksamsten halten, wenn wir auf einem Wege zu unserem Ziele zu gelangen suchen, der zwar denen, die gewohnt sind, einen anderen zu gehen, ein Umweg, vielleicht selbst ein Abweg erscheinen mag, den wir aber mit vollster Ueberzeugung nicht nur als den sichersten, sondern sogar als den kürzesten

---

*) „Ueber das Verhältniß Preußens zu Deutschland", 1842.
**) „Gedanken über Recht, Staat und Kirche", 1842.

ansehen. Denn in der Politik gilt nicht immer der mathematische Satz, daß die gerade Linie der kürzeste Weg sei.

Man wirft uns vor, wir vernachläßigten über dem Eifer für die materiellen Interessen die dringendere Sorge für die ideellen, für die Freiheit und den geistigen Fortschritt der Nation, und arbeiteten dadurch einer Partei in die Hände, deren Streben dahin gehe, die Nation durch Gewährung materieller Vortheile ihre höheren Interessen, ihre Freiheiten und Rechte vergessen zu machen.

Dieser Vorwurf der Verfassungsfreunde läßt uns ebenso ruhig, wie jene angeblichen geheimen Pläne der Verfassungsfeinde. Denn, so gewiß wir überzeugt sind, daß diese Pläne, wo auch immer solche bestehen mögen, sich nothwendig in ihren eigenen Schlingen fangen müssen, so gewiß vertrauen wir darauf, daß die Zukunft die Richtigkeit unserer Berechnungen und die Lauterkeit unserer Absichten in's hellste Licht stellen werde.

Schon die Gegenwart legt Zeugniß für uns ab. Denn seit wann ist das Volksbewußtsein in Deutschland so lebendig, der Drang nach freien Institutionen, nach Oeffentlichkeit in allen Gebieten des Staatslebens, nach umfassenden Verbesserungen in der Gesetzgebung und der Rechtspflege, nach Abschüttelung des auf uns lastenden Joches der Beamtenherrschaft und Bevormundung mit ihrer Heimlichkeit und ihrem Pochen auf Allweisheit — seit wann ist dieser Drang so allgemein und unwiderstehlich geworden, daß die Regierungen ihm ein Zugeständniß nach dem andern machen müssen und daß selbst diejenigen unter ihnen, welche früher am schroffsten an dem alten Systeme festhielten, doch der allgewaltigen Bewegung nicht länger widerstehen können? Ist es nicht seit der Zeit, wo man anfing, die Bedürfnisse der deutschen Völkerschaften nach einem nationalen Maßstabe zu messen? Oder was hat den Geist der Einheit im deutschen Volke erzeugt und genährt, was hat uns wieder zu einer Nation im vollen, echten Sinne des Wortes gemacht, zu einer Nation, die sich ihrer großen politischen und kulturgeschichtlichen Aufgabe bewußt ist, die nicht blos dem Auslande, sondern auch ihren eigenen Machthabern achtunggebietend gegenüberzutreten vermag? Der kräftige Aufschwung unserer materiellen Interessen ist es, welcher in dem deutschen Volke das Gefühl der Selbständigkeit nach außen und im Innern, das Gefühl gesunder

Kraft und den davon unzertrennlichen Trieb nach dem freien Gebrauche dieser Kraft wieder lebendig gemacht, welche den politischen Reform= bestrebungen einen größeren Nachdruck, den politischen Ideen eine weitere Verbreitung und einen festeren Boden in der Masse der Nation verschafft hat, als alle Theorien dies zu thun vermochten.

Fern sei es von uns und ist es stets gewesen, die Bestrebungen für Erringung freierer Formen des öffentlichen Lebens gering zu achten oder ihnen unsere Unterstützung zu versagen! Man schlage die Hefte der Monatsschrift auf, und man wird überall sehen, wie wir uner= müdet und ungescheut für den Fortschritt des politischen Lebens in allen deutschen Staaten, für Oeffentlichkeit und Mündlichkeit der Rechts= pflege, für größere Theilnahme des Volkes an den Angelegenheiten seines Gemeinwesens, gegen das System der Bevormundung und der Heimlichkeit der Verwaltung, gegen die Bedrückung der Presse und gegen jede Beeinträchtigung constitutioneller Rechte unsere Stimme er= hoben haben. Die Richtung auf die Entwickelung der materiellen Kraft unseres Volkes und der nationalen Größe und Einheit Deutsch= lands hat uns niemals unempfindlich gemacht gegen die Bedürfnisse des inneren Verfassungslebens; wir haben keineswegs über der Freude an dem wachsenden Wohlstande und den industriellen Fortschritten Deutsch= lands die höheren Ansprüche des Geistes vergessen oder uns durch die Sorgfalt, womit die Regierungen diese Interessen pflegen, verleiten lassen, den Forderungen auf eine freiere Gestaltung des Staatslebens zu entsagen. Wenn wir bei diesen Forderungen weniger ungestüm ver= fuhren, als die liberale und namentlich die radicale Partei, so war der Grund davon weder Furchtsamkeit noch Unentschiedenheit, sondern viel eher das Gefühl der Sicherheit und der feste Glaube an den Sieg der guten Sache, welcher uns aus dem Bewußtsein entspringt, daß das, was wir alle wünschen und fordern — die Freiheit und der Fort= schritt — schon nicht mehr blos ein theoretisches Postulat, sondern eine praktische Nothwendigkeit ist, nicht mehr blos Gegenstand der schwärme= rischen Begeisterung einiger Weniger und eines dunklen, unverstandenen Gefühls in den Massen, sondern ein tiefempfundenes Bedürfniß der ungeheuren Mehrheit der Nation, ein Bedürfniß, welches mit der ganzen Lebens= und Beschäftigungsweise des Volkes und mit dem natürlichen Triebe jedes Einzelnen nach Erweiterung seiner physischen

unb bürgerlichen Interessen, nach freier Entwickelung aller seiner Kräfte
so unauflöslich verwachsen ist, daß man es nicht wieder auszurotten
oder zu unterdrücken vermag, ohne die ganze Existenz der Nation in
ihrer innersten Wurzel anzutasten.

Man hat uns angeklagt, daß wir die Freiheit zum bloßen Mittel
der materiellen Interessen erniedrigten, daß wir ihren Werth nur nach
ihrem praktischen Nutzen mäßen. Diese Anklage würde Gewicht haben,
wenn wir den Begriff „materielle Interessen" lediglich in dem be=
schränkten Sinne verständen, in welchem er das bloße materielle Wohl=
befinden, das Behagen des physischen Genusses oder der ·gesicherten
Existenz bedeutet ohne Rücksicht auf das höhere geistige Moment,
welches in dem Princip des materiellen Fortschritts liegt. Allein so
haben wir jenen Begriff niemals verstanden. Nicht die blinde Gier
nach physischem Genusse ist es, was diese unendliche Regsamkeit auf
dem Gebiete des Materiellen hervorgerufen hat, sondern der tief in die
Brust des Menschen gelegte Trieb nach schrankenloser Entwickelung und
Uebung seiner Kräfte, nach Bewältigung und Aneignung der Außen=
welt, nach Erweiterung des Kreises seiner Thätigkeit, seiner Interessen,
seiner Beziehungen zu anderen Menschen. Dieser Trieb findet seinen
nächsten und natürlichsten Boden in dem Materiellen, in der Körper=
welt; von hier aus verbreitet er seine Schwingungen nach allen Seiten
hin, über alle Gebiete des materiellen wie des geistigen Lebens; von
hier, von diesem festen Punkte des Archimedes aus setzt er die ganze
Masse der wissenschaftlichen, der moralischen, der socialen und politischen
Ideen und Interessen in Bewegung. Die politischen Freiheitsbe=
strebungen sind nur eine Seite, eine bestimmte Aeußerung dieses un=
endlichen Triebes nach Entwickelung und Fortschritt, wie auch die
Richtung auf den materiellen Genuß, auf den praktischen Nutzen des
Einzelnen eine solche ist. Keine dieser Richtungen darf von dem Ganzen
losgerissen, darf für sich allein ausgebildet werden. Das practische
Streben, ohne Beziehung auf den stetigen, unendlichen Kulturfortschritt
erfaßt und auf sich selbst und seine nächsten Zwecke beschränkt, wird
zur egoistischen Hab= und Genußsucht; die Bewegung der politischen
Ideen, losgerissen von ihrem natürlichen Boden, den Interessen des
praktischen, bürgerlichen Lebens, wie sie sich in der Familie, der Ge=
meinde, dem Staate und dem allgemeinen Völkerverkehr organisch ge=

gliedert darstellen, verliert sich leicht in die luftigen Räume der Ideo=
logie, oder bricht gewaltsam durch alle bestehenden Verhältnisse hindurch,
um ihr theoretisches Ideal mit einem Zauberschlage ins Leben zu
rufen.

Die politische Bewegung in Deutschland hat sich lange vorzugs=
weise in den Bahnen der Theorie umhergetrieben; es schien uns
dringend nothwendig, sie auf einen festeren Boden zu versetzen, sie mit
praktischeren, stofflicheren Elementen zu durchdringen und ihr dadurch
zugleich einen größeren Nachdruck und eine weitere Verbreitung in der
Masse des Volkes zu geben.

Die philosophische Partei hat den Vorwurf, daß wir Alles nur
auf den materiellen Nutzen bezögen, daß wir der Idee, der Theorie,
der Philosophie nicht genug Ehre widerfahren ließen, auch außerhalb
der Politik wiederholt; sie kann es uns namentlich nicht vergeben, daß
wir dem speculativen Radicalismus in der Theologie unsere Unter=
stützung versagt, daß wir den Anspruch, den er macht, an der Spitze
unserer ganzen Culturentwickelung zu stehen, nicht anerkannt haben.
Die philosophische Partei will uns sogar das Prädikat des „Nationalen“
entziehen und erklärt uns für undeutsch, weil wir die „Eigenthümlich=
keit“ unseres Nationalgeistes, dem nun einmal ein tiefer Zug nach dem
Metaphysischen und Transcendenten innewohne, gewaltsam zu zerstören
und ihn zur Nachahmung einer ihm fremden und entgegengesetzten
Richtung zu zwingen suchten.

Wir müssen gegen diese Auffassung des Begriffs von Nationalität
protestiren. Wenn die nationale Richtung einer Partei oder eines
Schriftstellers nur darin gesucht wird, daß derselbe alle die „Eigen=
thümlichkeiten“, welche der Nationalcharakter angenommen hat, gutheiße
und unterstütze, auch wenn er sie für Schwächen, für Abweichungen
von der wahren Bestimmung der Nation erkennt, so heißt dies, dem
Schriftsteller die Rolle jener falschen Freunde anweisen, welche auch
Fehlern ihres Freundes schmeicheln und ihn darin bestärken, statt sie
zu bekämpfen. Es giebt eine krankhafte Nationalität, wie es eine
krankhafte Individualität giebt, und, wie das Individuum nicht eher
zu einer kräftigen, gesunden, naturgemäßen Entwickelung gelangt, als
bis es diese krankhafte Verbildung und Beengung seiner Individualität
durchbrochen hat, so kann auch eine Nation, deren natürlicher Ent=

wickelungsgang in ähnlicher Weise gehemmt ward und deren innere
Kraft nunmehr in krankhaften Symptomen — nervöser Ueberreizung
und Ekel vor der derben, gesunden Werkelthätigkeit — hervorbricht,
nicht dadurch zum vollen Bewußtsein und Genuß ihrer echten Natio=
nalität gelangen, daß sie sich in diesen krankhaften Stimmungen be=
festigt, sie pflegt und ausbildet, sondern einzig und allein dadurch, daß
sie in mannhafter Selbstüberwindung sich denselben entrafft und durch
unverdrossene Kraftübung die wahre geistige und körperliche Gesundheit
und Muskelstärke wiederzugewinnen sucht. Und ist denn wirklich jener
metaphysische Hang dem Deutschen ureigen? Thun wir denn wirklich
seinem ursprünglichen, angeborenen Charakter Gewalt an, indem wir
ihn auf die Bahnen materiellen Fortschritts, den allgemeinen Kampf=
platz der Nationen in unserer Zeit, hinzudrängen suchen? Die Geschichte
sagt: Nein! Sie lehrt uns, daß schon in früheren Jahrhunderten der
deutsche Geist die Richtung, die wir ihm jetzt wiedergeben wollen,
lange Zeit mit Ausdauer und Kraft verfolgt hat; sie weist auf die
Herrschaft der Meere hin, in deren Besitz Deutschland schon einmal
durch die Macht seiner Hansa gewesen; sie zeigt uns, wie nur in=
folge unseliger politischer und religiöser Verwirrungen diese Macht
gebrochen ward, wie die innere Zerspaltung des Reiches das National=
bewußtsein schwächte und zuletzt gänzlich unterdrückte und wie der
deutsche Geist durch die entstandene Leere zu anderen Interessen, zu
gelehrten Studien und metaphysischen Speculationen hingedrängt wurde,
um durch sie diese Leere auszufüllen.

Die philosophische Partei spricht von einer „weltgeschichtlichen
Mission" der Deutschen, die sie auf den „Cultus der idealen Inter=
essen", auf die „Arbeit des philosophischen Gedankens" hinweise. Wie
muß der nüchterne, praktische Engländer lächeln, wenn er hört, wie
eine große und kräftige Nation sich selbst zum müßigen Zuschauen
bei dem heißen Wettkampfe verdammt, der unter den Nationen Europas
entbrannt ist und dessen Ausgang über die Stellung und Geltung einer
jeden derselben — auch der unseren — vielleicht auf Jahrhunderte
hinaus entscheiden wird!

Nein! es ist jetzt keine Zeit zum müßigen Speculiren, jetzt, wo
die wichtigsten Interessen Deutschlands auf dem Spiele stehen, wo es
sich darum handelt, ob wir wieder als eine einige, mächtige, ge=

achtete Nation in den Congreß der Völker eintreten, oder ob wir aber=
mals — und dann vielleicht auf immer — in unsere frühere Ohn=
macht und Zerrissenheit zurückfallen sollen. Jetzt gilt es, alle Kräfte
aufzubieten, alle Klassen des Volkes an der großen Nationalsache zu
betheiligen, alle Thätigkeit auf den Einen Punkt zu richten: Aus=
bau des politischen Organismus Deutschlands im Innern,
Befestigung und Erweiterung seiner äußeren Macht durch
Kräftigung des praktischen Sinnes und des Unter=
nehmungsgeistes im Volke. Dies ist das Ziel, welches der
Gang unserer Nationalentwickelung und der Gang der allgemeinen
Weltereignisse uns vorzeichnet; dies ist das Ziel, welches auch wir im
vergangenen Jahre verfolgt haben und im künftigen verfolgen werden.
Es ist kein blinder Enthusiasmus für die Wunderwerke des modernen
Erfindungsgeistes, für Dampfmaschinen und Eisenbahnen, kein terro=
ristischer Bekehrungseifer, kein eigensinniger Haß gegen die Specula=
tion, was uns in diese Richtung warf und zum Kampf gegen jede
andere aufrief, die sich dieser hemmend entgegenstellte; es ist vielmehr
das klar erkannte Bedürfniß dessen, was unserer Nation jetzt eben
Noth thut.

Die Erfahrung dieses ersten Jahres hat uns in dieser Richtung
nur noch mehr befestigt. Die Beistimmung der erleuchtetsten Patrioten
ist unserem Streben entgegengekommen; wir haben uns überzeugt, daß
die nationalen Ideen täglich tiefer im Volke Wurzeln schlagen und sich
weiter ausbreiten; wir haben gesehen, wie der Gedanke der deutschen
Nationaleinheit sich immer mehr verkörpert hat, wie er eine
Macht geworden ist, der nichts mehr widersteht. Und so schreiben
wir getrost auch im neuen Jahre das Wort: Nationaleinheit
auf unsere Fahne, denn unter diesem Zeichen müssen wir siegen.

V.

Der Rückschlag.

(Ebenda, 7. Band, 1. Heft).

Die Hoffnungen, welche man sowohl in Preußen selbst als auch im übrigen Deutschland auf den Thronwechsel daselbst gesetzt hatte, fanden sich leider schon bald getäuscht. Die von den Ständen Ostpreußens erbetene, von allen Patrioten sehnlichst erwartete Erfüllung der königlichen Zusage vom 22. Mai 1815 wegen der Einführung von Reichsständen blieb aus; der anfänglich nach dem Thronwechsel etwas frischere Zug der Regierung gerieth nur zu bald erst in's Stocken, dann sogar in eine rückläufige Bewegung. In den anderen deutschen Staaten herrschte noch immer der Metternich'sche Einfluß vor und ward nur um so mächtiger, sobald die dortigen Regierungen nicht mehr zu fürchten brauchten, durch ein freisinniges Vorgehen der preußischen in den Schatten gestellt zu werden.

Auf diesen Umschlag in den öffentlichen Zuständen Deutschlands bezieht sich der Artikel der sich unter der Ueberschrift: „Das Jahr 1844 und das Jahr 1840" an der Spitze des Jahrgangs 1845 befindet. Es heißt darin:

Vor wenigen Monaten feierte das französische Ministerium Guizot in öffentlicher Kundgebung den vierten Jahrestag seines Bestehens Seine Feinde warfen ihm vor, es geschehe dies, weil man nicht wisse, ob dieses Ministerium auch noch das fünfte Jahr ebenso glücklich überleben werde, und sie mögen darin nicht Unrecht haben, denn in Frankreich wechseln die Menschen und die Ereignisse wie die Moden. Etwas Aehnliches hätten wir nun wohl nicht zu befürchten, wenn wir den in der Ueberschrift angedeuteten Vergleich auch erst im nächsten Jahre anstellten, denn aller Wahrscheinlichkeit nach werden die Sterne, welche das Jahr 1844 regierten, auch im Jahre 1845 ihre Macht noch nicht verloren haben, es müßte denn wieder, wie im Jahre 1840, ein unerwartet hervorbrechender feuriger Komet die geregelten Bahnen unseres politischen Sonnensystems durchkreuzen und die kunstgerechten Combina= tionen unserer diplomatischen Rechenmeister mit einem Male zu Schanden machen. Wo nicht, so läßt sich wohl ohne besondere Sehergabe mit ziemlicher Sicherheit voraussagen, daß die abwärts gekehrte Bewegung, in die wir nach der kurzen Erhebung im Jahre 1840 zurückgefallen sind, so lange in dieser Richtung fortgehen werde, bis entweder früher oder später abermals ein äußerer Anstoß uns emporschnellt, oder bis wir auf einem Punkte angelangt sind, wo nach den ewigen Gesetzen des Gleichgewichts der Kräfte (die in der politischen Welt ebensowohl gelten, wie in der physischen) der Druck von oben einen Gegendruck von unten hervorruft, welcher dann die herabsinkende Bewegung mit einem Male wieder in eine steigende verwandelt.

Es ist traurig, daß wir nur von einer dieser beiden Eventualitäten eine Verbesserung unserer Zustände zu hoffen haben sollen; es ist traurig, daß es dahin mit uns gekommen ist, daß die wärmsten Patrioten eine solche Eventualität — wenn auch nicht geradezu herbeiwünschen, doch mit jener Ruhe und Gleichgültigkeit herankommen sehen, mit welcher man ein augenblickliches Uebel erwartet, weil es uns Befreiung von anhaltenden und tiefgewurzelten Leiden zu bringen verspricht. Es ist traurig, sagen wir, aber es ist so. Und wer trägt daran die Schuld? Die Partei des Fortschrittes gewiß nicht. Sie hat, soweit es ihr ge= stattet war, nach Kräften gewarnt; sie hat auf die Gefahren aufmerk= sam gemacht, in welche man sich und das Ganze stürze, wenn man die Bahnen eines stetigen, gesetzlichen, organischen Fortschritts beharrlich

verschließe und dadurch die unsauberen Geister des gewaltsamen Um=
sturzes und der Zerstörung entfeßle; sie hat jedes, auch das geringste
Zugeständniß dankbar aufgenommen und mitten unter den drohendsten
Anzeichen bennoch die Aussicht auf eine friedliche und gedeihliche Lösung
der großen Lebensfrage unserer Zeit offen zu erhalten gesucht, um den
Muth ihrer Anhänger weder in den Unmuth des Verzagens, noch in
den wilden Ausbruch der Verzweiflung sich verkehren zu laffen. Sie
hat sich durch alles dieses als wahrhaft conservativ gezeigt, während
das System des Rückschritts durch Hemmung der natürlichen, organi=
schen Entwickelung der Nation, durch Zerstörung früher erregter Er=
wartungen, durch Antastung selbst der gesetzlich verbürgten Rechte und
durch rücksichtslose Härte in Verfolgung seiner Zwecke und in Nieder=
haltung jedes, auch des gerechtesten Widerstandes gegen dieselben recht
eigentlich destructiv und aufreizend gewirkt hat und noch immer zu
wirken fortfährt. Von den Anhängern dieses Systems gilt in vollstem
Maße jene, zwar verbrauchte, aber nichtsdestoweniger immer noch
wahre Aeußerung, die ein geistreicher Mann von den Bourbonen that:
„Sie haben nichts gelernt und nichts vergessen." Für sie giebt es weder
ein Jahr 1806, noch ein Jahr 1830, und, wie sie die ernsten Lehren
der Vergangenheit gänzlich vergessen zu haben scheinen, so denken sie
auch nicht an die Zukunft; sie leben nur für den Augenblick; sie suchen
nur abzuwehren, was die engen Kreise, die sie um sich und ihr Treiben
gezogen haben, zu durchbrechen droht. Leben zu schaffen vermögen sie
nicht, denn das kann nur, wer im Bunde ist mit dem lebendigen Geiste
der Zeit; sie können daher nur das überall hervorquellende Leben zer=
stören, zurückdämmen oder, wenn es dennoch hervorbricht, zu kunstge=
recht Formen verschneiden — und das nennen sie conserviren!
Mit diesem Conserviren haben sie es denn nun auch glücklich so weit
gebracht, daß der volle, rasche Pulsschlag, der 1840 durch alle Adern
des neuverjüngten deutschen Staatskörpers ging, wieder einem krank=
haften, fieberischen Zucken der Glieder gewichen ist, daß der freie und
offene Blick, welchen damals die deutschen Völker zu den Thronen ihrer
Fürsten und namentlich des jüngsten unter ihnen erhoben, wieder scheu
und kalt sich abwendet, daß die Milch der Liebe und des Vertrauens,
die damals in vollen Strömen floß, sich in bittere Galle verwandelt
hat, daß, wie damals ein Gefühl der Freude und Hoffnung alle deut=

schen Herzen hob, so jetzt eine dumpfe Verstimmung und Verbissenheit durch alle Stände und durch alle Provinzen schleicht und das ganze Volksleben in seinen innersten Tiefen vergiftet, daß die Kluft zwischen den verschiedenen deutschen Staaten, die man für immer ausgefüllt wähnte, sich von Neuem aufthut und die Einigkeit deutscher Fürsten und Völker, mit der man so sehr geprahlt, abermals zur Chimäre und dem Auslande zum Spott zu werden droht, daß, was damals der er-oberungskühne und in seiner Nationaleitelkeit tief verletzte Franzose nicht wagte, jetzt der kleine Däne keklich versucht, — uns mitten im Frieden und ohne Schwertstreich eine unserer besten Provinzen zu ent-fremden, indem er sie für „dänisch Eigenthum", für den Gesetzen der dänischen Erbfolge, welche nicht die der deutschen Staaten sind, unter-worfen erklärt, daß deutsche Fürsten dem Auslande das beklagenswerthe Schauspiel geben, sich um leere Titel zu streiten und die Vermittelung auswärtiger Höfe für diesen Zweck nachzusuchen, während das gemein-same deutsche Vaterland einer eigenen Vertretung als selbständige Macht und einer würdigen Stellung im europäischen Staatencongresse noch immer entbehrt, daß Ultramontanismus, Jesuitismus, Pietismus, und wie die unsauberen Geister alle heißen, ihr Haupt kecker als je erheben, weil Störungen des politischen Entwickelungsprozesses bei einem Volke fast jederzeit solche Stockungen und krankhafte Verbildungen des reli-giösen Lebens zur Folge haben und weil das herrschende politische System denselben theils direct theils indirect Vorschub leistet.

Und einem solchen System sollte unsere Zukunft verpfändet sein? Unmöglich! Die Anhänger des Systems selbst glauben daran nicht; aber sie suchen den neuen Tag, der über sie hereinzubrechen droht, so lange zurückzuhalten als möglich; gleich dem Strauß stecken sie ihren Kopf in einen bunklen Winkel und meinen, wenn nur sie das Licht, ihren Feind, nicht sähen, so sei er auch nicht da und könne ihnen nichts anhaben. Sieht man diese Leute so blind ihrem Schicksale in die Arme laufen, so könnte man sich wohl darüber freuen und es ihnen gönnen, wenn nur nicht das Ganze darunter leiden müßte. So aber kann man nur mit Angst daran denken, wohin es auf diesem Wege zuletzt mit uns kommen muß, und nur mit Wehmuth daran, wie ganz anders es hätte kommen können, wenn man dem Impulse des Jahres 1840 gefolgt wäre und die Entwickelung der deutschen Zustände unverkümmert und unbeengt, frisch und freudig ihren Gang hätte gehen lassen. Wir gehören wahrlich weder zu den politischen Hypochondristen, die alles im schwärzesten Lichte sehen, noch zu den heißblütigen Radicalen, welche ungeduldig werden, wenn nicht alles gleich nach ihren Wünschen geht; wir besitzen ein gut Theil jener deutschen Geduld und Genüg= samkeit, die ja sprichwörtlich geworden ist, und wir haben bisher immer uns und Andere mit der Hoffnung zu trösten und aufrecht zu erhalten versucht, daß es, wenn auch langsam, doch vorwärts gehe, und daß eine erwünschte Lösung der bestehenden Gegensätze auf dem Wege ge= setzlichen Fortschritts in Aussicht stehe. Allein die Erfahrungen des letzten Jahres haben unsere Hoffnungen gewaltig erschüttert, und kaum vermögen wir noch uns des Gedankens zu erwehren, daß nur ein un= vorhergesehenes, unberechenbares Ereigniß den täglich beschleunigten Fortgang der Reaction hemmen und dem Principe eines vernünftigen Fortschritts wieder freiere Bahnen brechen könne.

Was kann und was soll nun unter diesen Umständen die Partei des gesetzlichen Fortschritts thun? Mit welchen Vorsätzen und Ent= schließungen soll sie das neue Jahr beginnen? Soll sie einen Kampf aufgeben, von dessen Erfolglosigkeit sie sich überzeugt hat, und mit übereinandergeschlagenen Armen ruhig zusehen, wie der Wagen in schwindelnder Eile unaufhaltsam dem Abgrunde zurollt? Nein! das darf und das wird sie nicht! Sie wird auf ihrem Posten aushalten, komme was da wolle; sie wird fortfahren, eine Richtung zu bekämpfen, die in ihrer weiteren Verfolgung sich selbst, uns Alle, das ganze Vater= land in's Verderben stürzen muß; sie wird fortfahren, in echt con= servativem Sinne den Geist des Volkes für den gesetzlichen Fortschritt zu bilden und zu kräftigen, damit er weder unter dem Drucke jenes falschen Conservatismus in Starrheit und Stumpfheit versinke, noch auch, wenn diese Fesseln sich einmal plötzlich lösen sollten, die Grenzen der Mäßigung und Besonnenheit überschreite. Wir wenigstens haben uns beim Eintritte in das neue Jahr dieses Gelübde gethan, und wir hoffen, daß uns die Kraft nicht fehlen werde, es zu halten.

VI.

Das Schlußwort zu meiner „Geschichte des ersten preußischen Reichstages".

Durch das „Patent vom 3. Februar 1847" berief bekanntlich König Friedrich Wilhelm IV. die sämmtlichen acht Provinziallandtage der Monarchie zu einem sogenannten „Vereinigten Landtage". Derselbe sollte an die Stelle der verheißenen „Reichsstände" treten. Seine Rechte und die Formen seiner Verhandlungen waren aber in dem Patente so karg bemessen, daß in der Presse und unter den Mitgliedern der Provinzialstände selbst ernste Zweifel darüber sich regten, ob nicht durch Annahme dieser so mangelhaften Gabe das preußische Volk des durch die königliche Zusage vom 22. Mai 1815 und durch das Staatsschuldengesetz von 1820 ihm verbürgten Rechtes auf wirkliche Reichsstände verlustig gehen könnte. Ein namhafter preußischer Jurist, Heinrich Simon, forderte geradezu in einer Schrift unter dem Titel: „Annehmen oder Ablehnen?" die Stände auf, sich an diesem „Vereinigten Landtag" nicht zu betheiligen. Damals schrieb ich gegen Simon eine Schrift: „Die Aufgabe des Vereinigten

Landtags", worin ich mich für Beschickung des Landtags,
zugleich aber dafür aussprach, daß die darin vereinigten Stände
alles aufbieten müßten, um womöglich für sich und ihre
Nachfolger die Befugniß wirklicher Reichsstände zu erlangen.
Ich sah darin nicht nur die Möglichkeit einer richtigen und
gedeihlichen Lösung der preußischen Verfassungsfrage, sondern
auch den Anfang einer Verwirklichung des deutschen Einheits=
gedankens. Der „erste preußische Reichstag" konnte, meiner
Ansicht nach, die Brücke zu einem „ersten deutschen Reichs=
tag" werden.

Der Landtag kam zu Stande. Er verfuhr in der
Hauptsache ganz im Sinne der von mir geäußerten Wünsche,
d. h. er erbat vom König eine Ausdehnung seiner Rechte,
erreichte aber damit freilich so gut wie nichts. Ich ver=
faßte sodann eine „Geschichte des ersten preußischen Reichs=
tags" (so hatte ihn alsbald der Volksmund getauft), die aber
von der preußischen Regierung sofort beschlagnahmt und
verboten ward. Das gleiche Schicksal hatte schon zwei Jahre
früher meine Monatschrift — trotz ihrer warmen Partei=
nahme für die Führerschaft Preußens in Deutschland! —
und eine später (1844) von mir begründete Zeitschrift, den
„Herold", betroffen. In einem Schlußwort zu der „Ge=
schichte des ersten preußischen Reichstags" hatte ich mich über
die bedenklichen Folgen, welche die fast durchgängige Ab=
lehnung der vom Landtage gestellten Anträge haben möchte,
folgendermaßen ausgesprochen:

Was wird nun werden? Wann wird auf diesen ersten preußischen
Reichstag ein zweiter folgen? Und in welches Stadium wird dann die
Verfassungsfrage getreten sein? Das sind die Fragen, die gewiß Jeden

beschäftigen, der mit Interesse der Geschichte des ersten Vereinigten Landtags gefolgt ist.

Die Regierung — so belehrt uns ein Artikel der Allg. Preuß. Ztg. — geht damit um, einen Ausweg zu finden, „welcher, ohne die Berufung des Vereinigten Landtags an den Kalender zu binden, diese Berufung aus inneren Gründen des Bedürfnisses und der Zweckmäßig= keit so oft herbeiführen werde, als das wahre Interesse der Krone und der Nation erheische." Ferner werde sie erwägen: „wie den billigen Wünschen der Stände, daß der Thätigkeit des Vereinigten Landtags ein Ziel angewiesen werde, welches mit derjenigen der Ausschüsse und der Provinziallandtage weniger collibire als jetzt, entsprochen werden könne, ohne die Verhältnisse der Krone zu den Ständen wesentlich zu verändern." Regelmäßige, d. h. in vorausbestimmten Fristen wieder= kehrende allgemeine Landtage (ward weiter dort gesagt), wohl gar all= jährliche, würden zwecklos sein, denn was sollten sie thun, womit sollten sie sich beschäftigen? Da, wo jährliche Parlamente wären, wie in England, hätten diese die Budgetbewilligung. Eine solche den preußi= schen Ständen einzuräumen, sei aber unmöglich; damit würde „alles, was bisher Preußens Stärke ausgemacht hat, Heerverfassung, Steuer= verfassung u. s. w., umgeworfen werden." Man dürfe „die Eigen= thümlichkeit der Verhältnisse Preußens" nicht vergessen, nicht versuchen, weder Vergangenes wiederherzustellen, noch Fremdes nachzuahmen, noch nach unausführbaren Idealen zu trachten.

Wenn dies das Programm der Regierung ist hinsichtlich dessen, was sie auf die Bitten der Stände thun will, so sieht es freilich mit den Hoffnungen auf eine ersprießliche Fortbildung des Verfassungs= werkes sehr traurig aus. Man wird also abermals etwas Halbes geben, etwas, was ebensowenig lebensfähig und von Dauer sein kann, wie die Verfassung vom 3. Februar in ihrer gegenwärtigen Gestalt; man wird den Zustand der peinlichen Ungewißheit, der Ungeduld, der Aufregung der Gemüther abermals verlängern; man wird Conflicte mit den Ausschüssen, mit den Provinziallandtagen zu bestehen haben, wird vielleicht dann abermals einen Vereinigten Landtag berufen, der ebenda anfangen muß, wo der jetzige geendet; man wird sich, die Stände, das Land in unnützen, aufreibenden Kämpfen und Experimenten er= schöpfen, wird herrliche Kräfte und kostbare Zeit, die dem Lande wuchern könnten, nutzlos vergeuden und wird doch am Ende zu der Einsicht gelangen, daß alles Sichsträuben und Zaudern vergeblich sei, daß man thun müsse, was die Vernunft der Dinge, was das klar vorliegende Bedürfniß gebieterisch heischt.

Wann wird man doch endlich aufhören, dem Volke einreden zu wollen: die „Eigenthümlichkeit" Preußens vertrage Einrichtungen nicht, welche anderwärts sich wohlthätig erwiesen haben und welche in den allgemeinen Gesetzen der menschlichen Natur und des gesellschaftlichen Zusammenlebens ihre tiefe Begründung finden? Als im Jahre 1807 die großen Staatsmänner Preußens Hand anlegten, um die gesammten bestehenden Verhältnisse bis auf ihre tiefsten Grundlagen umzugestalten, da hätte wohl auch ein Aengstlicher ihnen zurufen mögen: die Eigen= thümlichkeit des Staates vertrage das nicht! Aber jene kühnen und weisen Reformatoren gingen von dem ganz richtigen Grundsatze aus, daß das, was mit den allgemeinen Gesetzen der menschlichen Natur und des Staatslebens im Einklange sei, für jeden Staat passen müsse, und daß eine Eigenthümlichkeit, welche solches nicht vertrage, keine natürliche, gesunde, sondern nur eine künstliche und angekränkelte sei, die man so bald als möglich umgestalten müsse, um den innersten Kern des Staates vor Verderbniß zu conserviren. Möchte doch diese echt conservative Gesinnung bei den jetzigen Lenkern Preußens Nachahmung finden! Der Landtag hat ihnen eine große Lehre hinterlassen; er hat ihnen gezeigt, daß der Kern des preußischen Volkes durch und durch conservativ in jenem Sinne ist, daß er einen Umsturz, ein Ueber= stürzen nicht will, wohl aber einen entschiedenen Fortschritt zur rechten Zeit und auf die rechte Weise. Einem solchen Volke kann man unbe= denklich den vollen Genuß freier Staatseinrichtungen gewähren; ge= fährlich aber würde es sein, dasselbe mit halben und verstümmelten Zugeständnissen oder wohl gar mit Täuschungen hinhalten zu wollen.

Der entscheidende Schritt aus dem absoluten in den Verfassungs= staat muß gethan werden — darüber kann nach den Verhandlungen dieses ersten Reichstages kein Zweifel mehr sein, und es ist eine ebenso traurige, als gefährliche Selbsttäuschung, wenn man noch immer sich einbildet, man könne sich mit dem Schauspiel freisinniger Institutionen umgeben und doch dabei den Kern des absolutistischen Regiments un=

angetastet erhalten, man könne die Vortheile dieser Institutionen genießen, ohne sich in die Beschränkungen zu fügen, die sie dem persönlichen Belieben auferlegen. Je später man sich zu diesem Schritte ent-
schließt, desto schwieriger wird er; je länger man die Gabe verschiebt,
desto mehr wird sie den Werth einer freiwilligen verlieren, wird als
eine abgedrungene erscheinen.

Man rühmt sich höhnend der Opposition gegenüber: „die Regierung
sei nicht in Bedrängniß und brauche sich daher nicht Bedingungen vor-
schreiben zu lassen." Wir wollen dahingestellt sein lassen, ob der
Moment einer solchen Bedrängniß, zunächst im Punkte der Finanzen,
nicht vielleicht näher sei, als man das Volk und die Welt glauben
machen will; aber, wäre dem auch nicht so, ist es wohl weise von
einer Regierung gehandelt, die Befriedigung der gerechtesten Wünsche
des Volkes so lange hartnäckig zu versagen, bis sie „in Bedrängniß" ist?
Solche Grundsätze sind wahrhaftig nicht conservativ, sondern vielmehr
destructiv, revolutionär, ja! revolutionär, denn sie säen den Samen
von Revolutionen, sie provociren fast gewaltsam das Volk, sich das zu
erzwingen, was man seinen gemäßigtsten und inständigsten Bitten
höhnend verweigert. Durch solche Grundsätze ist schon manches Land
und manche Regierung in Verwirrung und Unglück gestürzt worden.
Möge Preußens guter Genius es vor einem ähnlichen Schicksale be-
schützen!

Im Jahre 1849 war ich als Mitglied der sogenannten
„Kaiserdeputation" (welche dem König von Preußen den von
dem Frankfurter Parlamente gefaßten Beschluß seiner Er-
nennung zum deutschen Kaiser überbringen sollte), am Abend
der Audienz beim König (den 3. April) zu dem damaligen
Prinzen von Preußen (dem späteren Kaiser Wilhelm I.) zum
Thee geladen. Bei der Vorstellung der Deputationsmitglieder
richtete J. K. Hoheit die Frau Prinzessin an mich die Frage:
„Sie haben eine Geschichte des Vereinigten Landtags geschrieben?"
und als ich bejahte (nicht ohne ein Erstaunen darüber, daß ein
Mitglied des Königshauses eine so streng verbotene Schrift

gelesen), sagte die hohe Frau: „Sie haben darin leider nur zu wahr prophezeit." Ohne Zweifel deutete sie damit auf eben jenes Schlußwort hin.*)

*) Näheres über jenen Abend und sonstige Aeußerungen der damaligen Prinzessin von Preußen, der späteren Kaiserin Augusta, habe ich berichtet in „Mein Leben", 1. Bd., S. 384.

VII.

In den Märztagen 1848.

Die Ereignisse von 1848 überraschten mich nicht. Schon im Neujahrsartikel meiner Monatsschrift von 1845 (f. oben S. 28) hatte ich der trüben Ahnung Worte geliehen, daß die hartnäckige Versagung aller, auch der gemäßigtsten Wünsche der Reformfreunde von Seiten der Regierungen früher oder später zu einem gewaltsamen Ausbruche des zu lange nieder= gedrückten Volksgeistes führen müsse. Der Zusammentritt des Vereinigten Landtages in Preußen hatte mich noch ein= mal hoffen lassen, daß es doch gelingen werde, dieses Aeußerste zu vermeiden und eine friedliche Lösung der hochgespannten Verhältnisse herbeizuführen. Nach dem erfolglosen Auseinan= dergehen dieser so maßvollen und so patriotisch gesinnten Versammlung war auch diese letzte Hoffnung geschwunden. Als nun vollends in Frankreich, dieser „Unruhe in der euro= päischen Uhr" (wie man es mit Recht genannt hat) abermals eine jener Bewegungen ausbrach, welche jedesmal auch auf die Nachbarländer ihre Wellenringe erstreckt hatten, da konnte es kaum überraschen, daß auch in Deutschland eine tiefgehende und weitgreifende Aufregung entstand.

Welche Aufgabe in diesem ernsten Momente mir und den mir Gleichgesinnten zufalle, war mir keinen Augenblick zweifelhaft. Es galt, auf der einen Seite möglichst zu verhüten, daß diese Aufregung die Schranken der Mäßigung durchbreche, auf der anderen aber den gegebenen Anlaß zu benutzen, um im Wege eines streng gesetzlichen Vorgehens, mit den verfassungsmäßigen Mitteln der Bitte und Vorstellung, eine Befriedigung berechtigter Wünsche und damit eine Beruhigung der hocherregten Gemüther zu erstreben.

In letzterer Beziehung war es wiederum der nationale Gedanke, der mir vor allem als ziel- und maßgebend vorschwebte. War es doch ohnehin der unterscheidende Charakter der Märzbewegung von 1848, daß sie sofort über die Grenzen der Einzelländer hinaus sich auf eine Verbesserung der allgemeinen deutschen Zustände richtete.

Von jenem doppelten Gesichtspunkte aus entwarf ich sofort nach dem Eingange der Nachrichten aus Paris eine Adresse an den König, erwirkte deren einstimmige Annahme bei den Stadtverordneten und dem Stadtrath Leipzigs und kam damit den Radicalen zuvor, welche, wie ich erfuhr, die Pariser Ereignisse in nicht unbedenklicher Weise hatten verwerthen wollen.*)

Der Text der Adresse war folgender:

Allerdurchlauchtigster König! Ew. Majestät nahen die ehrerbietigst Unterzeichneten, Stadtrath und Stadtverordnete der Stadt Leipzig, mit einer ebenso ehrfurchtsvollen als dringenden und vertrauensvollen Bitte, einer Bitte, deren Inhalt, wenn auch vielleicht überraschend im Hinblick auf die Stellung der Bittenden als bloßer Vertreter einer Commune, nicht des

---

*) S. „Mein Leben", 1. Bd., S. 240 ff., wo der weitere Verlauf dieser Angelegenheit geschildert ist.

Landes, dennoch, so hoffen wir zuversichtlich, vor Ew. Majestät weisem und hohem Geiste sich rechtfertigen wird durch die Macht der Beweggründe, die uns dazu hindrängen.

Allerdurchlauchtigster König! Ein Ereigniß hat stattgefunden, welches die ganze Weltlage zu verändern, welches namentlich Deutschlands und somit auch Sachsens, auch Leipzigs Zukunft auf's Ernstlichste zu gefährden droht. In dem Lande, welches seit langen Zeiten vorzugsweise bestimmend auf Europas, auf Deutschlands Geschicke eingewirkt hat, ist ein Umschwung der Dinge eingetreten, dessen Ende und dessen Folgen für die übrigen Länder sich noch gar nicht übersehen lassen. Fragen wir uns: was für uns, für unser deutsches und unser sächsisches Vaterland aus dem Rückschlage jener Ereignisse hervorgehen werde, so drängt eine doppelte Befürchtung sich unseren Gemüthern auf. Von der einen Seite kann leicht die Rückwirkung der dortigen Vorgänge, wie schon einmal im Jahre 1830, uns Störungen der öffentlichen Ordnung, gewaltsame Ausbrüche einer leidenschaftlich erregten Volksstimmung bringen, eine Gefahr, zu deren Abwendung gewiß jeder wahre Freund seines Vaterlandes und der gesetzlichen Freiheit mit allen Kräften beizutragen wünschen wird. Daß Anlässe zu einer solchen Befürchtung in unseren öffentlichen Zuständen, sowohl den allgemeinen deutschen, wie den speciellen sächsischen, vorhanden sind, das, Ew. Majestät! in diesem ernsten Momente zu verschweigen oder gar zu leugnen, würde gegen unser Gewissen und gegen die heiligen Pflichten sein, die wir Ew. Majestät, dem Lande und unseren Mitbürgern schulden. Ja, Ew. Majestät! wir sprechen es aus mit der ganzen Offenheit, welche der gebieterische Drang der Umstände erheischt: auch in Sachsen, wie leider in den meisten deutschen Ländern, wird schmerzlich jene innige Eintracht und Wechselwirkung zwischen dem Geiste der Verwaltung und dem Geiste des Volkes — wir meinen den unabhängigen, denkenden und besonnenen Theil des Volkes — vermißt, wodurch allein doch eine aufrichtige und vollständige Ausführung und Ausbildung der Verfassung möglich ist.

Wenn wir gleichwohl die Wünsche und Anliegen, die wir in dieser Richtung mit Bezug auf unser nächstes Vaterland hegen, für jetzt unterdrücken, so bewegt uns dazu der Hinblick auf die größeren und bringenderen Anliegen unseres gesammten deutschen Vaterlandes, sowie die feste Zuverficht, Ew. Majeſtät ſelbſt werde aus freiem Antriebe, in weiſer Er= wägung der außerordentlichen Zeitumſtände, diejenigen Maßregeln be= ſchließen, welche geeignet ſind, das Vertrauen des Volks zu der Ver= waltung des Landes zu befeſtigen, den geſetzlichen Fortſchrittsbeſtrebungen freie Bahn und vor allem freie Aeußerung zu gewähren und ſo jeder Gefahr eines ungeſetzlichen Ausbruchs wirkſamſt vorzubeugen.

Allein, Ew. Majeſtät! eine andere, nicht ſo leicht zu beſeitigende Gefahr droht uns von dem Rückſchlage jener Ereigniſſe und der gleich= zeitigen Verwickelungen in Italien, der Schweiz und beinahe an allen unſeren Grenzen, die Gefahr, daß entweder die innere Gährung Frank= reichs ſich nach außen Luft mache, oder daß durch ähnliche unglückliche Maßregeln, wie im Jahre 1792, durch eine Coalition der abſoluten Mächte gegen den Sieg des freien Princips in Frankreich, Italien oder der Schweiz, auf der einen Seite Frankreich zum Losbrechen gewaltſam herausgefordert, auf der anderen Seite aber — was uns das ungleich Schlimmere und Bedrohlichere dünkt — Rußland der willkommene An= laß gegeben werde, mit ſeinen Waffen und ſeiner Politik uns zu um= ſpannen. Wir aber, und mit uns gewiß alle Deutſche, wollen eben ſo wenig Ruſſen als Franzoſen werden, wir wollen weder unſer Gut und Blut im Dienſte des Abſolutismus hingeben zur Unterdrückung freier Völker, noch aber auch, und wäre es ſelbſt im Namen der Freiheit, deutſche Länder und deutſche Bevölkerungen von dem gemeinſamen Vaterlande losgeriſſen ſehen. Daß jede Kriegsgefahr, komme ſie woher ſie wolle, Deutſchland am erſten und ſtärkſten bedroht, iſt ebenſo zweifel= los, als die Erinnerung an das, was Deutſchland, was Sachſen, was insbeſondere Leipzig von einer ſolchen zu leiden hat, mit blutigen Zügen in Aller Herzen eingegraben iſt.

Zu der Weisheit Ew. Majeſtät und Ihrer hohen Bundesgenoſſen, den durchlauchtigen Fürſten des Deutſchen Bundes, hegen wir zwar das Vertrauen, daß dieſelben alle die in der Bundesverfaſſung vorgeſehenen Mittel zu einer kräftigen Vertheidigung Deutſchlands gegen jede äußere Gefahr vorbereitet haben und in thätige Wirkſamkeit ſetzen werden. Aber, Ew. Majeſtät! die Geſchichte, die traurige Geſchichte unſeres Vaterlands wird uns rechtfertigen, wenn wir die Anſicht ausſprechen, daß in Momenten wie dieſer nicht die phyſiſche Macht allein, nicht die auch noch ſo treffliche Heer= und Wehrverfaſſung den Sieg zu ent=

scheiben und Schmach und Unterdrückung von einem Lande abzuwehren
vermag, wenn sie nicht Hand in Hand geht mit jener moralischen Macht,
welche nur aus der innigen Begeisterung der ganzen Nation für die
Sache des Vaterlands, seiner Regierung und seiner Institutionen ent=
springt. Die deutschen Fürsten selbst haben dies schon einmal, in jener
verhängnißvollen Zeit von 1813 und 1814, anerkannt. Um aber diese
Macht eines kräftigen Nationalgeistes nicht allein zu wecken und zu
stärken, sondern um derselben auch den belebenden Einfluß auf die Ein=
heit der ganzen Nation und die imposante Gewalt nach außen zu ver=
leihen, wodurch allein schon entweder der fremde Angriff verhindert oder
doch der Sieg der vaterländischen Waffen verbürgt wird, dazu, Ew.
Majestät! bedarf es nach unserer innigsten und gewissenhaftesten Ueber=
zeugung einer Umgestaltung der bisherigen Politik des Bundes, welche
nur eine Politik der Cabinette, nicht der Völker war, eines Aufgebens
jenes Systems des Mißtrauens gegen den deutschen Nationalgeist, als
dessen natürlicher Rückschlag auch im Volke Mißtrauen und Abneigung
gegen die Bundesgewalt sich zeigt, dazu bedarf es vor allem der Be=
seitigung jener unseligen Ausnahmegesetze, welche die freie Entwickelung
der deutschen Volkskraft so schmerzlich lähmen, und an ihrer Stelle der
Erschaffung freisinniger, volksthümlicher Institutionen, welche, indem sie
der Nation gestatten, sich als ein einiges und freies Volk nicht blos zu
fühlen, sondern auch zu äußern und zu bethätigen, zugleich den anderen
Völkern Achtung gebieten und ihnen die Hoffnung rauben, uns bei einem
Angriffe schwach, getrennt, uneinig im Inneren zu finden. Solcher
Institutionen giebt es hauptsächlich zwei, von deren ungesäumter Herbei=
führung wir uns die wohlthätigsten Folgen für die Erhaltung der inneren
und äußeren Sicherheit Deutschlands versprechen. Es sind dies: die
Entfesselung der öffentlichen Meinung, der Presse im ganzen
Umkreise des deutschen Bundes, und die Berufung von Ver=
tretern sämmtlicher deutschen Völker an den Sitz des Bundes=
tages, um diese hohe Versammlung mit der moralischen Macht eines
öffentlich ausgesprochenen und verkörperten Nationalwillens zu umgeben,
um jenen Zusammenhang zwischen ihr und der Nation herzustellen,
der jetzt so oft vermißt wird, um ihren Beschlüssen eine sichere Grund=
lage und einen starken Rückhalt in dem Vertrauen und den Sympathien
aller deutschen Völker zu geben und dem Auslande zu zeigen, daß

Deutschlands Fürsten und Völker Eins sind in dem Entschlusse, jeden fremden Angriff und Einfluß auf Deutschland abzuwehren.

Allerdurchlauchtigster König! Wohl wissen wir, daß die Erfüllung dieser patriotischen Wünsche nicht von Ew. Majestät und Ihrer Regierung allein abhängt; allein wir vertrauen, daß Sachsens Stimme, mit der Kraft der Wahrheit und der richtigen Erkenntniß der Zeitverhältnisse sowie der allgemeinen Nationalanliegen am Bundestage geltend gemacht, nicht ohne Anklang und Erfolg bleiben wird in einem Momente von solcher gebieterischen Wichtigkeit. Welches aber auch der Erfolg unserer Bitten und der Entschließungen Ew. Majestät auf dieselben sein möge, so haben wir geglaubt, eine heilige und unabweisbare Pflicht zu erfüllen, indem wir, zwar nur die Vertreter eines Theiles des Landes, aber eines Theiles, dessen Wohl und Wehe vielleicht mehr, als das irgend eines anderen Theiles, mit dem Wohl und Wehe des Ganzen zusammenhängt, in diesem ernsten und verhängnißschwangern Zeitpunkte zu Ew. Majestät unsere Stimme erheben und als loyale Staatsbürger, als warme Freunde der gesetzlichen Ordnung und des friedlichen Fortschritts, als betraut mit der Sorge um das Wohl unserer Commune und darum verpflichtet, nichts, auch das Fernste nicht, unbeachtet zu lassen, was dieses Wohl gefährden könnte, Ew. Majestät unsere Anliegen und Wünsche in Betreff der großen Nationalinteressen unseres Vaterlandes vertrauensvoll vortragen. In tiefster Ehrfurcht verharren Ew. Majestät unterthänigst gehorsamste

Der Stadtrath und die Stadtverordneten Leipzigs.

Leipzig, den 1. März 1848.

Das große englische Weltblatt „Die Times" sagte über diese Adresse:

Unter den zahlreichen Adressen, die in Deutschland entstanden sind, haben wir keine mit mehr Interesse gelesen, als die der städtischen Behörden Leipzigs. Ihre Sprache ist sehr beachtenswert. Es liegt etwas in der Mäßigung und Festigkeit dieser Adressen der Mittelklassen, was mehr Achtung einflößt, als alle die conventionellen Phrasen, in welchen die Nation sogar in Zeiten wie die jetzige von einigen ihrer Herrscher angeredet wird.

VIII

Rede für das preußische Erbkaiserthum,

gehalten im Frankfurter Parlamente.

Am Schlusse der ersten Berathung über die künftige Verfassung Deutschlands stand die sogenannte „Oberhaupts= frage" auf der Tagesordnung. Die Debatten darüber be= gannen am 15. Januar 1849. Ich war als einer der ersten Redner eingeschrieben. Meine Rede lautete (abgesehen von einigen Stellen, die bloße Erwiderungen auf vorher= gegangene Reden enthielten und die ich daher weglasse) folgen= dermaßen:

Meine Herren! Wie verschieden auch die Ansichten in dieser Frage auseinander laufen mögen, darüber, glaube ich, ist die Mehrheit dieser Versammlung und die ungeheure Mehrheit der Nation einverstanden, daß sie zum alten Staatenbunde nicht zurückkehren will. Muß dies zugegeben werden, so erledigt sich der Vorschlag, welcher ein Directorium an die Spitze stellt, so wie die ähnlichen Vorschläge, welche einen Turnus, einen Wechsel, überhaupt keinen festen Bestand des Ober= hauptes wollen. Es war das Wesen des alten Staatenbundes, daß es keine Macht darin gab, die aus der einheitlichen Kraft des Volkes hervorging, daß die Macht nur übertragen war von den einzelnen Regierungen; dagegen ist es das Wesen des Bundesstaates, den wir schaffen wollen, daß wir damit eine Einheit anstreben, eine

Regierung und Vertretung, die unmittelbar hervorgeht aus der Ge=
sammtheit der Nation.

Es bleiben daher nur zwei Vorschläge für mich übrig; das Eine
ist die sogenannte republikanische Spitze, das Andere das Kaiserthum.
Meine Herren, die republikanische Spitze — wer diese vielleicht im
Anfange der neuen Entwickelung unseres Staatslebens für möglich
halten konnte, wird sie nicht mehr für möglich halten nach den Er=
fahrungen, die wir seit unserem Beisammensein und namentlich seit Er=
schaffung der provisorischen Centralgewalt gemacht haben. Diese provi=
sorische Centralgewalt ist auch eine Art republikanischer Spitze, insofern
sie durch unseren Willen allein begründet worden ist, insofern sie rein
auf dem Principe der Wahl beruht; sie ist aber versetzt mit monarchi=
schen Elementen; ein Fürst ist an die Spitze gestellt; er ist unverant=
wortlich; das monarchische Princip hat also seine Geltung darin erlangt,
— und doch, meine Herren, hat diese Spitze, weil sie nur aus dem
Princip der Wahl hervorging, weil sie nicht auf der Basis einer
eigenen, selbstberechtigten Macht ruhte, fortwährend zu kämpfen gehabt
mit dem Widerstande einzelner Regierungen, zu kämpfen mit dynasti=
schen Interessen, die sich identificirten mit den Interessen der Völker.
Dieser Widerstand, meine Herren, wird bis in's Unendliche wachsen
bei einer rein republikanischen Spitze; es ist daher auch wohl, wenn
nicht ausdrücklich zugegeben, doch stillschweigend anerkannt, daß, wer
die republikanische Spitze will, die Republik für ganz Deutschland will.
Hierüber werde ich nichts sagen, da ich, abgesehen von allen theoreti=
schen Gründen, der Meinung bin, daß diejenigen selbst, welche die
Republik in ganz Deutschland wollen, sich bescheiden, daß es gegen=
wärtig in ihrer Kraft nicht liege, sie einzuführen.

Es bleibt also nichts als das Kaiserthum. Das Kaiserthum,
meine Herren, hat aber für mich nur dann eine Bedeutung, wenn es
erblich ist, und so komme ich sofort auf die Gründe für die Erblichkeit.
Fasse ich nun diese Gründe zusammen, so sind es drei Punkte. Zuerst,
meine Herren, was wir schaffen wollen, das muß etwas Klares, etwas
Einfaches, etwas Praktisches sein. Es muß klar sein gegenüber dem
Volke, dessen politische Begriffe ohnehin nicht überaus aufgeklärt sind
und das wir nicht wieder verwirren dürfen durch Zwittergestalten, von
denen es nicht weiß, was es daran hat. Das Volk muß wissen, daß

es eine feststehende, nicht wandelbare Macht an der Spitze der Ge=
schäfte hat, und das ist nur ein Erbkaiserthum. Es muß aber auch
diese Gestaltung klar sein gegenüber dem Auslande; denn, meine
Herren, wir stehen Nationen gegenüber, die, lange geübt in der Schule
politischer Erfahrung, bei sich das Einfache und Praktische durchgeführt
haben und die auch an fremden Nationen nur dasselbe achten. Stellen
Sie einen Turnus, einen Wahlkaiser, ein fünfköpfiges Oberhaupt an
die Spitze — der Franzose, der Engländer wird es belächeln, wird nie
Vertrauen haben zu einer Politik, die von den Wechselfällen der Wahl
oder der Uebertragung der Gewalt auf drei oder fünf abhängt. Ein
zweiter Grund, meine Herren, liegt darin: Sie mögen das Oberhaupt
ausstatten, mit welcher Macht Sie wollen — und ich bin dafür, daß
man es mit großer Macht ausstatte — es wird, wenn es nicht erblich
ist, immer ohnmächtig sein gegenüber den Erbmonarchien in den
einzelnen Staaten. Meine Herren, in dem Princip der Erblichkeit, in
diesem Rechte, das nur auf sich selbst steht und aus sich selbst seinen
Ursprung hat, liegt eine Macht für die Gemüther der Menschen, die
Sie durch keine künstliche Machtfülle ersetzen können. Wollen Sie das
Oberhaupt in einen ewigen Kampf mit den einzelnen Fürsten verwickelt,
wollen Sie es zuletzt unterliegen sehen, so schaffen Sie es wechselnd,
wollen Sie es aber stark sehen, selbst auf die Gefahr hin, daß die
einzelnen Fürsten unterliegen, so schaffen Sie es erblich! (Bravo im
Centrum). Endlich der dritte Grund — und dieser schließt sich an
das an, was nächst der Erblichkeit sofort in Frage kommt — ist dieser:
Sie werden als erbliches Oberhaupt an die Spitze Deutschlands
das Haupt eines bestimmten Staates stellen, und zwar des mächtigsten.
Es ist gesprochen worden von der erdrückenden Macht des Staates,
dessen Haupt Sie an die Spitze stellen. Ich meine nun: wenn Sie
dieses Haupt erblich an die Spitze stellen, so wird jener Staat nicht
auf die anderen drücken, denn er wird aufhören, ein Staat neben dem
Reiche zu sein; stellen Sie aber das Oberhaupt nicht erblich hin, stellen
Sie es lebenslänglich oder auf zwölf oder sechs Jahre hin, so wäre es
von Seiten dieses Fürsten ein Verrath an seinem eigenen Staate,
wenn er diesen Staat unter= und aufgehen lassen wollte in dem Ganzen
auf die Gefahr hin, bei der nächsten Wahl verdrängt zu werden.

Sie werden sagen, meine Herrn: „wenn wir auch jetzt zunächst das Oberhaupt des mächtigsten Staates nur auf Zeit, auf Lebensdauer wählen, es wird ja doch erblich werden; wählen wir also jetzt eine Form, die dem Volke genehmer, die den gangbaren Antipathien weniger entgegen ist! Das Andere wird sich dann finden." Nein, meine Herren, das Andere wird sich nicht finden. Wie wir jetzt die Sache schaffen, darauf kommt es an. Wollen Sie, daß durch die ganze Lebensdauer des Monarchen, den Sie jetzt provisorisch an die Spitze stellen, jener schwankende Zustand bleibe, daß der Staat, den er regiert, sich nicht in dem größeren Ganzen auflöse, daß der Gegensatz zwischen ihm und den anderen nicht aufhöre? Schaffen Sie sofort die Erblichkeit, damit sofort ein fester Zustand eintrete!

Meine Herren, für mich ist die Erblichkeit des Oberhauptes aus den angegebenen Gründen ein so wichtiges Dogma in dieser Sache, daß ich — und ich glaube hierbei für die große Mehrzahl meiner politi= schen Freunde, vielleicht für alle zu sprechen — daß wir, wenn der Vorschlag der Erblichkeit nicht durchbringt, gegen jeden andern Vor= schlag stimmen werden — selbst auf die Gefahr hin, daß gar nichts zu Stande kommt und die Sache an den Ausschuß zurückgehen muß. Denn, wenn wir jetzt gar nichts beschließen und in acht oder zehn Tagen die Sache wieder vornehmen, so seien Sie überzeugt, die öffent= liche Meinung in Teutschland wird sich bis dahin so sehr mit dieser Idee durchdrungen haben, daß wir die Erblichkeit dann doch haben werden.

Meine Herren, ich spreche mit derselben Rückhaltlosigkeit, wie für die Erblichkeit, mich auch dafür aus: es kann Niemand die Kaiser= würde erhalten, als der Beherrscher des mächtigsten Staates, und das ist Preußen. (Unruhe auf der Linken.) Ich spreche nicht für Preußen, weil es Preußen ist; ich glaube, Sie werden mir, dem Sachsen, zu= trauen, daß ich von Hause aus nicht so viele Sympathien für Preußen hege, um gerade für Preußen unsere künftige Verfassung zuzuschneiden; ich spreche für Preußen, weil ich nach allen Erfahrungen, Beobachtungen und Ueberlegungen, die ich in dieser Sache gepflogen habe, keine andere Möglichkeit sehe, Teutschland in kürzester Zeit stark, einig und mächtig zu machen. Wir müssen den mächtigsten Staat an die Spitze stellen, einmal, damit wir nach außen einen festen Hort haben bis dahin, wo wir so geeinigt sind, daß die Vereinigung der einzelnen Kräfte eine einzige große Kraft erfetzt. Preußen ist ein ftarker Militärftaat, der nöthigenfalls auch allein dem Auslande die Spitze bieten kann; kein anderer kann es. Und dann, meine Herren, — es ift dies fchon viel= fach und mit Recht gefagt worden — glauben Sie nicht, daß es den einzelnen Stämmen und Dynaftien große Ueberwindung koften wird, fich einer Einheit unterzuordnen, die ihre Selbftändigkeit bis auf einen gewiffen Grad vernichtet? Meine Herren, diefer Widerftand wird um fo größer fein, je mächtiger der einzelne Staat, je ftärker bisher fein innerer Verband war. Keiner aber ift in feinem Innern fo fehr mit ftarker Hand zu einer feften Einheit zufammengefaßt worden, als Preußen. Jeder andere Staat Deutfchlands wird eher fich der Einheit unterordnen können und wollen, als gerade Preußen. Wenn Sie da= her Preußen an die Spitze ftellen, fo haben Sie wenigftens den Wider= ftand des mächtigften Staates nicht zu fürchten, der der übrigen aber wird leichter zu überwinden fein. Würden Sie einen anderen Staat an die Spitze ftellen, fo würden Sie Preußen fchwerlich fo bald, viel= leicht gar nicht in die Einheit eintreten fehen.

Ich komm jetzt auf die Schwierigkeiten, die man uns entgegenftellt, wenn wir Preußens König zum deutfchen Kaifer erheben wollen. Die erfte Schwierigkeit bildet O e ft e r r e i ch. Man fagt uns, wir ver= fchlöffen Oefterreich die Thür, wir müßten unfere Verfaffung elaftifch machen, damit Oefterreich noch herein kommen könne; Oefterreich werde nie eintreten, wenn Preußen erblich an der Spitze ftehe. Meine Herren! Ich habe das Verhältniß Oefterreichs zu Deutfchland von jeher fo auf= gefaßt, — auch damals, als ich mich noch der Hoffnung hingab, Oefter= reich werde bei Deutfchland bleiben, einer Hoffnung, die leider jetzt wenigftens fehr gefchwächt ift — ich habe das Verhältniß Oefterreichs zu unferem Bundesftaate nie anders aufgefaßt als fo: entweder Oefter= reich wird zerfallen, — wenn aber Oefterreich zerfällt, dann kommt zu uns nicht das ftarke, mächtige Oefterreich, nicht jenes Oefterreich, welches fich berufen glaubte, dem Erdball zu gebieten, fondern es kommen zu uns einzelne zerftreute Glieder diefes Körpers; es kommen zu uns Provinzen, die ihrer Bevölkerung und Ausdehnung nach nicht fo mächtig find, als der Staat, den wir an die Spitze ftellen wollen, und noch weit weniger zur Oberherrfchaft berufen durch ihr inneres Gefüge, durch das Nebeneinanderbeftehen deutfcher und nichtdeutfcher Bevölkerungen.

Wenn also Oesterreich zerfällt und einzelne oder alle deutsche Provinzen zu uns kommen, so werden sie sich der Form, die wir jetzt schaffen, unterordnen können und müssen. Zerfällt aber Oesterreich nicht, wird oder bleibt es jene beherrschende Gesammtmonarchie, so wird es auch nicht zu uns hereinkommen; wir selbst werden nicht wünschen können, daß Oesterreich mit seinen 38 Millionen — zum großen Theil nicht-deutschen Stämmen — zu uns hereinkomme, und Oesterreich wird es auch nicht wünschen. Es ist aber noch ein zweiter Punkt, mit dem man uns hier entgegentritt; man sagt: „die Antipathien in den öster-reichischen Ländern gegen Preußen sind so groß, daß, wenn wir Preußen an die Spitze stellen, wir damit sogar die Annäherung Oesterreichs an uns in der Form einer Union abschneiden oder doch sehr erschweren. Oestrreich, (sagt man) — und zwar Regierung und Volk — wird selbst ein bloßes Unionsverhältniß mit uns nicht eingehen, wenn Deutsch-land geeinigt ist unter der starken Hand des preußischen Herrschers." Meine Herren, ich sehe die Sache so an: wenn solche Antipathien in Oesterreich herrschen — ich kann es nicht ableugnen, denn ich kenne das nicht — wenn sie dort herrschen bei der Bevölkerung oder bei der Regierung, so sind sie nicht bloß gerichtet gegen das preußische Kaiser-thum, weil es preußisch ist, sondern sie sind gerichtet gegen die Idee eines in sich gefestigten starken Deutschlands — (Stimmen im Centrum: Hört! Hört!), sie sind gerichtet gegen den Plan, den wir in unserer Verfassung verwirklichen wollen, uns in uns selbst fest zusammenzufassen und etwas Tüchtiges zu begründen; es wird dieser Gedanke gehegt von denen, die Deutschland schwach erhalten wollen, um es mit der Zeit als gute Beute hinzunehmen. Wenn Sie, meine Herren, diesen Antipathien Rechnung tragen wollen, so schaffen Sie ein schwaches Deutschland, bilden Sie eine elastische Form, die, eben weil sie flüssig ist, keinen festen Körper gestalten kann! Wollen Sie aber ein starkes Deutschland, so dürfen Sie diesen Antipathien nicht so viel Rechnung tragen, daß Sie darüber den Hauptzweck aus den Augen verlieren! Uebrigens möchte ich noch bezweifeln, ob, wenn Antipathien in Oesterreich gegen das preußische Kaiserthum vorhanden sind, die Sympathien stärker sein möchten für eine republikanische Spitze in Deutschland, ausgenommen etwa dann, wenn man — und ich traue der österreichischen Politik wohl soviel Einsicht zu, dieses zu erwägen

— wenn man die republikanische Spitze als eine jener schwachen Formen betrachtet, unter denen wir nicht erstarken können.

Ich komme jetzt auf eine zweite Schwierigkeit, meine Herren, auf den Widerstand, welchen andere deutsche Staaten der Form, die wir schaffen wollen, entgegensetzen möchten, und ich glaube hier, so wenig der einzelne Volksvertreter seinen Stamm zu vertreten hat, doch den Beruf zu haben, mit besonderem Bezug auf Sachsen zu sprechen, weil ich es nicht sowohl vertreten, als weil ich darüber sprechen will, wie dasselbe sich zum Ganzen stellen müsse und stellen werde. Meine Herren, es ist mir leider nur zu wohl bekannt, und ebenso Ihnen Allen, daß in Sachsen wie in anderen deutschen Staaten neuerdings particularistische Bestrebungen sich kundgegeben haben. Lassen Sie mich Ihnen kurz die Natur und den Ursprung dieser particularistischen Bestrebungen schildern und sagen, warum ich mich vor diesen particularistischen Bestrebungen nicht fürchte! (Hört! Hört!). Andere werden hoffentlich dasselbe von ihren Stämmen und Ländern sagen können. Meine Herren ich muß hier anfangen bei der Spitze unseres Staates, ich muß sprechen von dem Monarchen Sachsens, und ich thue es gern, weil ich nach meiner besten Ueberzeugung und nach dem Wissen, welches ich aus erster Quelle geschöpft habe, versichern kann, daß der Monarch Sachsens schon in der ersten Zeit der deutschen Bewegung die allerdeutscheste Gesinnung hegte und kundgab, daß er bereit war zu jedem Opfer, welches die deutsche Sache fordern möchte. (Hört! Hört!) Wenn der Monarch Sachsens von dieser Gesinnung zurückgegangen sein sollte — ich glaube es nicht, ich fürchte es nicht — so wäre er von seinen Rathgebern übel berathen worden, und ich würde dies sehr bedauern, weil die Männer, die ihn übel berathen hätten, in anderen Beziehungen große Verdienste um unser Land und unser neues Staatsleben sich erworben haben. Ich bin überzeugt: der Monarch Sachsens würde mit jener deutschen Gesinnung, die er damals hegte, selbst vom Throne gestiegen sein, wenn er es für nothwendig gehalten hätte im Interesse der deutschen Sache. (Hört!) Warum die Rathgeber, die berufen waren, den König in dieser Gesinnung zu unterstützen, dies nicht gethan haben, darauf erlassen Sie mir näher einzugehen — ich müßte dann zu sehr in das Gebiet persönlicher, ich möchte sagen, psychologischer Thatsachen mich verlieren. (Hört!) Sie wissen, meine Herren, daß von der anderen

4*

Seite dieser Widerstand des sächsischen Ministeriums gegen die Einheit
unterstützt worden ist, nämlich von Seiten der radicalen oder republikani=
schen Partei. Meine Herren! Auf diese Coalition näher einzugehen,
wird unnöthig sein, weil Sie deren Entstehen nicht allein in Sachsen,
sondern auch anderwärts, vielfach beobachtet haben und über deren Ur=
sachen und Verlauf hinlänglich unterrichtet sind. Ich gebe zu, daß
neben diesen beiden Factoren, deren Wirksamkeit eine mehr zufällig
und vorübergehende sein dürfte, in Sachsen auch wirkliche, in einem
Theile des Volkes wurzelnde Antipathien vorhanden sind theils gegen
das Erbkaiserthum, theils gegen die preußische Herrschaft.
Was die ersteren Antipathien betrifft, so sind sie natürlich von der
Seite, deren ich zuletzt erwähnte, unterstützt worden und wurzeln be=
sonders in den Schichten, wo jene Partei am wirksamsten gewesen ist.
In den Schichten des sächsischen Volkes dagegen, welche jener Partei
weniger zugänglich gewesen sind, welche mehr selbständig ihre politische
Ansicht ausgebildet haben, hat die Idee des Kaiserthums bedeutende
Fortschritte gemacht — Beweis dafür die fast einmüthig beschlossenen
Adressen der beiden Deutschen Vereine zu Leipzig und zu Dresden.
(Auf der Linken: Ah! Ah!) Im Ganzen scheinen mir diese Anti=
pathien zum Theil auf unklaren Vorstellungen zu beruhen, namentlich
auf der, daß man zwar durchaus an dem monarchischen Principe fest=
hält, aber doch eine gewisse Scheu hegt, ein neues Monarchenthum
entstehen zu sehen. Man glaubt, dem monarchischen Principe genug
gethan zu haben, wenn man es in den einzelnen Staaten gewähren
läßt, aber den leichten Bau der Republik darüber setzen zu können.
Diese Antipathien, sie werden sich verlieren, wenn die Ansichten sich
mehr aufklären. Was die Antipathien gegen Preußen betrifft, so
werden diese Ihnen bekannt und leicht erklärlich sein. Allein diesen
Stammesantipathien, wie ich sie nennen muß, stehen gegenüber große
und mächtige Interessen, deren Gleichheit und Verwandtschaftlichkeit
Sachsen eng an Preußen kettet. Sachsen ist in seiner politischen Ge=
staltung, namentlich was die untere Basis des Staatslebens, die Ge=
meindeverfassung, betrifft, in ähnlichen Verhältnissen wie Preußen;
Sachsen ist in Beziehung auf seine Handelsverbindungen und sein
Handelssystem, wenigstens dem größten Theile seiner Bevölkerung nach,
den preußischen Interessen nahe verwandt; Sachsen ist ein protestantischer

Staat, ein Staat, wo noch immer vor allem, was Ultramontanismus oder Jesuitismus heißt, die allergrößte Furcht herrscht. Meine Herren! Wenn gesagt worden ist, daß der katholische Theil Deutschlands sich fürchte, unter eine protestantische Macht zu kommen, so hat dieser Theil vielleicht Unrecht, einmal, weil der Protestantismus beinahe zu jeder Zeit sich tolerant gezeigt hat, und zweitens, weil namentlich die preußische Regierung von jeher dem Katholicismus keineswegs feindlich gegenüber=gestanden hat, denn jene einzelnen Ereignisse in Cöln waren mehr ein Kampf der Staatsmacht mit der kirchlichen Macht, im Uebrigen hat Preußen von jeher große Toleranz geübt, ich erinnere Sie nur an Friedrich den Großen, der die überall ausgewiesenen Jesuiten duldete. Sei dem aber, wie ihm wolle, ich glaube, daß die Befürchtungen einer protestantischen Bevölkerung mit einem katholischen Hofe — Befürchtungen, die nach d i e s e r Seite hin gewiß nicht gerechtfertigt, aber doch vor=handen sind — sich unendlich steigern würden, wenn Sachsen unter eine katholische, vielleicht gar unter eine ultramontan gefärbte Macht gestellt werden sollte, daß dagegen diese protestantischen Sympathien und Antipathien weit mehr zu Gunsten Preußens sprechen. Was also Sachsen betrifft, so bin ich gewiß, daß bis dahin, wo wir die Spitze auf das Gebäude setzen, ein Umschwung der Dinge dort eintreten wird, und als ein kleines, aber nicht unbedeutendes Symptom, daß ein solcher schon im Anzuge ist, möchte ich das betrachten, daß ein als Organ des Ministeriums in Sachsen bekanntes Blatt, welches bisher jede Idee eines erblichen und namentlich eines preußischen Kaiserthums von sich wies und bekämpfte, in den letzten Tagen einen Artikel für das Erbkaiserthum brachte. Las ich doch auch eben vorhin in einer hiesigen Zeitung, daß man schon die Versicherung habe, Sachsen werde den süddeutschen Mächten in der Hingebung gegen die Einheit nach=folgen. Wenn diese Nachricht noch nicht constatirt ist, so glaube ich doch eher, daß sie sich bestätigen werde, als daß dies nicht der Fall sei.

Meine Herren! Es ist möglich, daß wir noch eine große moralische Kraft aufbieten müssen, um den Widerstand einzelner Stämme und Fürsten zu brechen, und hier komme ich auf etwas, was uns mehrfach entgegengeworfen worden ist, namentlich auch in der neulichen Rede des Abgeordneten von Gießen, Herrn Vogt. Er hat gesagt, wir würden nichts zu Stande bringen, weil wir den rechten Zeitpunkt und den rechten Weg verfehlt hätten; man hätte damit anfangen müssen, die Fürsten in den einzelnen Staaten fortzujagen und auf dieser leeren Tafel ein neues Gebäude aufzuführen. Meine Herren! Ich glaube doch, wir sind den rechten Weg gegangen, ich glaube, der Weg des Abgeordneten von Gießen, hätten wir ihn betreten, würde uns zum Unheil geführt haben. Wenn wir damit angefangen hätten, die Versammlung als Convent zu constituiren und die Republik zu proclamiren, wenn wir den Sturmwind der Revolution von Neuem über Deutschland hätten hinbrausen lassen, um reines Feld zu machen, so wäre jedenfalls auf längere Zeit hinaus Ordnung, Gesetz, Wohlstand, ich glaube auch die bürgerliche Freiheit unseres Volkes sehr gefährdet, wenn nicht verloren gewesen. (Hört!) Eins aber, meine Herren, weiß ich bestimmt: die Einheit wäre verloren gewesen. Meine Herren! Täuschen wir uns nicht mit geschichtlichen Parallelen! Als in Frankreich der Convent seine Gesetze dictirte, als er mit der ganzen zusammengeballten Macht der Revolution über Frankreich herrschte, da war Frankreich bereits centralisirt; die Einheit war nicht erst zu schaffen, sie war da und so gefestet, daß kein Sturm sie zu erschüttern vermochte. Wir sollten uns eine Einheit erst zusammenbauen aus den zerstückelten Gliedern unseres Reichskörpers, und wenn wir mitten in diese Glieder sofort die Zwietracht gesäet hätten, glauben Sie, daß daraus die Eintracht und Einheit entstanden wäre? Glauben Sie, daß die Proclamirung der Republik, wenn sie hier im Süden Beifall gefunden, auch im Norden ein Echo gefunden hätte, oder daß sich nicht vielmehr der Norden zurückgezogen haben würde auf die Basis seines monarchischen Princips, und zweierlei Deutschland entstanden wäre, ein nördliches und ein südliches? Es ist ferner gesagt worden: wir hätten so lange gegen die Anarchie und für die Fürsten gekämpft, und nun, wenn wir die Fürsten zu etwas zwingen wollten, würden sie es uns nicht danken, würden sie nicht auf unsere Wünsche, unsere Befehle eingehen. Meine Herren! Ich kann mit gutem Gewissen sagen von mir und gewiß von sehr vielen Mitgliedern dieser Versammlung, die auf Seiten der Majorität sind: für die Fürsten haben wir das nicht gethan, wir haben es gethan im Interesse der Ordnung; wir haben es für die Fürsten nur insofern gethan, als sie die Repräsentanten dieser Ordnung waren gegenüber einer Bewegung, welche die

Ordnung und deßhalb auch die Fürsten stürzen wollte. Aber wir haben es nicht zu Liebe einer Dynastie gethan, und, meine Herren, deßhalb, weil wir für die Ordnung gegen die Anarchie gekämpft, weil wir uns als aufrichtige Freunde der Ordnung und des gesetzlichen Zustandes in Deutschland bewährt haben, weil wir die Mäßigung, die uns nothwendig schien, um einen gedeihlichen Entwickelungsgang herbei= zuführen, von Anfang an bis jetzt beobachtet haben, ich glaube nicht, daß wir darum schwach geworden sind gegenüber der öffentlichen Meinung und dem Volke. (Bravo.) Meine Herren! Ich glaube, wenn wir, die gemäßigte Majorität, die anerkannten Freunde der Ordnung, jetzt auftreten müßten gegen einen Einzelstaat oder einen Fürsten, oder wer sonst es sei, der die Einheit oder die Freiheit nicht achten wollte, daß das Vollgewicht der öffentlichen Meinung hinter uns stehen würde. Ich glaube, daß die Stimme, die wir so lange zurück= gehalten haben, wenn sie jetzt an das Volk appellirte, leicht einen stärkeren Widerhall finden möchte, als jene Stimmen, die zu oft an das Volk appellirt haben. (Bravo.) Es ist noch ein weiterer Vorwurf, der von den Gegnern der erblichen Monarchie uns ent= gegengestellt wird; man sagt: „wir wollen den Bundesstaat, aber nicht den Einheitsstaat.“ Meine Herren, man verwechselt hier den Namen mit der Sache. Was ist das Wesen des Bundesstaats und welches sind seine Vortheile? Seine Vortheile sind: die größtmöglichste Selbständigkeit, Selbstbestimmung und Selbstregierung der einzelnen Theile in der Form von mehr oder weniger souveränen Staaten. Meine Herren, diese Vortheile wollen und werden wir nicht aufgeben, wir werden niemals zu einer Centralisation kommen, wie sie die romanischen Völker gleichsam mit der Muttermilch einsaugen, welche wie ein Alp auf Frankreich lastet, über welche es nicht hinwegkommen und mit welcher doch nimmermehr die Republik, ja keine Staatsform gedeihen kann. Meine Herren, dahin werden wir nicht kommen, davor bewahrt uns der Genius des germanischen Geistes, der immer weniger nach der Einheit hin gravitirt hat, als nach der Freiheit und Viel= seitigkeit.

Endlich möchte ich vom Standpunkte der Volksfreiheit noch auf etwas aufmerksam machen. Es ist ein in der Geschichte längst be= währter und durch die Theorie bestätigter Satz, daß, je weiter die einzelnen Theile des Ganzen von dem Centrum entfernt sind, desto größer die Freiheit dieser einzelnen Theile gegenüber dem Centrum sein kann und sein muß, je näher dagegen die Peripherie dem Centrum, desto mehr wirkt das Centrum auf alle Theile, desto weniger frei in der Selbstbestimmung sind diese. Ein Staat von 30—40 Millionen würde schon seiner Natur nach den einzelnen Theilen und den Individuen eine größere Freiheit einräumen müssen, als jene kleinen Staaten, wo das Centrum mit der Peripherie beinahe zusammenfällt, wo der Staatsbürger so zu sagen dem gnädigen Herrn nicht aus dem Gesichte kam.

Also, meine Herren, wenn wir als erbliches Oberhaupt den Monarchen des mächtigsten Einzelstaats hinstellen, so haben wir die Einheit schnell und sicher begründet, wir haben die Macht Deutschlands nach außen befestigt, wir haben alle Garantien gegeben für das Wiederaufleben des Vertrauens, des Verkehrs und des Wohlstandes, nach dem das Volk so dringend verlangt, ja, meine Herren, wir haben damit die Einheit gewonnen und — ich bin davon fest überzeugt — der Freiheit nichts vergeben. (Lebhafter, anhaltender Beifall im Centrum und auf der Rechten.)

IX.

Sachsen und das Dreikönigsbündniß.

Drei Reden, gehalten in der Zweiten Kammer des sächsischen Landtags
im Jahre 1850.

Nach dem Scheitern des Frankfurter Verfassungswerkes
und der Auflösung des Parlamentes hatte die Regierung
Preußens die deutsche Sache in die Hand genommen, hatte die
anderen Regierungen zu Berathungen darüber nach Berlin
eingeladen. Aber nur zwei hatten sich ihr angeschlossen, die
sächsische und die hannoverische. Mit ihnen ging sie das
„Dreikönigsbündniß" ein, mit ihnen vereint bot sie dem
deutschen Volke den Entwurf einer Verfassung dar, welche
zwar nicht in allem, aber doch in der Hauptsache der Frankfurter Reichsverfassung glich, nämlich in der Herstellung
eines monarchisch-constitutionellen Bundesstaates mit einer
Nationalvertretung und mit der preußischen Spitze. Mit
Oesterreich sollte dieser Bundesstaat ein möglichst enges
Bündniß eingehen.

Baiern und Württemberg hielten sich zurück; die Regierungen der kleineren Staaten zögerten, sich für die neuen
Verfassungspläne auszusprechen, weil sie sich zu der Frankfurter Reichsverfassung bekannt, ja, zum Theil diese bereits

in ihren Staaten als Landesgesetz verkündet hatten. Im Volke waren die Meinungen darüber getheilt, ob man dem Vorgehen Preußens sich anschließen oder widersetzen solle.

Da trat eine große Zahl derjenigen Mitglieder des Frankfurter Parlamentes, welche dort die Verfassung und das Erbkaiserthum beschlossen hatten, zu vertraulichen Berathungen über die neue Lage in Gotha zusammen. Nach mehrtägigen Verhandlungen erließen sie eine öffentliche Erklärung, worin sie aussprachen: „nachdem das Verfassungswerk in Frankfurt rettungslos gescheitert sei, erscheine es als eine patriotische Pflicht, um noch zu retten, was zu retten sei, die Regierung Preußens auf dem jetzt von ihr eingeschlagenen Wege zu unterstützen und zugleich festzuhalten."

Diese Erklärung bewirkte, daß nicht nur im Volke sich eine derselben entsprechende Strömung bildete, sondern daß nun auch jene 28 Regierungen, die sich bisher noch von dem Dreikönigsbündniß ferngehalten, eine nach der andern demselben beitraten. So schien es denn in der That, als sollte der preußisch-deutsche Bundesstaat zu Stande kommen.

Inzwischen war aber Oesterreich wieder erstarkt und aller der Bewegungen, welche es in Stücke zu reißen drohten, (der czechischen, italienischen, ungarischen) Herr geworden. Die österreichische Regierung wandte nun ihre volle Kraft und Aufmerksamkeit wieder den deutschen Dingen zu. Mit Baiern und Württemberg hatte sie immerfort Fühlung behalten; jetzt gelang es ihr auch, Sachsen und Hannover dem Dreikönigsbund abwendig zu machen. Die Regierungen dieser beiden Königreiche beriefen sich auf einen Vorbehalt, den sie beim Eintritt in das Bündniß gemacht, wonach sie nicht gehalten sein sollten, dabei zu beharren, falls nicht auch Oester-

reich oder mindestens Baiern in den zu bildenden Bundes=
staat eintreten würde, und sie erklärten nun, da auch Baiern
sich endgiltig dessen weigerte, gleichfalls wieder auszutreten.

Dies war der Stand der Dinge, als im November
1849 der sächsische Landtag zusammentrat. Nicht ohne Mühe
gelang es mir, einen Sitz in der Zweiten Kammer zu er=
langen. Die Regierung zögerte lange, über ihr Verhalten
in der deutschen Frage den Kammern Rechenschaft abzulegen;
erst nachdem in der Ersten Kammer der ehemalige Justiz=
minister von Carlowitz durch eine Interpellation die Sache
angeregt hatte, entschloß sie sich dazu, in einer Denkschrift
sowohl über ihren Beitritt zum Dreikönigsbündniß als über
ihren Rücktritt davon sich auszusprechen. Diese Denkschrift
gelangte zuerst an die Zweite Kammer; sie ward von dieser
an einen besonderen Ausschuß („Deutscher Ausschuß" be=
nannt) verwiesen, und letzterer wählte mich zum Berichter=
statter. Als solcher hatte ich die vom Ausschuß mit großer
Mehrheit beschlossenen Anträge an die Regierung, welche
theils im Allgemeinen auf die Herstellung eines parlamenta=
rischen Bundesstaates, theils im Besonderen auf den Wieder=
anschluß Sachsens an Preußen drangen, in viertägiger heißer
Debatte zu vertreten.

Am ersten Tage wurden die Ausschußanträge von zwei
Mitgliedern der äußersten Rechten vom großdeutschen Stand=
punkte aus angegriffen. Diesen erwiderte ich:

Ich muß hier ein für allemal ein Vorurtheil zurückweisen. Es
ist niemals die Ansicht derer gewesen, die Oesterreich nicht in den
Bundesstaat aufnehmen zu können glaubten, Oesterreich schwach und
unfrei zu sehen; nein, wir freuen uns der Errungenschaften der öster=
reichischen Völker und ihres Fortschreitens ebenso sehr, als beträfe es
uns selbst, denn mit der wachsenden Stärke Oesterreichs wächst auch

unsere Stärke, mit der wachsenden Cultur Oesterreichs wächst auch
für uns die Möglichkeit, deutsche Cultur nach dem Osten zu verbreiten,
und, wenn erst die österreichische Politik (und jene, (welche ihr jetzt
folgt, zu der Einsicht gelangt sein wird, daß auch Oesterreich seine
stärkste Basis hat in einem starken Deutschland, dann wird es ganz
anders und besser stehen.

Darin hat aber wohl den Herrn Abgeordneten sein warmes Ge=
fühl zu weit fortgerissen, wenn er ausrief: „Lieber gar kein Deutsch=
land, als eins, wo wir uns Preußen anschließen müßten;" oder
wenn er sagte: „Preußen müsse erst in Deutschland aufgehen, ehe
wir uns ihm anvertrauen könnten." Meine Herren! Das heißt eben
Unmögliches fordern. Preußen wird in Deutschland aufgehen dadurch,
daß die übrigen Elemente Deutschlands sich um Preußen gruppiren;
wie im organischen Körper jeder Theil die anderen, so werden
diese nichtpreußischen deutschen Theile die preußischen umfassen und
ihre Lebenskraft in sie einströmen. Dann wird es kein Preußen und
kein Sachsen (als einander fremde Staatswesen) mehr geben, son=
dern nur ein Deutschland, dann wird Preußen in Deutschland auf=
gehen. Was heißt das aber, Preußen müsse „zuerst" in Deutschland
aufgehen? Sollen die preußischen Kammern und die Regierung aus=
sprechen, sie wollten in Deutschland aufgehen? Damit ist uns nicht
gedient; Thatsachen müssen das entscheiden, aber auch wir müssen das
Unsere dazu beitragen. „Das österreichische Volk", hat der Herr Abge=
ordnete ferner gesagt, „müsse Theil haben an den Früchten der Einigung."
Meine Herren! Diese Appellation an unser Mitgefühl für Oesterreichs
Volk wird niemals verloren sein; auch wir wollen es an den Früchten
der Einigung Theil haben lassen, aber wir sind der Meinung, daß es
diese Früchte in höherem Grade genießen wird, wenn jene Einigung
zunächst eine selbständige ist für sie und für uns und eine gemeinsame
erst dann für uns Beide, nicht aber eine Einigung versucht wird, die
unmöglich ist, weil sie gegen die Gesetze der Natur streitet, die uns
und ebenso Oesterreich verkümmern machen würde.

Es hat uns sodann ein anderer Redner in sehr einschmeichelnder
und künstlicher Farbengebung das Bild einer Verfassung entrollt,
welches allerdings dem Bilde, welches wir aufstellen, gerade entgegen=
gesetzt ist, nämlich jene großdeutsche Idee eines Mittelreiches von 70

Millionen Seelen. Er hat dabei überhaupt die Möglichkeit des Bundesstaates, wie er jetzt von Preußen angestrebt wird und früher von Preußen mit Sachsen und Hannover angestrebt worden ist, die rechtliche Zulässigkeit und die praktische Ausführbarkeit desselben bestritten. Es hat derselbe überhaupt die Idee, daß man einen Bundesstaat ohne Oesterreich bilden wolle, eine „unglückliche" genannt. Nun, meine Herren, an dieser unglücklichen Idee hat die sächsische Regierung seiner Zeit auch Theil genommen; bei den Verhandlungen in Berlin war vom ersten Tage an die Ansicht feststehend, daß Oesterreich zur Zeit in diesen Bundesstaat nicht eintreten könne; die sächsische und hannöversche Regierung suchten zwar durch Vorbehalte und mancherlei Clauseln den späteren Eintritt Oesterreichs offen zu halten, aber für den Augenblick wollten sie den Bundesstaat ohne Oesterreich ausführen, und auch, indem sie für spätere Zeit Oesterreich den Eintritt vorbehielten, setzten sie sich damit nur in einen unerklärbaren Widerspruch gegen die Aufstellung der Verfassung selbst, denn in demselben Augenblicke genehmigten sie die Uebertragung der einheitlichen Gewalt erblich an Preußen. Meine Herren, erblich! Eine erbliche Gewalt ist aber nicht eine solche, die, wenn ein anderer Staat nach zehn oder zwanzig Jahren in den Bundesstaat eintritt, dann zwischen beiden Staaten getheilt werden kann; der Bundesstaat, der seine erbliche Oberherrschaft einem seiner Staaten überträgt, ist für die ganze Dauer wenigstens der dermaligen Dynastie dieses Staates an diese Oberherrschaft gefesselt. Ich begreife daher nicht wohl, wie man sagen könnte: „wir übertragen die Oberherrschaft erblich an Preußen, aber behalten uns vor, wenn Oesterreich eintritt, eine Theilung der Executive eintreten zu lassen." Wie das Ministerium dieses Räthsel lösen wird, werden wir zu erwarten haben; der Abgeordnete, der vorhin sprach, hat es nicht gelöst. Er hat sich sodann auf den Standpunkt des alten Bundesrechts gestellt und von diesem aus behauptet, daß überhaupt ein Uebergang aus einem Staatenbunde in einen Bundesstaat nicht möglich sei ohne die Zustimmung aller Mitglieder, weil die Bundesverfassung noch lebe und in Kraft bestehe, ebenso gut wie der Bund selbst. Ich weiß nun nicht, wie der Herr Abgeordnete es vor sich verantworten wird, wenn er nicht noch einen Schritt weiter geht und auch verlangt, daß, weil die Bundesverfassung noch besteht, auch die alten Bundesorgane wieder aufgerichtet werden, denn eine Verfassung, die als wesentliche Theile gewisse Organe und Einrichtungen enthält, kann unmöglich bestehen und wirksam sein ohne diese Organe. Er sagt: „die Verfassung des Bundes kann nicht geändert werden ohne Einhelligkeit seiner Glieder," aber er hat verschwiegen, wie diese zu Stande gebracht werden soll und daß auch dies geschehen müßte nach den dafür vorgeschriebenen Formen, nicht durch Umherfragen bei den einzelnen Regierungen durch ganz Deutschland, in Wien und München u. f. w., sondern durch den alten Bundestag in der hergebrachten Weise der Berathung und Beschlußfassung in dem engeren und weiteren Rath u. f. f. Wenn man einmal so weit auf das Alte zurückgeht, so möge man auch ganz darauf zurückgehen, so möge man den Bundestag wieder herstellen; dann aber wird man es auch nicht hindern können, daß eine Anzahl Staaten sich zu besonderen Zwecken innerhalb dieses Bundes vereinigen und daß diese, gleichzeitig an der alten Verfassung und den alten Bundesorganen noch Theil nehmend, bei jeder Angelegenheit ihre nach Einem Ziele gerichteten Stimmen in die Wagschaale werfen. Ob dies in den Wünschen Jener, welche die alte Bundesverfassung festhalten, liegen möchte, ob auf diese Weise die Staaten, die sich zurückziehen von dem Bundesstaate, sich in dieser alten Verfassung wohlbefinden würden, das glaube ich bezweifeln zu dürfen.

Der Herr Abgeordnete hat die Befürchtung, als ob Oesterreich kein Volkshaus wolle, zu beseitigen gesucht, indem er sagte: „es wolle nur keine unmittelbaren Wahlen aus dem Volke, sondern aus den Ständeversammlungen." Ich gebe zu, wenn es sich blos um diese Differenz handelte, so wäre der Zweck, Oesterreich bei dem Bundesstaate zu erhalten, wichtig genug, um über diese, wenn schon nicht bedeutungslose Differenz hinwegzusehen. Allein der Abgeordnete hat vergessen, uns zu sagen, daß Oesterreich noch etwas Anderes nicht will; es will nämlich diesem Volkshause keine gesetzgeberischen Befugnisse, keine wirkliche constitutionelle Einwirkung auf die Regierung gestatten, sondern nur eine berathende Stimme. Es hat der Herr Abgeordnete hingewiesen auf Versprechungen, welche gegeben, aber nicht ausgeführt worden seien; er hat hingedeutet auf die mannigfachen Versprechungen Preußens aus den Jahren 1814 ff., sowie aus der neuesten Zeit, die nicht in Erfüllung gegangen. Nun, wenn es hier darauf ankäme, Parallelen zu ziehen zwischen Preußen und Oesterreich, so dürfte ich daran erinnern, daß auch Oesterreich seiner Zeit eine Verfassung für seine deutschen Staaten verheißen hat, ein Versprechen, welches auch nicht ausgeführt ward; ich könnte ferner zu Gunsten Preußens anführen, daß es wenigstens das, was es im vorigen Jahre versprochen, gehalten hat, daß es den Weg zum Bundesstaate mit parlamentarischer Volksvertretung, den es durch die Verfassung vom 26. Mai betreten, trotz der — wie der Herr Abgeordnete nicht leugnen wird — sich himmelhoch aufthürmenden Schwierigkeiten un= verdrossen, beharrlich und entschieden verfolgt hat, und ich möchte nur den Wunsch hinzufügen, daß nicht Preußen durch die Steine, die man ihm auf diesem Weg zu werfen nicht müde wird, zuletzt ge= zwungen werde, auch dieses Versprechen unerfüllt zu lassen. Aber, meine Herren, ich glaube nicht, daß es unsere Aufgabe sein kann, die Eifersucht zwischen den Großmächten auch hierher zu verpflanzen durch Vergleichungen, die nur beide Theile verletzen und für keinen Theil fruchtbar sein können.

Es hat ferner der Herr Abgeordnete gesagt: „es sei doch sonderbar, wenn man sich vor Oesterreich als Bundesgenossen fürchte; wie viel mehr müsse man sich vor ihm fürchten als Feind!" Der Herr Ab= geordnete hat hier die ziemlich scharfe Grenze übersehen, die zwischen einem Bundesgenossen und einem Gliede des Bundesstaates ist. Vor dem Bundesgenossen Oesterreich fürchtet sich der Bundesstaat so wenig, daß er nichts eifriger wünscht, als: Oesterreich möge sein Bundesgenosse werden; er fürchtet sich nur vor der Aufnahme Oesterreichs als eines organischen Gliedes in den Bundesstaat, weil schon nach physischen Ge= setzen für jeden Körper es immer etwas Gefährliches ist, ein seiner Natur widersprechendes, also der Assimilirung unfähiges Element in sich aufzunehmen. Und daß die Aufnahme der Elemente eines so großen Staates von 38 Millionen, wovon vier Fünftel nicht deutsch sind, wovon vier Fünftel in Cultur, Sitten, politischen Einrichtungen unendlich verschieden sind von dem deutschen Elemente, daß dies ein sehr gefährliches Experiment sein würde, von dem Gegentheile dieser Ansicht hat der Herr Abgeordnete durch seine, wenn auch noch so scheinbaren Argumentationen mich nicht zu überzeugen vermocht. Der Herr Abgeordnete fragt: „was hätte man von Seiten Sachsens thun sollen dem Drängen Preußens gegenüber? Entweder hätte man von dem Anschluß zurücktreten müssen, und dann würde man die Revolution, die nur schlummerte, von Neuem angefacht haben, oder man hätte beitreten müssen unter dem Vorbehalt, davon vorkommenden Falls und in geeigneter Zeit zurücktreten zu können." Der Herr Abgeordnete bestätigt hierdurch die Auffassung, die ich im Bericht in Bezug auf das Verfahren der Regierung ausgesprochen habe. Ich muß bekennen, daß ich es für besser, für offener und, dem Lande gegenüber, der Stellung der Regierung für angemessener gehalten hätte, wenn man ganz ehrlich gesagt hätte: „wir treten nicht bei." Es ist ein gefährliches Wagstück der Politik, durch Versprechungen, die man nicht halten will, die gährende Unzufriedenheit im Augenblick zu stillen. Das heißt nicht, eine Revolution schließen, wenn man ihr nur einen Damm entgegensetzt, in den man im Geheimen ein Loch bohrt, durch welches die Flut früher oder später wieder durchbrechen muß. Wenn man das Bedürfniß des Volkes erfüllen wollte, den Bundesstaat so gestaltet zu haben, wie es ihn wünschte, so mußte man es auch ganz thun, so mußte man es auf dauernde Weise thun, nicht so, daß man die öffentliche Meinung nur in Schlummer wiegte, um sie später desto schrecklicher erwachen zu lassen.

Bei alledem sieht der Herr Abgeordnete den Bundesstaat für eine „Unmöglichkeit" an. Ich denke, wenn der Bundesstaat in der Anlage, die er hat, wie sie vorgezeichnet ist in der Verfassung vom 26. Mai und den dazu gehörigen Aktenstücken, wenn dieser Bundesstaat von Haus aus eine Unmöglichkeit war, so war es sehr unrecht von unserer Regierung, daß sie auf diese Unmöglichkeit eingegangen ist. Wenn aber der Bundesstaat damals keine Unmöglichkeit war, wenn der Umstand, daß der Bundesstaat ohne Oesterreich zu Stande kommen sollte (was damals positiv ausgesprochen ward), ihn nicht zur Unmöglichkeit stempelte, so ist er auch jetzt keine Unmöglichkeit. Der Vorwurf des Herrn Abgeordneten fällt also immer auf die Regierung zurück, und so kann ich auch sein Schlußwort nur für uns anwenden, wenn er sagt: „es gelte vor Allem, Wort halten." Ja, Wort halten gilt es allerdings, und ich spreche hier nicht von jenem formellen Worthalten, welches daran geknüpft ist, ob ein Vorbehalt rechtzeitig eingebracht worden oder nicht, ich spreche von jenem Worthalten, welches den Regierungen zukommt der deutschen Nation gegenüber, der sächsischen Regierung so gut wie den anderen, von jenem Worthalten, wozu sich auch die sächsische Regierung verpflichtet hat, indem sie in der gemeinsamen Note vom 28. Mai versprach, daß man, „fortbauend auf dem Werk der Nationalversammlung, den Forderungen der Nation gerecht werden und ihr eine Verfassung geben wolle, die dem Auslande gegenüber Einheit und Macht, im Innern eine kräftige Entwickelung der gemeinsamen Interessen und eine Befriedigung der nationalen Bedürfnisse verbürge.“ Indem die Regierungen das Werk der Nationalversammlung gewaltsam unterbrachen zu einer Zeit, wo eine rasche und glückliche Vollendung des Verfassungswerkes für Deutschland möglich war, haben sie die heilige Verpflichtung übernommen, dem Volke wenigstens im Resultate das wiederzugeben, was sie ihm genommen haben. Dieses Worthalten verlange ich von allen deutschen Regierungen, und, weil wir im gegenwärtigen Augenblicke die Möglichkeit und Füglichkeit dieses Worthaltens nur in der Annahme und raschen Ausführung der Verfassung vom 26. Mai finden, darum sind wir für diese Verfassung.

Am zweiten Tage der Debatte waren es namentlich Redner von der Linken, welche ihre von der des Ausschusses abweichende Stellung damit zu begründen suchten, daß sie und ihre Partei sich verpflichtet fühlten, „an der von der Nationalversammlung zu Frankfurt beschlossenen Reichsverfassung festzuhalten.“ An diese wandte ich mich mit den Worten:

Ich kann nicht umhin, dem ersten Redner von heut ebenso wie dem ersten gestrigen meinen Dank auszusprechen für die große Mäßigung und für das sehr anerkennenswerth hervortretende Gerechtigkeitsgefühl, womit er uns, seine Gegner in dieser Sache, und insbesondere mich, den Berichterstatter, behandelt hat. Es hat mich diese Mäßigung und Unbefangenheit um so mehr gefreut, als sie sich in allen Reden dieser Seite (der Linken) gleichmäßig kundgegeben hat und als sie mir gewissermaßen unerwartet kam, insofern ich mir wohl bewußt war, daß zu den lebhaftesten Angriffen von Ihrem Standpunkte aus, meine Herren, der Standpunkt, den wir einnehmen, Anlaß geben konnte.

Sie hat mich auch um beswillen gefreut, weil sie sehr angenehm ab=
stach gegen die Art, wie der Bericht angegriffen worden ist von einer
Seite her, von welcher aus ich zwar lebhafte Angriffe, aber keineswegs
diese Art der Waffen vermuthet hatte.

Hierauf wendete ich mich gegen die Angriffe, die der
Minister des Auswärtigen, Herr von Beust, wider mich ge=
richtet hatte, und sagte:

Es ist von dem Ministertische aus dem Berichterstatter vorgeworfen
worden, seine Auffassung der Vorlage und des Verfahrens der Regierung
scheine darauf hinzuweisen, daß der ausgesprochene Tadel nicht das
Resultat, sondern der Ausgangspunkt seiner Auffassung gewesen sei.
Nun, meine Herren, das heißt so viel: der Berichterstatter hat aus
anderweiten, nicht in der Sache selbst liegenden Gründen von vorn=
herein seine Absicht darauf gerichtet, zu tadeln; der Tadel ist ihm
nicht hervorgegangen aus der Prüfung der Sache selbst, sondern er hat
ihn hineingetragen um anderweiter, der Sache fernliegender Zwecke
willen. Der Bericht in diesem Theile ist nur mein Werk, wird nur
von mir vertreten, ich kann daher Rücksichten, die Ihr gewählter Aus=
schuß von Seiten des Ministeriums zu beanspruchen hätte, für mich
und mein persönliches Werk nicht in Anspruch nehmen. Allein, meine
Herren, auch der Berichterstatter ist Abgeordneter, er hat als solcher
den Eid geleistet, gewissenhaft das gemeinsame Wohl des Königs und
des Landes zu berathen, und wenn man ihm vorwirft, daß er gewissenlos
gehandelt habe — und gewissenlos würde es sein, wenn er aus persön=
lichen Absichten Tadel auf die Regierung häufte, der nicht in der Sache
selbst begründet wäre — wenn man ihm diesen Vorwurf macht, so
ist er berechtigt, einen solchen Vorwurf zurückzuweisen. Ich würde
diesen Vorwurf, diese Behauptung als eine Anklage widerlegen, wenn
sie mit Thatsachen und Gründen belegt worden wäre. Da aber ein
solcher Vorwurf ohne Angabe von Gründen ausgesprochen worden ist,
da der Herr Minister nicht vermocht oder sich nicht genöthigt gefunden
hat, auszusprechen, welche Zwecke mich vermocht haben könnten, Tadel
gegen die Regierung in den Bericht hineinzutragen, da diese Anklage
also nicht begründet ist, so kann ich sie nicht anders bezeichnen, als

mit dem Namen einer Verdächtigung, und als solche weise ich sie mit Entrüstung zurück.

(Bravorufe in der Kammer und auf den Gallerien.)

Es ist mir ein zweiter Vorwurf gemacht worden, der nämlich: es sei gegen die Stellung eines sächsischen Abgeordneten, der Regierung vorzuwerfen, daß sie nicht offen und recht gehandelt habe; jeder solcher Vorwurf falle auf das Land zurück, und es sei nicht Sache der Landesvertretung, solche Vorwürfe auf die Landesregierung zu häufen. Ich bin auch der Meinung, daß Vorwürfe, welche die Regierung treffen, namentlich in ihren Beziehungen nach außen, mehr oder weniger zurückfallen auf das Land, welches die Regierung nach außen vertritt. Ich habe das in meinem Berichte angeführt und habe daraus nicht blos das Recht, sondern die Pflicht der Volksvertretung gefolgert, streng zu sein in der Beurtheilung des Verfahrens der Regierung nach außen, um zu zeigen, daß, wo die Regierung gefehlt, das Volk diesen Fehler nicht theilen, nicht die Mitverantwortlichkeit dafür übernehmen wolle. Ich glaube ferner, es liegt vollkommen in der Stellung der Volksvertretung, über solche Sachen, so lange sie noch schweben, zu Gericht zu sitzen, und es kommt der Regierung nicht zu, durch vollendete Thatsachen die Volksvertretung zu überraschen, durch Thatsachen, die vielleicht tief verletzend eingreifen in das Wohl des Landes. Wenn die Verhandlungen noch schweben, da ist es Zeit, zu verhindern, daß sie eintreten, diese Thatsachen, die später vielleicht gemißbilligt, aber nicht mehr rückgängig gemacht werden können. Wenn der Herr Minister auf das Beispiel größerer Staaten verwies, wo auch gewöhnlich durch vollendete Thatsachen die Gemüther sich beruhigten, so will ich nur wünschen, daß es der Regierung gelingen möge, auf gleiche Weise eine Beruhigung, aber eine wirkliche und dauernde, herbeizuführen. Die Volksvertretung wird gern jede Thatsache gutheißen, die geeignet ist, solche Beruhigung, herbeizuführen; es giebt aber verschiedene Ansichten über die Beruhigung der Gemüther, und nicht jede findet Beifall im Schoße der Volksvertretung.

Es hat der Herr Minister verlangt, ich solle ihm die Thatsachen anführen, welche jene Vorstellung widerlegten, als ob die Verfassung in Frankfurt das Werk gewesen sei einer im Interesse eines Einzelstaates handelnden Partei und einer Transaction dieser mit extremen

Grundfätzen. Nun, meine Herren, ich glaube, es ist ein anerkannter Satz des Rechts, daß, wer etwas behauptet, wer vollends eine Beschuldigung ausspricht, dieß auch zu beweisen hat. Ich hätte also erwartet, daß die Vorlage jene Vorstellung beweisen würde, nachdem sie dieselbe angeführt hat; ich kann aber nicht begreifen, wie man von mir oder von sonst Jemandem Thatsachen zur Widerlegung verlangen kann, solange man nicht Thatsachen anführt, welche zu widerlegen wären. Es hat bei der gleichen Gelegenheit der Herr Minister hinzugefügt: „ob etwa das eine solche Thatsache zur Widerlegung jener Vorstellung sei, daß die Männer, die sich in Frankfurt verpflichtet hätten, an der Reichsverfassung festzuhalten, später gleichwohl zu der Verfassung vom 26. Mai übergegangen wären". Meine Herren! Es hat mich geschmerzt — nicht um meinetwillen, sondern um des Ministeriums willen —, daß man bei dieser Gelegenheit in einen Ton verfallen ist, den ich wohl in gewissen Blättern zu finden nicht überrascht bin (Bravorufe), in gewissen Blättern, denen man bisher oft eine engere Verbindung mit dem Ministerium zuschrieb, an die ich nicht gern glauben mochte, an die ich aber beinahe gezwungen bin zu glauben, wenn ich die Auffassung, die sich dort findet, hier ebenfalls wieder antreffe. Meine Herren, es hat gestern ein Redner von dieser Seite (auf die Linke zeigend) auch jenen Vorgang berührt, jenen Uebergang der Abgeordneten, die in Frankfurt für die Verfassung einstanden, zu der neuen Verfassung, er hat es aber in einer Weise gethan, von welcher ich gewünscht hätte, daß sie auf dieser Seite nachgeahmt worden wäre. Ich hätte das umsomehr gewünscht und erwarten dürfen, als dann der Herr Minister nicht blos mit seinen Worten, sondern mit den königlichen Worten der Proclamation vom 30. Mai in Einklang geblieben wäre. Der Herr Minister kann nicht vergessen haben, daß es in jener Proclamation heißt: „Von diesem Augenblicke an blieb kein Zweifel mehr, daß mit dieser Versammlung eine Vereinbarung über das deutsche Verfassungswerk nicht zu erreichen sei; es mußte daher, wollte man die Sache selbst, den Zweck nicht aufgeben, ein anderer Weg eingeschlagen werden, und Ich habe, treu Meinem Entschlusse, jedes Opfer zu bringen, das zu Deutschlands wahrem Wohle nothwendig wird, nicht gezaudert, diesen Weg zu betreten", und am Schlusse der Proclamation heißt es: „Jetzt gilt es, daß alle wahrhaft deutschgesinnten Männer Sachsens sich vereinigen, Meine Regierung auf dem betretenen Wege, dem einzigen, der noch zu dem erstrebten großen Ziele führen kann, zu unterstützen." (Heiterkeit.)

Nun, meine Herren, wenn die Herren Minister im Namen und mit der Unterschrift des Königs alle deutschgesinnten Männer Sachsens auffordern, auf dem Wege, auf dem der König und die Regierung ihnen vorangehen, den sie als den einzigen noch möglichen zu dem allgemein erstrebten Ziele bezeichnen, zu folgen, und wenn diese Männer mit großer Selbstverleugnung, was selbst von dieser Seite anerkannt worden, diesem Rufe gefolgt sind, wenn sie sich den größten Lästerungen ausgesetzt haben, um im Sinne der Regierung, wie er sich damals darstellte, zu handeln, so ist es allerdings etwas sehr auffallend, wenn man jetzt in solcher Weise — um mich eines Ausdruckes des Herrn Ministers zu bedienen — diesen Männern einen Stein nachwirft. (Bravorufe).

Es hat sich der Herr Minister sodann auf etwas bezogen, was auch in der gestrigen Rede des Abg. v. Friesen schon vorkam, nämlich: die Constitutionalisirung Oesterreichs sei eine Bundespflicht gewesen, man dürfe es darum nicht tadeln, man müsse also auch die Folgen auf sich nehmen, die daraus hervorgegangen wären. Getadelt hat Niemand Oesterreich, daß es sich am 4. März 1849 eine Verfassung gegeben; im Gegentheil, gerade die Partei, deren Ausdruck die Mehrheit des Ausschusses ist, hat sich sehr darüber gefreut, daß Oesterreich sich zu einer starken Einheit zusammenfassen wolle; man hat nur behauptet, und diese Behauptung ist nicht widerlegt, daß dadurch die Stellung Oesterreichs zu Deutschland eine andere werde.

Der Herr Minister sagt, die Aufgabe sei die gewesen, daß man entweder in die Verfassung Oesterreichs solche Modificationen hätte aufnehmen, oder von Oesterreich solche Zusicherungen sich geben lassen müssen, daß seine Bundespflichten unberührt blieben von seiner neuen Verfassung, in dieser Richtung aber sei nichts geschehen, weder von Frankfurt noch von Berlin aus, man habe nur diesen Vorwand benutzt, um Oesterreich auszustoßen. Wenn der Herr Minister die Verhandlungen in Frankfurt kennt, so wird er wissen, daß gerade von Frankfurt aus die ersten Schritte in dieser Beziehung geschehen sind, noch ehe Oesterreich jene entschiedenen Schritte nach dieser Richtung hin that, so wird er wissen, daß die §§ 2 und 3 „vom Reiche" in der Verfassung eben eine solche Frage waren, die an Oesterreich gestellt wurde, eine Frage, die man in der Debatte über diese Paragraphen ausdrücklich so accentuirt hat: „ob Oesterreich noch ferner mit Deutschland zusammenhalten könne, was es aber freilich nur könne, wenn es sich den Bedingungen füge, die der Bundesstaat nothwendig stellen müsse, der Bedingung vor allem, daß jedes Mitglied, welches in den Bundesstaat eintritt, sich den Be= schlüssen unterwirft, zu denen es selbst mitwirkt." Nun, diese Frage wurde von der österreichischen Regierung, wie der Bericht ausführlich darlegt, beantwortet durch das Programm von Kremsier und später noch ausdrücklicher durch die Verfassung vom 4. März, und diese Antwort hat Niemand anders auffassen können, als daß Oesterreich damit er= klärte: „wir können, wir wollen uns diesen Bedingungen nicht fügen." Freilich gab Oesterreich dieser Antwort eine besondere Wendung, indem es hinzufügte: „wir wollen uns den Bedingungen nicht fügen, die Ihr für nothwendig haltet, wir wollen uns als Gesammtmonarchie constituiren, aber wir verlangen von Euch, daß Ihr Euch nach den Lebensbedingungen der österreichischen Monarchie richtet."

Nun, meine Herren, es ist das allerdings ein eigenthümliches Ansinnen, wenn ein Reich wie Deutschland sich bilden will, wenn es sich bilden will nach dem Gesammtwillen und den Bedürfnissen der Nation, und wenn ein Glied dieses Reiches, ein großes, ein starkes, ein gewiß sehr theures Glied, aber doch immer nur ein einzelnes Glied und von der Gesammtheit nur der dritte oder der vierte Theil, wenn dieser Theil verlangt, die übrigen drei Viertheile müßten sich nach dem richten, was ihm gerade wegen seiner eigenthümlichen Verhältnisse genehm sei, wenn er Bedingungen stellt, anstatt sich den gestellten zu unterwerfen, wenn er, anstatt zu erklären, daß er den allgemein ausgesprochenen Be= dürfnissen Rechnung tragen wolle, verlangt, diese Bedürfnisse müßten aufgegeben werden um seinetwillen. So aber stand allerdings die Frage zwischen Deutschland und Oesterreich. Oesterreich verlangte, daß nicht ein fester Bundesstaat gegründet werde, sondern daß man eine lockere Form finde, um in diese mit seinen gesammten Staaten eintreten zu können. Das war es, weshalb man sich weigerte, weshalb man sagte: „wir wollen jedes für sich unseren Weg gehen, weil wir nicht zusammen gehen können, und dann wollen wir sehen, wie wir uns verbinden," wie ja Oesterreich selbst in seinem Programm von Kremsier sagte: das staat=

lich geeinte Deutschland und das staatlich geeinte Oesterreich sollten künftig die Form ihrer Verbindung suchen. Es hat der Herr Minister unbegreiflich gefunden, wie der Bericht sagen könne, darüber, ob die Frankfurter Verfassung in Sachsen anzuerkennen gewesen wäre, könnten allerdings verschiedene Ansichten möglich sein, und daß er gleichwohl dem Ministerium eine schwere Verantwortung deshalb zuwälze, weil es die Reichsverfassung nicht angenommen habe. Der Herr Minister hat eben nur den Zwischensatz übersehen, worin gesagt wird: „diese verschiedenen Ansichten hätten ihre Ausgleichung und Feststellung auf dem constitutionellen Wege finden, man hätte die Stimme des Landes darüber hören müssen, nicht aber der einseitigen ministeriellen Ansicht folgen."

Der Herr Minister begreift ebenso wenig, wie der Bericht darüber sich wundern könne, daß die Minorität des Ministeriums mit der Krone den einen Weg gegangen sei und die Majorität sammt den Kammern, die einen anderen einschlugen, von sich gestoßen habe; er sagt, es sei ganz natürlich, daß, wo Conflicte zwischen der Krone und ihren Rathgebern ausbrächen, diejenigen Rathgeber, die nicht im Sinne der Krone handelten, austräten. Das ist wohl wahr, allein es pflegt im constitutionellen Staate dieser Conflict sich denn doch noch etwas anders zu gestalten. Wenn nämlich die Krone, wie es ja der Zweck der Verfassung ist, in jedem Moment durch die volle Verantwortlichkeit ihrer Rathgeber gedeckt sein soll, so scheint es allerdings sehr bedenklich, wenn man diese Deckung so dünn macht, daß nur noch der kleinere Theil des verantwortlichen Ministeriums vor der Krone steht und sie deckt, zumal in einem Momente, wo diese Deckung doppelt nothwendig ist gegenüber einer Volksvertretung, die sich mit großer Mehrheit gegen die Ansichten der Regierung erklärt. Wenn dann ein ganz neues, wenigstens in seiner Mehrheit neues Ministerium eintritt, welches in dem entgegengesetzten Sinne von dem der Kammermehrheit, in dem entgegengesetzten Sinne von dem der bisherigen Regierungsmehrheit handelt, dann ist allerdings schon ein sehr bedenklicher Punkt erreicht, ein Punkt, den das constitutionelle Princip absichtlich so fern als möglich halten will. Es ist zuzugeben, daß äußerste Fälle eintreten können, wo die Krone gleichzeitig mit der Volksvertretung und mit dem Ministerium brechen muß, aber das sind so äußerste Fälle, daß dann schon die größte Gefahr vorhanden ist, das constitutionelle Princip werde nicht mehr ausreichen, um die Verhältnisse zu ordnen.

Es ist der Herr Minister noch einmal auf den Vorwurf zurück= gekommen, daß es unstatthaft sei, wenn ein sächsischer Abgeordneter die Rechtsbeständigkeit des Vorbehalts angreife, weil dadurch das gute Recht Sachsens, welches von dem Auslande bestritten würde, habe gewahrt werden sollen. Ich muß zunächst gegen die Auffassung Verwahrung einlegen, als ob es sich hier von dem „Auslande" handle. Kommen wir doch nicht wieder zurück auf jene unglückselige Theilung Deutsch= lands in Inland und Ausland! Ich muß sodann aber auch behaupten, daß es nicht schlechthin in der Pflicht der Volksvertretung liegen kann, das, was die Regierung als ihr gutes Recht ansieht, auch als solches anzusehen, was die Regierung im Interesse des Landes zu thun glaubt, schlechthin auch als im Interesse des Landes geschehen zu betrachten.

Der Herr Minister hat sich bemüht, die aufrichtige Absicht der Regierung in Bezug auf das Bündniß vom 26. Mai nachzuweisen, namentlich dadurch, daß der sächsische Bevollmächtigte nicht instruirt gewesen sei, in dem Verwaltungsrathe irgendwie von dem Vorbehalte Gebrauch zu machen, selbst noch in dem Zeitpunkte, wo Oesterreich bereits wieder erstarkt gewesen sei. Ich will für heute darauf nicht näher eingehen; nur daran möchte ich erinnern, daß bereits um jene Zeit sehr vielfach, und wohl nicht ohne Grund, von anderweiten Ver= handlungen gesprochen wurde, die außerhalb des Bündnisses vom 26. Mai stattfänden. Es hat der Herr Minister ferner den Vorwurf zurückzu= weisen versucht, der ihm gemacht worden ist, als ob man auf die Ver= fassung vom 26. Mai eingegangen sei, obgleich man damals schon gewußt hätte, daß sie nicht werde durchzuführen sein, obgleich man gar nicht die Absicht gehabt hätte, sie durchzuführen. Er hat die Regierung zu rechtfertigen geglaubt, indem er sagte, in ruhigen Zeiten wäre es allerdings die Pflicht jedes Bundesgliedes gewesen, die Ueberzeugung, die man von der Unstatthaftigkeit eines Ausscheidens Oesterreichs gehabt habe, auch durchzusetzen, allein bei den damaligen Zeiten hätte man geglaubt, eine größere Verantwortung auf sich zu laden, wenn man durch lange Verhandlungen Verwirrung hervorgerufen, vielleicht sogar ein Stück Deutschlands an das Ausland preisgegeben hätte. Es ist mir zunächst nicht bekannt, daß damals die auswärtige Kriegsgefahr so nahe gewesen wäre, daß durch die Verlängerung der Verhandlungen in Berlin um einige Wochen ein Stück von Deutschland

gefährdet worden wäre. Wenn diese Gefahr in einem Momente vor=
handen war, so war sie es in neuester Zeit, so ist sie es noch in diesem
Momente. Jetzt wächst die Kriegsgefahr drohender und drohender über
unseren Häuptern, und zwar in einer Richtung, die allerdings die Ge=
fährdung eines einzelnen Theiles von Deutschland, sei es dem Auslande
gegenüber, sei es in der Stellung gegenüber den einzelnen deutschen
Großmächten, sehr bedrohlich erscheinen läßt, und doch sind die Ver=
handlungen über das Zustandebringen eines anderweiten Verfassungs=
werkes bereits seit sechs bis sieben Monaten im Gange und haben noch
kein Resultat geliefert. Man sollte doch meinen, wenn man die Gefahr
so hoch anschlug, hätte man sich mehr beeilen müssen.

Die Forderungen Baierns, wenn sie auch unser Ministerium ganz
plausibel und gerecht findet, waren, wie der Bericht ausführlich nachge=
wiesen hat, doch von der Art, daß sie den Bundesstaat beinahe zur
Unmöglichkeit gemacht hätten.

Der Herr Minister hat auch heute wieder, wie in der Vorlage,
davon gesprochen, man hätte die bairischen Vorschläge annehmen können,
ohne das preußische Interesse zu gefährden. Nun, meine Herren, ist
es denn wahrhaftig Sache der sächsischen Regierung und überhaupt Sache
irgend einer von denen, die sich an den Bundesstaat anschließen wollen,
immer nur das Interesse Preußens im Auge zu haben? Im Gegen=
theil, darum handelt es sich am allerwenigsten, daß Preußen trotz der
Forderungen Baierns, und wenn es auch diese zugestanden hätte,
immer noch der mächtigste Staat geblieben wäre; aber, ob bei Erfüllung
jener Forderungen eine parlamentarische Regierung noch möglich war,
ob nicht dadurch ein Zwiespalt in die Spitze selbst hineingelegt wurde,
so daß das Ganze nach und nach zerfallen mußte, darum handelt es
sich wesentlich.

Der Herr Minister hat schließlich uns mit der Hoffnung zu be=
ruhigen gesucht, daß die neuen Verhandlungen, welche die Regierung
nach anderer Seite hin führe und die bald zur Oeffentlichkeit gelangen
würden, ein milderes und gerechteres Urtheil der Volksvertretung hervor=
rufen dürften. Ich kann nur wünschen, daß dies geschehe, und bin
gern bereit, jeden Tadel, den ich über das Verfahren der Regierung
ausgesprochen habe, zurückzunehmen und ihr abzubitten, wenn sie unserem
Volke das gewährt, was es wünscht, wessen es bedarf. Ich habe niemals,

weder in dieser Sache, noch in einer anderen, den Zweck oder die Absicht gehabt, um des Tadels willen zu tadeln; wenn ich scharf tadelte und noch jetzt tadeln muß, so thue ich es, weil es mir scheint, daß das Verfahren der Regierung die Interessen Sachsens und Deutschlands im höchsten Grade gefährdet. Werde ich überzeugt, daß dem nicht so sei, daß die Regierung auf einem anderen Wege das Ziel, welches einmal nothwendig ist und welches nicht aufgegeben werden darf und nicht auf= gegeben werden wird, uns sicherer und vollständiger herbeizuführen wisse, so will ich mit Freuden den Weg verlassen, den ich für jetzt noch mit der Proclamation vom 30. Mai 1849 für „den einzig möglichen" halte.

Am dritten Tage der Debatte ereignete sich ein Zwischen= fall. Der Minister des Auswärtigen sprach abermals von Ver= handlungen in der deutschen Frage, welche die Regierung nach anderer Seite hin führe und von denen er Günstiges hoffe. Ich nahm davon Veranlassung, den Minister darüber zu interpelliren,

wie sich das Resultat der Verhandlungen, auf welche das Ministerium jetzt sein Absehen richte, verhalten werde zu den Grundsätzen, welche der Ausschuß in seinem ersten, allgemeinen Antrage als solche hinstelle, von denen er durch die Kammer ausgesprochen zu sehen wünsche, daß die Regierung darauf allein unterhandle, nämlich: einem Bundesstaat mit parlamentarischer Regierung und einer aus Wahlen des Volkes hervor= gehenden Gesammtvertretung, einer solchen, die wirklich die Gesammtheit des Volkes repräsentire, nicht blos Delegirte der einzelnen Ständever= sammlungen enthalte, die ferner diejenigen constitutionellen Befugnisse habe, welche man unter einem parlamentarischen Regierungssysteme begreift.

Da der Minister hierauf ausweichend antwortete, stellte ich sogleich am Anfange der Debatte des vierten Tages den Antrag:

Die Kammer wolle, unter Hinweis auf die §§ 2, 86, 152, 154 der Verfassungsurkunde, ihr Recht der Zustimmung zu jeder Feststellung einer deutschen Verfassung, die von allen oder einzelnen deutschen Regierungen ausgehen und woran die sächsische Regierung sich betheiligen möchte, wahren und für die strenge Aufrechthaltung dieses Rechts die Rathgeber der Krone ausdrücklich verantwortlich machen.

Dieser Antrag wurde nahezu einstimmig unterstützt und später in seinem ersten Theil (bis „wahren") mit allen, in dem Schlußsatz gegen drei Stimmen angenommen.

Am letzten Tage dauerte die Verhandlung von früh 10 bis Nachmittags 4 Uhr. Mein Schlußwort allein währte fast zwei Stunden. Ich gebe es (mit Hinweglassung einiger mehr nebensächlicher Stellen) im Nachstehenden wieder.

Meine Herren! Die heutige Entscheidung wird von Manchen von vornherein als eine erfolglose und gleichgültige betrachtet. Ich kann sie als eine solche nicht betrachten. Ich kann zuvörderst nicht glauben, daß, wenn der Wille des Volkes sich durch einen Beschluß der Kammern aussprüche, dieser Beschluß von der Staatsregierung ganz unbeachtet bleiben sollte. Es deuten allerdings Aeußerungen derselben in diesem und dem anderen Saale darauf hin, daß man kein zu großes Gewicht in dieser Frage auf unser Votum lege, weil, wie man sagt, die Ab= stimmungen der Ständeversammlung wechselnde, der Standpunkt der Staats= regierung dagegen ein fester sei. Ich möchte dies Letztere bezweifeln, denn, meine Herren, wenn irgendwo ein Wechsel in dieser Sache ge= wesen ist, so ist er es auf Seiten der Staatsregierung ganz vornehmlich. Ich glaube aber auch nicht, daß, wenn die Kammern sprechen, und wenn sie namentlich mit einer Achtung gebietenden Mehrheit einen Beschluß fassen, die Staatsregierung sich dem entziehen könne. Ich kann nicht glauben, daß jenes Princip, welches man im Jahre 1848 aufstellte als den Markstein einer neuen Zeit auch für Sachsen, daß jenes Princip, welches zwei Ministerien durchführten, auf einmal so gänzlich verleugnet werden sollte.

Es sind Andere, die allerdings einen Erfolg von unserer Ent= scheidung erwarten, aber einen ganz entgegengesetzten, die Auflösung der Kammern. Sie fürchten diese Auflösung im Interesse des Landes und gehen darum vielleicht ängstlicher an diese Frage, als sie sonst thun würden. Ich fürchte diesen Schritt nicht, darum nicht, weil ich nicht einsehe, welcher zweite Schritt auf diesen ersten folgen sollte. Wie die

Staatsregierung neue Kammern nach dem jetzigen oder auch selbst nach einem neuen Wahlgesetze (wenn sie ein solches irgendwie aufstellen könnte ohne Verfassungsverletzung, und das wäre nicht möglich), wie sie Kammern bekommen sollte, die ihr zu Willen wären, das kann ich nicht einsehen, denn ich bin überzeugt, die Stimmung des Landes ist der Art, daß seine neuen Vertreter der Staatsregierung in wichtigen Fragen ebenso wieder gegenüberstehen würden, wie wir. Ich glaube aber auch, daß die Staatsregierung, wenn sie den Standpunkt einer liberalen und zugleich conservativen Regierung — und ich betone namentlich das letzte Wort — wenn sie diesen Standpunkt nicht verlassen will, sie zu einem solchen Schritt niemals greifen kann, denn sie wird nicht verkennen, daß die jetzige Volksvertretung gerade im Interesse des conservativen Princips, im Interesse der wahren Staatsordnung mit einer Mäßigung und Ruhe verfahren ist, die sie vielleicht nicht bei jeder neuen Kammer wiederfinden möchte. Ich glaube aber auch darum nicht an einen solchen Schritt, weil ich an der höchsten Stelle eine Ge= wissenhaftigkeit in Festhaltung der Verfassung voraussetze und nicht daran zweifeln darf und mag, eine Gewissenhaftigkeit, die sich jedem Schritte widersetzen würde, der über das strenge Maß des Verfassungsmäßigen hinausginge.

Meine Herren! Ich halte aber auch die Entscheidung, wie sie heute von uns erfolgen wird, darum nicht für gleichgültig, weil ich die= selbe nicht als eine isolirte betrachte, sondern als den Angelpunkt einer Reihe von Beschlüssen, von denen der heutige nur der Anfang ist. Es ist vielfach ausgesprochen worden, daß die deutsche Frage, die Gestaltung der deutschen Verhältnisse, von einer tief einschneidenden Wirkung sei auf unsere speciellen Verhältnisse, daß deshalb der Stand= punkt der Volksvertretung in der deutschen Frage sich widerspiegeln werde in den meisten Entscheidungen, die wir noch fernerhin abzugeben haben. Ich will nicht eingehen auf die organischen Gesetze, die uns vorliegen oder noch vorliegen werden. Ich will nur erinnern an wichtige Positionen im Staatshaushalte, bei denen die Rücksicht auf die Stellung Sachsens zu einem größeren Ganzen von der entscheidendsten Wichtigkeit sein wird. Meine Herren, Sie werden dann vielleicht Be= schlüsse gewichtiger Art fassen, Beschlüsse, die eben so schroff gegenüber= stehen den Wünschen und Ansichten der Staatsregierung, als die vor denen Sie heute möglicherweise zurückscheuen. Wenn Sie aber solche Beschlüsse fassen wollen, so müssen Sie vor allem eine feste Basis haben, auf der diese Beschlüsse fußen; Sie müssen aussprechen, daß ein engeres Verhältniß Sachsens zu einem großen Ganzen noth= wendig erscheine, daß Sie nicht länger diesen schwankenden Zustand fortdauern lassen wollen. Wenn Sie dies gethan und wenn Sie dann die Maßregeln der inneren Verwaltung berechnen auf das Zusammen= gehören Sachsens mit einem größeren Ganzen, dann sind Sie im Rechte, indem Sie auf die heutigen Beschlüsse zurückweisen.

Aber auch das moralische Gewicht unserer heutigen Beschlüsse wird groß sein, groß nach innen und nach außen. Der Volkswille bedarf in dieser wichtigen Lebensfrage einer festen Richtschnur, und wer soll ihm diese geben, wenn nicht wir, seine Vertreter? Was würde das Volk von uns denken, wenn wir heute keinen festen Beschluß faßten? Welche Meinung sollte es sich selbst über diese Frage bilden? Nach außen aber, meine Herren, bedenken Sie das wohl, wird unsere Entscheidung, wenn sie auch keine unmittelbar factische Folge hätte, doch ein großes Gewicht in die Wagschale werfen.

Dies führt mich zu einer Betrachtung der Sachlage, der gegenüber wir uns befinden, indem wir diesen Beschluß fassen. Meine Herren, es ist in diesen Tagen viel gesprochen worden über die Stellung Preußens zu dem Verfassungswerke, um dessen Annahme oder Ab= lehnung es sich handelt, es ist viel gesprochen worden theils von den inneren politischen Zuständen Preußens, theils von seinem Verhältniß zu dem Bundesstaate, in den es eintreten soll. Ich will Ihnen ganz offen sagen, wie ich diese Sachlage betrachte; ich werde nichts ver= schweigen, auch das nicht, was scheinbar ungünstig ist für die Meinung, die ich vertrete, denn ich bin es Ihnen schuldig, mit aller Offenheit darzulegen, wie nach meiner Meinung die Sache eigentlich steht. Es sind in Preußen zwei Richtungen, die sich bekämpfen ebensowohl in Bezug auf die deutsche, als in Bezug auf die innere Politik. Die eine Richtung ist die, welche Preußen zurückführen möchte auf jenes engste Maß innerer Freiheit und äußerer Ausdehnung, auf jenes Kur= märkerthum, wie es richtig bezeichnet worden ist, und auf die Herr= schaft des kurmärkischen Junkerthums. Diese Partei begreift sehr wohl, daß ein vergrößertes Preußen, ein Preußen, welches zusammenschmilzt mit einer Masse anderer, mehr schon im Feuer der Freiheit gestählter Elemente, für ihre kleinen Absichten und Zwecke viel zu groß ist. Wir sehen daher dieselbe Partei, die für Preußen Einrichtungen zurückführen will, welche in der Geschichte und der Natur des Landes und Volkes keinen Boden haben, die Pairie, die Fideicommisse u. s. w., wir sehen jene selbe Partei bemüht, den Bundesstaat zu hintertreiben, bemüht, Preußen wieder in die Arme Oesterreichs und Rußlands zu werfen. Meine Herren, man hat Befürchtungen ausgesprochen vor einer großpreußischen Richtung, vor einer Eroberungspolitik Preußens. Wollte Gott, meine Herren, es wäre eine solche großpreußische Richtung, die uns von Preußen aus bedrohte, eine großpreußische Richtung, wie sie Friedrich der Große verfolgte und wie sie Preußen groß gemacht hat! Wollte Gott, Preußen würde durch einen starken Arm groß ge= macht — Deutschland würde dabei wahrhaftig nicht klein werden! Nein, eine ganz andere Richtung ist es, die wir zu fürchten haben, jene Richtung, die Preußen klein machen will und Deutschland klein machen will, um Preußen und Deutschland anzuketten an Rußland, wie bereits Oesterreich an Rußland angekettet ist. Auf diesen Weg will man uns hinführen, indem man den Bundesstaat verhindert. Dieser Richtung gegenüber steht diejenige Richtung, die durch das gegenwärtige preußische Ministerium vertreten ist. Dieses Ministerium hat bis jetzt mit großer Mühe, unter schweren Kämpfen und allerdings zum Theil mit Con= cessionen, die zu beklagen sind, das Feld behauptet. Ich nehme nicht Anstand, zu erklären, daß, so wenig ich mit der Politik des Ministeriums Brandenburg=Manteuffel überall einverstanden bin, so wenig ich den festen Glauben habe, daß es den Constitutionalismus in der vollen Ausdehnung, wie ich ihn verstehe, auffasse und wolle, ich doch aner= kennen muß, daß in der deutschen Frage dieses Ministerium in der Hauptsache mit einer ehrenwerthen Festigkeit sich jener Richtung ent= gegengestellt hat, die etwas ganz Anderes will. Meine Herren, wir dürfen nicht verkennen, daß Preußen ein Staat ist, der groß geworden ist durch die Kraft, durch das Genie seiner Fürsten, groß geworden als Militärstaat, der sich auch in seiner jetzigen Gestalt nur als Militär= staat behaupten kann, daß daher Preußen für seine innere Entwickelung ganz andere Voraussetzungen und ganz andere Schwierigkeiten hat, als wir und andere kleine Staaten. Wir dürfen diese Thatsachen nicht außer Betracht laſſen, wenn wir mit Preußen Abrechnung halten wegen ſeiner Politik, wir müſſen bedenken, daß ein Zugeſtändniß dort mehr wiegt, als in anderen Staaten, weil dort der Boden, der viel härter iſt, als anderwärts, erſt aufgelockert werden muß.

Die Sache ſteht alſo gegenwärtig ſo : das preußiſche Miniſterium hält noch feſt am Bundesſtaat trotz des Abfalls der beiden Staaten, der allerdings den Bund tief erſchüttert hat. Wie lange es noch daran feſthalten kann, das wird freilich von Tag zu Tag ungewiſſer, und daher haben die Gegner Recht, wenn ſie uns hohnlächelnd zurufen: in dieſem Momente, wo wir Beſchlüſſe faſſen, könne die Verfaſſung vom 26. Mai ſchon unmöglich geworden ſein. Wenn daher dieſe Verfaſſung möglich erhalten werden ſoll, ſo kann es nur dadurch geſchehen, daß neue Momente hinzutreten, welche das preußiſche Miniſterium in dem Feſthalten daran beſtärken, und daher wird unſer Beſchluß, wie jede Stimme, die von einer deutſchen Volksvertretung ausgeht und ſich für den Bundesſtaat erklärt, dazu dienen, Preußen im Beharren auf dem betretenen Wege zu beſtärken.

Erlauben Sie mir nun, meine Herren, zunächſt ein Wort über unſern allgemeinen Antrag! Es ſollte in dieſem allgemeinen Antrage nichts weiter geſagt werden, als daß die große Mehrheit des Ausſchuſſes einverſtanden ſei über gewiſſe allgemeine Zielpunkte, möge man auch in Bezug auf den Weg nach dieſem Ziele verſchiedener Meinung ſein. Dieſe allgemeinen Zielpunkte ſind: der Bundesſtaat mit Volksvertretung und parlamentariſcher Regierung.

Für dieſen allgemeinen Antrag kann Jeder ſtimmen, der nicht unter Das herabgehen will, was der Bundesſtaat mit parlamentariſcher Regierung bezeichnet. Nur wer, wie der Abg. v. Frieſen, die ſpecifi= ſchen Unterſchiede des parlamentariſchen Bundesſtaates von jener anderen Staats= oder Bundesform, die wohl einzelne Theile des parlamentari= ſchen Staates, aber nicht das Ganze deſſelben enthält, fallen läßt, wer dieſe Form lieber hat, als den Bundesſtaat mit parlamentariſcher Regierung, der kann freilich nicht für unſern Antrag ſtimmen. Die= jenigen dagegen, welche die Reichsverfaſſung, und diejenigen, welche die Berliner Verfaſſung wollen, halten gleichermaßen feſt am parlamentari= ſchen Bundesſtaate, und darum können Beide nur für den Antrag des Ausſchuſſes, nicht für den unbeſtimmten Begriff einer „Regierung mit

Volksvertretung" stimmen, also nicht für den Antrag des Abg. v. Friesen. Wir präjudiciren uns dadurch beiderseitig in keiner Weise, denn unser Ziel ist das gleiche; ist erst dieses Ziel aufgestellt, dann mögen die Wege sich scheiden, dann möge Jeder sehen, wie er das gemeinschaftliche Ziel am besten zu erreichen glaubt. Und hier ein Wort an diejenigen, welche uns zurufen: „Wenn Ihr einmal etwas vom Principe nachgebt, so werdet Ihr auch noch mehr nachgeben, so werdet Ihr auch noch zurückgehen auf die schlechteste Form des Bundes!" Ist uns doch vom Ministertische aus entgegengehalten worden: „warum wir denn nicht auf die neue Form eingehen wollten? was wir erstrebten, sei ja eben so unmöglich, wie das, dessen Unmöglichkeit wir der Linken vorhielten." Meine Herren! Wir sind einen Schritt zurückgegangen in Bezug auf die Mittel; die Mittel haben wir gewechselt — den Zweck haben wir nicht gewechselt. Der Zweck der Frankfurter Verfassung war der monarchisch-constitutionelle Bundesstaat; an diesem Zwecke halten wir fest und werden nicht darunter herabgehen; die Mittel und Wege kann man wechseln, und wir haben sie gewechselt, der Nothwendigkeit nachgebend; der Zweck darf und wird nicht aufgegeben werden.

Ich komme nun auf das zurück, was ich vorhin ausgesprochen habe, daß es nicht genug sei, wenn man den allgemeinen Antrage mit seinem Zusatze und mit dem heute von mir eingebrachten Antrage*) annehme. Man könnte sagen, es sei dadurch schon vorgebeugt, daß die Regierung nicht einen Weg betreten könne, den wir nicht wollen. Allein das bloße Opponiren gegen diesen Weg wird uns nicht zum Ziele führen. Wollen Sie die Pläne, welche von jener Seite geschmiedet werden und welche — das ist meine feste Ueberzeugung — zu den alten Zuständen zurückführen, wirksam hindern, so kann das nicht durch ein bloßes Votum einer oder vieler Ständeversammlungen, die sich dagegen erklären, geschehen, sondern einzig und allein dadurch, daß man diesen Plänen etwas Positives, etwas von einer reellen Macht Unterstütztes entgegenstellt, daß man den Bundesstaat rasch in's Leben ruft, der mehr wiegt, als das Veto einer Kammer, weil hinter ihm eine reelle Macht steht. Wir müssen also alles thun, um Preußen zu ermuthigen und um unsere Regierung zu bewegen,

---

*) S. oben S. 74.

daß sie auf diesen Weg wieder einlenke. Wenn der Bundesstaat zu Stande kommt, dann werden jene anderen Pläne sich wieder in Nebel= bilder auflösen, wie sie bisher Nebelbilder waren. Kommt der Reichs= tag in Erfurt nicht zu Stande, tritt nicht rasch die Bundesregierung in's Leben, dann wird sich auch Preußen jenen Plänen anschließen, dann werden zwischen Wien und Berlin bald die Depeschen hin und her fliegen, dann wird auf's Neue die heilige Allianz ihr Netz um uns schlingen, und alles Widerstreben dagegen wird ein verlorenes sein.

Meine Herren, ich komme nur mit einem Worte zurück auf unser Verhältniß zu Oesterreich, namentlich auf das materielle, welches gewiß nicht hoch genug angeschlagen werden kann. Ich bin nicht der Meinung des Abgeordneten Kämmel, daß durch die Stellung, welche wir Oester= reich gegenüber einnehmen, wir von dem adriatischen Meere, von der Donau, vom Orient abgeschnitten werden. Alles dieses kann und wird uns bleiben, wenn der Bundesstaat auf seinem Wege vorwärts geht und, wie früher oder später geschehen muß, Oesterreich zu der Einsicht kommt, daß nur auf dieser Seite seine wahren Freunde wohnen, nicht in Rußland, wo es jetzt seine Bundesgenossen sucht. Die Verträge, welche Oesterreich uns bietet, die Zoll= und Handelserleichterungen, ich frage, sind sie bedingt durch die politische Vereinigung oder nicht? Der Herr Staatsminister sagte: Oesterreich biete sie nur unter der Voraus= setzung, daß der Bundesstaat nicht zu Stande komme, dem Bundes= staate werde es dieselben nicht bieten. Meine Herren, wenn Oesterreich aufrichtig gemeint ist, im Interesse der beiderseitigen Bevölkerungen Erleichterungen zu gewähren, so sehe ich nicht ein, warum es nicht lieber mit einem compacten Bundesstaate verhandeln sollte, als mit mehreren einzelnen Staaten oder Staatencomplexen. Ist es aber nur ein Köder der uns hingeworfen werden soll, um uns von jener politischen Ver= bindung loszureißen, stellt man die materielle Vereinigung auf die Vorbedingung der politischen Vereinigung, und ist diese letztere der Art, daß sie unseren Nationalbedürfnissen widerspricht, nun, meine Herren, so hoch stelle ich die materiellen Vortheile nicht, daß ich dafür unsere ganze politische Zukunft preisgeben möchte. Ich glaube aber, Oesterreich wird sich besinnen, weil es selbst die größten Vortheile davon hat, weil es nicht im Stande sein wird, sein Prohibitivsystem aufrecht zu erhalten, weil seine Finanzen, sein Handel und seine Industrie einer freieren

Gestalt, eines großartigeren Aufschwunges seiner Handelspolitik bedürfen. Wir werden also erhalten, was wir brauchen und was Oesterreich braucht, ohne den Preis dafür zahlen zu müssen, welchen man jetzt verlangt. Welche materielle Interessen nach der anderen Seite hin, bei dem Verharren im Zollvereine, für uns im Frage stehen, dies ist schon vielfach ausgeführt worden. Eine Seite der materiellen Frage aber hat man noch nicht berührt. Ich gebe zu, die Handelspolitik ist ein mächtiges Instrument, um den Verkehr, die Credit= und Nahrungs= verhältnisse eines Volkes zu heben, aber, meine Herren, die Handels= politik ist eben nur ein Instrument; zur Vorbedingung ihrer Wirksam= keit setzt sie voraus eine Kraft, die sich ihrer bediene, und diese Vor= bedingung einer fruchtbaren Handelspolik ist: die Größe des Staates, die Macht desselben nach außen, eine freie innere Entwickelung, endlich ein gesicherter politischer Zustand des Staates. Meine Herren, ein Volk, welches einen Weltverkehr hat, welches für seine angehäuften Industrieproducte die Märkte auswärts suchen muß, wie Sachsen, ein solches Volk bedarf hierfür auch einer politischen Stellung als Groß= macht. Hat es diese, dann wird sein Handel nicht erschwert und be= schränkt werden durch Vexationen anderer Mächte, seine Gewerb= und Handeltreibenden werden nicht vom Auslande zurückgewiesen oder bedrückt werden; fremde Handelsstaaten werden sich nicht scheuen, Verträge mit ihm einzugehen, wie dies bisher zum Theil geschah, wo man sich fragte, ob auch der Staat Selbständigkeit genug besitze, um hinlängliche Bürg= schaften für die Erfüllung der Verträge zu bieten. Wenn wir aber nicht bald und dauernd zu festen politischen Zuständen gelangen, so ist der Aufschwung des Handels und des Credits, wie sich dies bereits gezeigt hat, nur ein vorübergehender. Ich will Sie nur an einige Thatsachen erinnern, die zwar an sich unbedeutend scheinen, aber doch beweisen, welchen Einfluß das Gefühl der Sicherheit in den politischen Zuständen auf Handel und Gewerbe ausübt. Es wird Ihnen nicht entgangen sein, wie nach der Wahl des Reichsverwesers, dann wieder nach der Wahl des Königs von Preußen zum Kaiser sich in vielen Theilen Teutschlands, sofort Handel und Verkehr belebten, wie aber dieser Aufschwung ebenso schnell wieder zusammensank, als man sah, daß jene gehoffte Constituirung Teutschlands nur eine Täuschung ge= wesen sei. Je länger aber dieser Zustand dauert, desto größer und nachhaltiger wird der Verlust für den Verkehr und Credit, also auch für die Arbeits= und Nahrungsverhältnisse werden.

Wenn ich somit für ein rasches Zustandebringen der Verfassung, eine rasche Feststellung unserer politischen Verhältnisse bin, so kann ich schon aus diesem Grunde mich denen nicht anschließen, welche an der Frankfurter Reichsverfassung festhalten, ohne doch anzugeben, wie sie dieselbe durchführen wollen. Es ist heute von einem Redner der linken Seite ausdrücklich erklärt worden, man wolle keine Revolution; derselbe hat aber nicht gesagt, welche Mittel man außerdem habe, um jene Verfassung in's Leben zu rufen. Es sind aber auch die Vertheidiger dieses Festhaltens unter einander selbst sehr verschiedener Ansicht. Die Einen wollen an der ganzen Verfassung festhalten, Andere wollen Theile derselben ausgeschieden haben; Einige wollen, daß die alte Frankfurter Nationalversammlung wieder zusammenberufen werde, Andere wieder, daß man Wahlen zu einer neuen Versammlung anordne und eine ganz neue Verfassung durch neu gewählte Vertreter machen lasse; die Einen sagen, sie hielten fest an der Reichsverfassung, aber das Oberhaupt sei ihnen nicht genehm, eine Ausschließung Oesterreichs könnten sie eben= falls um keinen Preis zugeben. Wenn Sie aber die Frankfurter Reichs= verfassung allein respectiren wollen, so müssen Sie auch das Oberhaupt annehmen, so müssen Sie ferner auch zugeben, daß Oesterreich draußen bleibe, weil auch die Frankfurter Verfassung für das jetzige Oesterreich keinen Platz hat.

Meine Herren! Es ist uns, die wir in Frankfurt diese Verfassung mit zu Stande gebracht und die wir damals erklärt haben, trotz des Widerspruchs der Regierungen an derselben nichts ändern zu wollen, der Vorwurf der Inconsequenz, wenn nicht des Wortbruchs gemacht worden, weil wir jetzt auf die Verfassung vom 26. Mai eingehen. Meine Herren! Es ist etwas Anderes, ob man als Mitglied einer Ver= sammlung, die sich auf den Standpunkt der allein verfassunggebenden Machtvollkommenheit gestellt hat — und zwar nicht blos aus Princip, sondern auch aus praktischen Rücksichten, welche in der neuesten Zeit ihre volle Bestätigung durch Thatsachen gefunden haben — ausspricht: „die Verfassung, welche man einmal gegeben habe, könne, dürfe nicht geändert werden", oder ob man nach dem Aufhören jener Versammlung, unter ganz anderen Verhältnissen, als Einzelner zu handeln hat. Warum, meine Herren, sprachen wir damals dies aus? Weil wir den Versuch, das, was wir in unserem guten Rechte mit wohlbewußter Ueberlegung geschaffen hatten, auch praktisch für ganz Deutschland zu Stande zu bringen, eine Verfassung aus dem ureigenen Geiste der Nation, wie es schon in der Proclamation von Kalisch heißt, weil wir diesen Versuch bis auf die letzte, äußerste Möglichkeit durchführen wollten, weil wir, als Organ des Volkswillens, nicht selbst diesen Standpunkt verlassen konnten, und weil wir auch wohl wußten, daß eine Vereinbarung mit 38 Regierungen die reine Unmöglichkeit in sich schloß, diese Verfassung als eine für ganz Deutschland giltige zu Stande zu bringen. Denn, wenn auf der einen Seite eine Versammlung steht, welche berufen ist, für ganz Deutschland eine Verfassung zu gründen, und auf der anderen Seite 38 Regierungen, von denen jede, auch die kleinste, durch ihr Veto diese Verfassung verhindern kann, wie ist es dann möglich, etwas zu Stande zu bringen? Ich habe daher für jenen Beschluß ge= stimmt; ich habe auch ausgeharrt in Frankfurt, indem ich hoffte, daß es vielleicht gelingen möchte, die Versammlung zum Mittelpunkte einer großen moralischen Bewegung zu machen und die widerstrebenden Regierungen zum Nachgeben zu bewegen. Wäre damals das deutsche Volk der Nationalversammlung auf diesem Wege gefolgt, hätte es weder auf der einen Seite sie überholt und auf Wege hingedrängt, die wir nicht gehen konnten, und wäre nicht wieder in anderen Theilen Deutschlands die Volksstimmung zurückgeblieben und hätte uns ihren moralischen Beistand versagt, vielleicht wäre jenes große und schöne Ziel doch erreicht worden. Ich habe ausgeharrt bis zu dem Augenblicke, wo die damalige Majorität in Frankfurt [die Linke] selbst den Stand= punkt der Versammlung verleugnete, indem sie verweigerte, auszusprechen, daß nur der Verfassung ihr Bestreben gelte.

Ich versage mir, auf die einzelnen Einwürfe zurückzukommen, die in Bezug auf den Inhalt des Verfassungsentwurfs vom 26. Mai und des damit verbundenen Wahlgesetzes erhoben worden sind. Es sind diese Einwürfe gestern und heute von zwei Männern schlagend widerlegt worden, welche vielleicht nach dieser Seite hin (zur Linken gewendet) mehr Glauben und Vertrauen finden, als ich es nach meiner Stellung vermöchte — von den beiden geehrten Abgeordneten mir gegenüber (Braun und Minger). Es hat namentlich der Abgeordnete Braun mit großem Rechte darauf hingewiesen, daß nur in einem großen Staate eine dauernde und erfolgreiche Entwickelung der Freiheit möglich sei. Ja, meine Herren, auch die Freiheit verlangt gewisse Dimensionen; in zu kleinen Maßstäben verkümmert sie. Auf Eins aber glaube ich Sie doch noch aufmerksam machen zu dürfen. Meine Herren, es ist ein bekanntes und bewährtes Sprichwort auch in der Politik: man soll von seinen Feinden lernen. Ich glaube, soweit stehen wir uns nahe, daß wir einen gemeinsamen Feind haben, nämlich Jene, welche unter der heuchelnden Maske des Constitutionalismus und Conservatismus nur die baare, blanke Reaction, die Herstellung der absoluten Monarchie wollen. Wir haben eine solche, glücklicherweise nicht allzustarke Partei in unserem Lande, eine größere im Nachbarlande. Nun, meine Herren, das Entsetzen dieser Partei vor dem Zustandekommen des Bundes=staates, der Geifer, womit sie alles, was dahin führt, befleckt, kann Ihnen wenigstens so viel beweisen, daß die Verfassung vom 26. Mai doch nicht allzu schlecht in unserem Sinne sein könne; denn das muß man dieser Partei lassen, einen feinen Instinct in Bezug auf alles, was ihr gefährlich ist, hat sie immer gehabt. Lesen Sie nur die Neue preußische Zeitung, welche das Organ des Herrn v. Gerlach und seiner Partei in Preußen ist, und die Freimüthige Sachsenzeitung, welche in unserem Lande dieselbe Richtung verfolgt! Lesen Sie in der letzteren, daß die Berliner Verfassung der demokratischen Entwickelung viel zu viel Spielraum gewähre, und Sie werden, glaube ich, diese Verfassung doch mit etwas günstigeren Augen ansehen.

Doch, meine Herren, ich wollte und will auf diese Einzelheiten nicht zurückkommen, und so richte ich nur zum Schlusse noch einige Worte an Sie in Bezug auf das Allgemeine der Sache selbst. Ich wende mich zunächst an denjenigen Theil dieser Kammer, der mir dem politischen Standpunkte nach näher steht, an die sogenannte conservativ=liberale Partei. Ich habe schon gesagt, daß ich unter den Conserva=tiven nicht diejenigen begreife, welche sich zum Theil in unsere Reihen drängen und als unsere Bundesgenossen darzustellen suchen, um unserer Sache noch mehr zu schaden, nicht Jene, welche im Jahre 1848, als der Sturm der Volkserhebung daher brauste, sich hinter uns verkrochen und Schutz suchten vor der Revolution, die uns respectirte, weil wir schon früher in den Reihen der Männer der Bewegung gekämpft hatten,

nicht Jene, welche damals sich auf die „breiteste demokratische Grundlage"
stellten, obwohl sie wahrscheinlich auch damals schon davon nichts wußten
und nichts wissen wollten, welche noch im vorigen Jahre für den
Bundesstaat mit parlamentarischer Regierung zu sein versicherten und
die heute vielleicht ebenso, wie der Abgeordnete von Friesen, diesen
Bundesstaat für eine müßige Erfindung ausgeben. Nein, ich meine
die wahrhaft Constitutionellen, die sogenannten Conservativ=Liberalen
oder — ich möchte lieber diesen Ausdruck gebrauchen — die alte
liberale Partei, die schon vor dem Jahre 1848 in der Presse und in
den Kammern auf der Bresche gestanden und die, wenn sie auch im
Vergleich zu denen, die weiter gegangen sind, etwas mehr rechts steht,
wie man zu sagen pflegt, dennoch den Typus des alten Liberalismus
auch jetzt nicht verleugnet. Diese Partei möchte ich bitten, daß sie in
dieser Sache das liberale Element nicht von dem conservativen trennen,
daß sie nicht ihre conservative Richtung so weit ausdehnen möge, um
ein augenblickliches Regierungssystem um jeden Preis zu stützen und
zu schonen, sondern daß sie bedenken möge, wie die Principien der
monarchisch=constitutionellen Ordnung höher stehen müssen, als ein ein=
zelnes, vorübergehendes Regierungssystem. Meine Herren, erwägen Sie
wohl, wohin es mit der monarchisch=constitutionellen Verfassung kommen
soll, wohin es kommen soll mit der Monarchie und mit den Monarchen
wenn das Vertrauen des Volkes zu dem guten Willen der Regierungen
immer und immer wieder getäuscht wird! Dieses Vertrauen kann nur
wiederhergestellt werden, wenn man das, was man uns auf einem
anderen Wege nicht hat erreichen lassen, mag sein in einer unseren
Wünschen nicht ganz entsprechenden Weise, aber doch der Hauptsache
nach wieder darbietet. Wenn man uns aber auch noch vollends das
Wesen dessen nimmt, woran die Nation seit dem Jahre 1848 festhält,
wenn man uns um alle nationale Hoffnungen betrügen will, wenn
man uns auf das Alte, vielleicht in nur gleißender Form, zurückführen
will, dann allerdings wird das Vertrauen des Volkes wankend werden,
dann wird leider die Behauptung derer wahr, welche schon im Jahre
1848 der Meinung Geltung zu verschaffen suchten, daß mit dem Fort=
bestand der Dynastien keine feste Ordnung für Deutschland möglich sei.
Meine Herren, wir, die man die Conservativ=Liberalen nennt, wir
haben damals in Frankfurt dieser Behauptung und diesen Anmuthungen

gegenüber die Dynastien und die Monarchie aufrecht erhalten. Wir haben es gethan, weil wir glaubten, daß die Sicherheit Deutschlands dies erheische, wir haben es gethan im Vertrauen darauf, daß man von Seiten der Regierungen wenigstens die Nothwendigkeit begreifen werde, uns auf diesem Wege zu unterstützen; wenn aber diese Noth= wendigkeit von den Regierungen nicht begriffen wird, wenn alle Wege versperrt werden, auf welchen die Nation das Ziel, wonach sie strebt und welches sie — man möge sich darüber nicht täuschen! — nicht aufgeben wird — erreichen könnte, dann freilich hat uns jenes Ver= trauen betrogen, dann möge man aber auch die Folgen verantworten, die aus einem solchen Beginnen hervorgehen müssen!

Meine Herren von der anderen Seite des Hauses! Erlauben Sie mir auch an Sie ein ganz offenes Wort, ein Wort, welches darum nicht minder eine gute Stätte finden wird, weil es von Einem kommt, der in Bezug auf seinen politischen Standpunkt Ihnen etwas ferner steht. Ich glaube wenigstens insoweit Ihr Vertrauen während unseres kurzen Beisammenseins verdient und gewonnen zu haben, daß Sie meine Gesinnung, meinen Charakter, meine Selbständigkeit achten gelernt haben, und die Angriffe und Beschuldigungen, welche von Seiten der Regierung bei den jetzigen Verhandlungen gegen mich gerichtet worden, werden gewiß dieses Vertrauen nicht zu schwächen vermögen. Meine Herren, ich ehre vollkommen den Muth und die Festigkeit der Ueberzeugung, womit Sie an dem festhalten, was Sie als recht erkannt haben, wenn Sie auch selbst dessen Ausführbarkeit in Zweifel ziehen müssen. Erlauben Sie mir indessen doch die Frage, welche gewiß kein Vorwurf für Sie ist: ob nicht vielleicht Mancher von Ihnen jetzt gern die Hand bieten würde zu einer Entscheidung, an welcher er durch seinen politischen Standpunkt oder durch die politi= schen Auffassungen seiner Partei gehindert wird, von der er sich aber doch sagen muß, daß sie zum Wohle des Volkes und des Vaterlandes vielleicht heilsamer sein würde, als das bloße Abwarten eines Ereig= nisses, von dem Sie nicht sagen können, wann oder ob es überhaupt kommen werde. Erlauben Sie mir die Frage, ob nicht Mancher unter Ihnen sich lediglich gebunden glaubt durch die Rücksicht auf seine Partei, auf seine politische Vergangenheit, auf seine Stellung zum Volke und zur öffentlichen Meinung. Es ist dies, wie gesagt kein Vorwurf, denn ich finde es sehr begründet, allein Ihrer Erwägung möchte ich doch anheimgeben, ob Sie nicht solche Rücksichten unter= ordnen könnten, ja müßten, einer höheren Rücksicht, dem Hinblick auf das Interesse des Volkes und des Vaterlandes, wenn Sie fänden, daß das Richtige auf der anderen Seite liege. Meine Herren, ich erkenne vollkommen, daß die Parteistellung, welche Jemand einnimmt, so lange als möglich festgehalten werden muß; ich erkenne die Noth= wendigkeit und den Nutzen festgeschlossener Parteien; aber auch die Parteiung ist nur ein Mittel zum Zweck, und auch in den politisch freiesten Ländern sehen wir eine Umgestaltung der Parteien erfolgen mit der Umgestaltung der öffentlichen Verhältnisse und der öffentlichen Meinung. Die öffentliche Meinung — ich achte sie gewiß so hoch, wie irgend Einer, ich achte auch ihr Organ, die Presse; ich verdanke der Presse alles, was ich bin, ich verdanke ihr namentlich die unab= hängige Stellung, die mich befähigt, in dieser und anderen Fragen vollkommen frei den Machthabern gegenüberzutreten. Fern von mir wird es daher immer sein, den Einfluß der Presse irgendwie leugnen oder schwächen zu wollen. Aber ich verstehe die Aufgabe und Macht der Presse so, daß auch sie nicht starr an einem Punkte festhalten, nicht blos nach abstracten Schemen die Tagesereignisse beurtheilen soll, sondern daß sie den Einfluß der Ereignisse ebenso in sich aufnehmen muß, wie sie ihrerseits wieder Einfluß darauf hat. Dem Volke ge= genüber aber ist es, glaube ich, unser aller Aufgabe, nicht blos das, was vom Volke hereinklingt in diesen Saal, aufzunehmen und ihm zu Willen zu handeln, sondern auch unsererseits dem Volkswillen leitend eine Richtung zu geben, selbst eine solche, welche vielleicht gewissen Schichten des Volks augenblicklich nicht genehm ist. Die Selbstänig= keit der Volksvertreter beruht nach meiner Meinung darin, daß, wenn sie zu einer anderen Ansicht gelangen, selbst einer solchen, die sie mit ihrer bisherigen Vergangenheit in Conflict bringt, sie dem Volke sagen müssen: „aus diesen Gründen sind wir auf einen anderen Standpunkt getreten, den wir unter den gegenwärtigen Umständen für den richtigeren erkennen."

Eins möchte ich aber doch noch erwähnen. Es geschieht leicht un= bewußt und auf sehr natürliche Weise, daß der Einzelne mit dem, was er will, was er für recht hält, was er erstrebt, zwar sich für den Vertreter eines größeren Ganzen, des Volkes oder eines Theiles desselben hält, in dessen Interesse allein er so zu handeln glaubt, aber dennoch ein gewaltiger Unterschied ist, wenn man die Folgen seines Handelns für ihn betrachtet und für die, die er vertritt. Meine Herren, wir dürfen uns das nicht verleugnen: was wir hier für uns beschließen, das fällt auf uns, die Einzelnen, anders zurück, als auf das Volk, für das und in dessen Namen wir es beschließen. Lassen Sie trostlose Zustände über das Vaterland hereinbrechen, lassen Sie das Volk unterdrückt werden und dann eine neue Revolution herankommen, die alles zerstört, was lange Zeiten geschaffen — der Einzelne kann sich diesen Bedrängnissen entziehen, er ist vielleicht in der glücklichen Lage, in materieller Beziehung, hinsichtlich seines bürgerlichen Lebens, weniger von diesen Uebelständen zu fühlen, er kann sich sogar diesen Bedrängnissen örtlich entziehen und, wie der Dichter sagt, „vom sichern Port die Stürme toben sehen". Aber das Volk kann dies nicht, und jene Schichten des Volkes können es am allerwenigsten, für deren Wohl zu sorgen, zu denken, zu wachen, weil sie selbst es nicht vermögen, wir hauptsächlich berufen sind. Meine Herren! Sie können vielleicht lange die Stockung der Arbeits- und Gewerbsverhältnisse ruhig mit ansehen, aber kann dies auch die arbeitende Klasse? Sie können vielleicht, wenn der Druck zu groß wird im Lande, anderswo die Freiheit suchen; aber kann dies auch unser ganzes Volk? Ich glaube, meine Herren, diese Rücksicht, die Ihnen gewiß nicht neu sein wird, ist der tiefsten Beherzigung werth.

Erlauben Sie mir zuletzt noch, Sie an einige Thatsachen zu erinnern, die das vorher Angedeutete vielleicht besser ins Licht stellen werden, als ich durch Worte vermöchte. Meine Herren! Wir haben in Frankfurt zwei große Momente gehabt, wo wir der Erreichung des Zieles, welches wir alle erstreben, sehr nahe waren, uns wenigstens sehr nahe glaubten. Als der Welcker'sche Antrag in die Versammlung kam, wonach in Einem Momente die ganze Verfassung festgestellt sein konnte, da lagen die Verhältnisse so, daß nach den Mittheilungen der damit vertrautesten Personen eine Annahme der Reichsverfassung dort, wo das entscheidende Gewicht lag, im höchsten Grade wahrscheinlich war. Wäre damals die Verfassung mit Einem Schlage in's Leben getreten, sie wäre wahrscheinlich angenommen worden von der mächtigsten

Regierung, und dann würden die anderen nicht zurückgeblieben sein; wir hätten dann bereits ein Jahr lang eine von der Nationalversammlung festgestellte Verfassung in voller Wirksamkeit. Meine Herren! Warum wurde der Wecker'sche Antrag nicht angenommen und warum scheiterte das Verfassungswerk? Es scheiterte, weil einige Mitglieder der Versammlung Bedenken, die sie gegen einzelne Punkte der Verfassung hatten, nicht aufzugeben vermochten; sie wünschten, daß das Werk vollendet werde, konnten aber gleichwohl sich nicht von ihren Bedenken im Interesse des Ganzen trennen. Später schlossen sich diese Mitglieder der Majorität an, und es kam das Werk wirklich zu Stande, aber freilich zu einer Zeit und in einer Weise, daß es keine Annahme fand und ein bloßer frommer Wunsch blieb. Meine Herren! Ob nicht Mancher von Jenen jetzt bereuen möchte, daß er damals nicht die Hand geboten zum raschen Abschluß des Werkes, das unserem Volke zum hohen Segen gereicht haben würde? Später, als die Reichsverfassung in's Leben getreten war und nicht angenommen wurde, als die National= versammlung den Regierungen gegenüberstand, erklärte sich die Linke, die mit allen Kräften der Verfassung widerstrebt hatte, für dieselbe und bot alle ihr zu Gebote stehenden Kräfte und Mittel auf, um sie durchsetzen zu helfen, indem sie sagte, sie müsse das Princip, sie müsse die Ehre und Würde der Nationalvertretung retten. Nun, meine Herren, es gilt jetzt auch etwas zu retten. Wenn es damals galt, die Allmacht der Nationalversammlung zu retten, so gilt es jetzt vielleicht, die Existenz, die berechtigte Stellung einer Nationalvertretung überhaupt zu retten, es gilt, so viel an uns ist, wenn auch nur ein kleines Scherflein dazu beizutragen, daß eine Nationalversammlung in's Leben trete auf friedlichem Wege. Wie damals in Frankfurt die Mehrheit zurücktrat von einzelnen Bedenken, um nur die Hauptsache zu retten, so mögen auch Sie, meine Herren, von einzelnen Bedenken zurücktreten, um eben auch diese Hauptsache zu retten, und diese Hauptsache — das hat gestern der Abgeordnete Klinger so schön und wahr gesagt — bleibt immer doch das deutsche Parlament.

Meine Herren! Ich habe nichts hinzuzufügen; die Entscheidung wird eintreten; ich glaube, daß Deutschland in diesem Momente auf uns sieht und erwartet, daß ein Jeder von uns seine Pflicht thut.

Der allgemeine Antrag des Ausschusses, welcher der Regierung das Festhalten an dem parlamentarischen Bundesstaate empfahl, ward mit großer Mehrheit angenommen. Die speciellen Anträge dagegen, die sich auf Wiedereintritt Sachsens in den Verwaltungsrath der Union, Beschickung des Erfurter Parlaments und Aehnliches bezogen, wurden mit Mehrheiten von einer oder wenigen Stimmen theils abgelehnt, theils angenommen, weil hier diejenigen, die „an der Reichsverfassung festhielten", sich mit der großdeutsch gesinnten äußersten Rechten zusammenfanden.*)

Das Ministerium Beust ging inzwischen unbeirrt auf seinem Wege weiter fort, jenem Wege, der, wie schon sehr bald nicht mehr zweifelhaft war, direct zum alten Bunde zurückführte. Als ich dies wahrnahm, beantragte ich, die Kammer möge Fürsorge treffen, um den früher von mir gestellten, von ihr einmüthig angenommenen Antrag, wonach die sächsische Regierung sich an keiner bindenden Verständigung über eine neue Bundesverfassung betheiligen dürfe ohne vorherige Befragung der Kammern, thatsächlichen Nachdruck zu geben. Darauf wurde der Deutsche Ausschuß beauftragt, darüber Bericht zu erstatten, ob der Moment zu einem solchen Vorgehen der Kammer gekommen sei. Als nun bei der Berathung des Ausschusses der mit Fragen bestürmte Minister von Beust zuletzt eingestand, daß die schwebenden Verhandlungen allerdings zur Wiederherstellung des alten Bundestages führen

---

*) Darüber und insbesondere über eine merkwürdige Scene, wo die Führer der Linken uns Gothanern die Mehrheit absichtlich zuwenden wollten und sehr ärgerlich waren, als ihnen dies durch das Ungeschick eines ihrer Parteigenossen mißlang, s. meine „Dreißig Jahre deutscher Geschichte", 2. Bd. S. 28.

könnten, legte ich dem Ausschuß den Entwurf einer an den König zu richtenden Adresse vor, welche die Bitte aussprach:

Se. Majestät möge sofort Anordnungen treffen, daß nicht allein die Zustimmung Sachsens zur Wiederherstellung des alten Bundestages in keinem Falle gegeben werde, sondern daß auch Sachsen sich von allen Verhandlungen über eine solche fernhalte, eventuell dagegen protestire, daß ferner zu jeder Aufrichtung einer neuen Verfassung für Deutschland seitens der Regierung die Zustimmung der Kammern vorbehalten werde.

Zur Begründung dieser Bitte fuhr der Entwurf fort:

Allerdurchlauchtigster! Mit sehnsuchtsvoller Erwartung sieht die Volksvertretung einer beruhigenden Zusicherung aus Ew. Majestät Munde in dieser hochwichtigen Angelegenheit entgegen. Diese Beruhigung erscheint um so dringender in einem Augenblicke, wo von der Volksvertretung die Bewilligung bedeutender Geldmittel für Zwecke der Staatsverwaltung verlangt wird. *) Die Verpflichtung, welche die Verfassungsurkunde den Abgeordneten des Volkes auferlegt, für Aufbringung des ordentlichen und außerordentlichen Staatsbedarfs zu sorgen, kann mit völlig ruhiger und gewissenhafter Ueberzeugung nur dann erfüllt werden, wenn die derselben gegenüberstehende und von ihr unzertrennliche Berechtigung der Volksvertretung, die Verwendung der bewilligten Gelder genau zu überwachen und überhaupt auf die Verwaltung und Gesetzgebung denjenigen Einfluß zu üben, der dem Volke sichere Gewähr giebt für eine seinen wahren Bedürfnissen entsprechende Gebahrung mit den Kräften und Mitteln des Landes, nicht durch eine gänzlich außerhalb der Verfassung stehende Macht, dergleichen der wiederhergestellte Bundestag sein würde, bedroht erscheint.

Allerdurchlauchtigster! Zeither schon hat sich die Volksvertretung in ihrem Gewissen gedrungen gefühlt, in wichtigen Fragen der inneren Politik und Gesetzgebung dem von den gegenwärtigen Räthen der Krone befolgten Regierungssysteme zu widersprechen — trotz des ernsten, wiederholt bethätigten Willens, in bedenklicher Zeit der Regierung die Unter-

---

*) Es war eine Anleihe von 36 Millionen Mark für Eisenbahnbauten von der Regierung gefordert worden.

stützung nicht zu versagen, welche das Wohl des Landes erheischt. Jetzt ist sie es Ew. Majestät, ist sie es dem Lande und sich selbst schuldig, frei und offen zu bekennen, daß sie zu ihrem tiefen Leid be= fürchten muß, dem festen Verharren des Ministeriums auf dem be= zeichneten Standpunkte in der deutschen Frage gegenüber an der Grenze zu stehen, über welche hinaus ein aufrichtiges und segensreiches Zu= sammenwirken der gesetzgebenden Gewalten nicht mehr möglich erscheint. Sie vertraut aber, daß es der Weisheit und Fürsorge Ew. Majestät gelingen werde, dieses Unheil abzuwenden.

Der Antrag, vom Deutschen Ausschuß genehmigt, ward alsbald als dessen Antrag in die Kammer eingebracht. Er wäre von dieser ohne allen Zweifel mit großer Mehrheit angenommen worden. Da trat ein, was ich in meiner Schluß= rede bei den Verhandlungen über die deutsche Frage als nicht wohl denkbar bezeichnet hatte: das Ministerium Beust be= ging einen Staatsstreich; es löste die Kammern auf und be= rief statt ihrer die alten Stände wieder ein, die 1848 in der allerverfassungsmäßigsten Form aufgehoben worden waren! Nachdem es solchergestalt im eigenen Lande freie Hand erhalten, half es Oesterreich den alten Bund mit all seiner reactionären Politik im Innern und all seiner traurigen Schwäche nach außen wiederherstellen.

X.

„Die Savoyerfrage: Denkschrift an Preußens Staatsmänner von einem deutschen Patrioten."

Die parlamentarische Laufbahn war mir seit dem Beust=
schen Verfassungsbruch auf unabsehbare Zeit verschlossen. In
die verfassungswidrig berufene Ständeversammlung würde ich,
auch wenn ich gewählt worden wäre, niemals eingetreten
sein. Meine politischen Gegner glaubten mir aber auch selbst
die Möglichkeit eines solchen Schrittes entziehen zu müssen,
und, weil nach dem sächsischen Wahlgesetze von 1831 die
Eigenschaft als Stadtverordneter die Wählbarkeit in die Zweite
Kammer verlieh, so benutzten sie den Umstand, daß ich seit
meiner Rückkehr aus Frankfurt meine Wohnung außerhalb
der Stadt genommen hatte, dazu, meine Ausschließung aus
dem Stadtverordnetencollegium zu veranlassen. Nicht lange
darauf vertrieb Herr von Beust mich gänzlich aus dem Lande.
Wegen eines Artikels, den ich in eine damals von mir her=
ausgegebene Zeitschrift „Deutsche Annalen" aufgenommen
hatte — derselbe war gegen den Staatsstreich Louis Bona=
partes gerichtet! — ward eine peinliche Untersuchung über
mich verhängt! Mit Hilfe des damals noch in Sachsen

giltigen geheimen Inquisitionsprocesses und mit rücksichtsloser
Umgehung klarer Gesetzesbestimmungen (der berühmte Cri=
minalist Wächter, der die Acten meines Processes eingesehen,
sagte mir, „es sei dies das Scandalöseste, was er kenne"),
gelang es Herrn von Beust, erst meine Verurtheilung zu einer
Freiheitsstrafe, dann meine Enthebung von der Professur her=
beizuführen und so mein Verbleiben in Sachsen unmöglich
zu machen. Ich folgte hierauf einem ehrenvollen Rufe der
großherzoglich sachsen=weimarischen Regierung zur Leitung der
officiellen Weimarischen Zeitung*).

Damit gab ich auch meine persönliche Einwirkung auf
die sächsischen Verhältnisse so gut wie gänzlich auf, die frei=
lich ohnehin gerade damals wohl wenig erfolgreich gewesen
sein möchte, da Herr von Beust mit dem vollen Hochdruck
der, von ihm ganz besonders darauf eingerichteten, Polizei=
und Verwaltungsmaschine auf die Unterdrückung jeder frei=
heitlichen, noch mehr aber jeder nationalen Regung in der
Bevölkerung hinarbeitete. An den größeren Lebens= oder,
besser gesagt, Leidensfragen, welche damals alle deutschen
Patrioten beschäftigten und bedrückten, der Preisgebung der
verfassungstreuen Kurhessen, der Auslieferung der wackeren
Schleswig=Holsteiner an ihre dänischen Bedränger, dem
Untergange der preußischen Union und damit der letzten
Hoffnung auf einen deutschen Bundesstaat u. s. w., betheiligte
ich mich als Publicist durch Artikel erst in der bei Vieweg
in Braunschweig erscheinenden „Deutschen Reichszeitung",
dann, als diese plötzlich eine andere Richtung einschlug, in
der Brockhaus'schen „Deutschen Allgemeinen Zeitung", auf

---

*) S. „Mein Leben," 2. Bd. S. 63—87.

die mir schon seit 1851 ein leitender Einfluß eingeräumt war. Alle diese Artikel haben das allgemeine Schicksal solcher Zeitungsartikel getheilt: der Tag hatte sie geboren, der Tag hat sie verweht! Sie jetzt zu reproduciren, hätte keinen Zweck.

Während des österreichisch-französischen Krieges im Jahre 1859 versuchte ich, durch einen ausgebreiteten Briefwechsel mit Gesinnungsgenossen für die Wiedererweckung des nationalen Gedankens, wie er der Frankfurter Reichsverfassung und der preußischen Unionsverfassung zu Grunde gelegen hatte, und für die Ermuthigung der preußischen Regierung zur Wiederaufnahme dieses Gedankens mittelst einer Bewegung aus der Nation heraus zu wirken, und wenn auch diese, bereits in Fluß gekommene Bewegung durch den jähen Abschluß des Friedens von Villafranca unterbrochen ward, so habe ich doch dadurch indirect zu der Entstehung des „Deutschen Nationalvereins" beigetragen.*)

Im Jahre 1860 schien mir noch einmal ein Moment gekommen, wo Preußen die ihm gebührende Stelle an der Spitze Deutschlands durch einen kühnen Act in Vertretung eines großen nationalen Interesses sich erobern könnte.

Kaiser Napoleon III. hatte sich für die den Italienern geleistete Hilfe gegen Oesterreich und die für sie dem letzteren abgenommene Lombardei bezahlt gemacht durch das ihnen abgedrungene Savoyen und Nizza. Nun war das nördliche Savoyen beim Wiener Congreß ausdrücklich in die Neutralität der Schweiz mit einbezogen worden — mit gutem Grunde, denn der Besitz dieses Berglandes, wenn sie sich seiner bemächtigen konnten,

---

*) S. „Mein Leben," 2. Bd. S. 135—156.

öffnete den Franzosen den Weg sowohl nach Italien, als auch durch die Schweiz nach Deutschland. Dessen Einverleibung in Frankreich war daher ein Bruch europäischer Verträge. Napoleon selbst schien dies anzuerkennen, denn er ließ durch seine Ge=sandten bei den fremden Höfen erklären, „er werde diese Einverleibung nicht ohne die vorgängige Einwilligung Europas vollziehen." Die kleine Schweiz zeigte sich entschlossen, das durch die Wiener Congreßacte ihr zugesprochene Recht auf die Neutralität Nordsavoyens nöthigenfalls, wofern sie auf den Beistand auch nur Einer Großmacht rechnen könnte, mit den Waffen zu vertheidigen. In Süddeutschland und in Preußen selbst wurden Stimmen laut, welche in die preußische Re=gierung drangen, sie möchte doch — zur Aufrechterhaltung der europäischen Verträge und zur Sicherung Deutschlands gegen eine Umklammerung französischerseits vom Südwesten her — gegen die Einverleibung Nordsavoyens in Frankreich energi=schen Einspruch thun. Hier, meinte ich, sei es Pflicht des Nationalvereins, auch seine Stimme im gleichen Sinne zu er=heben. Ich besprach die Sache mit dem Vorstande des Ver=eins und schrieb mit dessen Zustimmung eine Flugschrift, welche der Vorstand drucken und an die Mitglieder des preußischen Abgeordnetenhauses vertheilen ließ, während ich dieselbe an einen mir befreundeten alten Frankfurter Collegen, den verstorbenen Max Duncker, sandte, der eine Vertrauens=stellung bei dem damaligen Ministerpräsidenten, Fürsten von Hohenzollern, bekleidete. „Sie ist mit großem Interesse ge=lesen worden," schrieb mir derselbe zurück. Das war aber auch alles.

Dies glaubte ich vorausschicken zu müssen, damit nicht die unten folgende Mittheilung aus der „Denkschrift an

Preußens Staatsmänner von einem deutschen Patrioten"
allzu phantastisch und ideologisch erscheine. In eben dieser
Absicht schickte ich der Denkschrift die kurze Widmung voraus:

An Preußens Staatsmänner wendet sich ein einfacher deutscher
Patriot. Er hat dazu keinen andern Auftrag, als den seines Ge=
wissens, keine andere Legitimation, als eine mehr denn zwanzigjährige
redliche und eifrige Beschäftigung mit den öffentlichen Angelegenheiten
seines deutschen Vaterlandes und den Bewegungen der öffentlichen
Meinung, kein anderes Recht, als das der Erfüllung einer Pflicht, die
seiner Ansicht nach in so ernster und schwerer Zeit jeder Einzelne hat:
für sein Theil zu thun, was er kann, damit das Ganze nicht Schaden
leide — ne quid detrimenti capiat respublica! — das Weitere
der Vorsehung anheimgebend und denen, deren amtlicher Beruf es ist
und die einst der Geschichte dafür verantwortlich sein werden!

Aus der Denkschrift selbst theile ich nur die Haupt=
gedanken mit, einzelne Ausführungen, als hier zu umfäng=
lich, übergehend.

Wieder einmal sind die Blicke Deutschlands und Europas er=
wartungsvoll auf Preußen gerichtet. Der Napoleonismus, kühn gemacht
durch seine raschen Erfolge im vorigen Jahre, thut einen neuen Schritt
nach dem beharrlich verfolgten Ziele der Ausbreitung seines Einflusses
über die Nachbarländer und einer Aenderung der Karte Europas zu
seinen Gunsten. Er streckt die Hand nach Savoyen aus, um durch den
Besitz der Alpenpässe Italien in fortdauernder Abhängigkeit von sich zu
erhalten, durch Umklammerung der Schweiz auch diese in den Kreis
seiner Botmäßigkeit zu ziehen und so vom Süden und Südwesten her
sich offene Bahn nach Deutschland zu brechen. Preußen, als Hort und
Vorkämpfer Deutschlands, hat die Aufgabe, für dessen Sicherheit zu
wachen. Preußen, als eine europäische Großmacht, hat den Beruf, für
das gefährdete Gleichgewicht Europas einzutreten. Wird es dieser
doppelt gebieterischen Pflicht genügen? Preußens zahlreiche Freunde
im übrigen Deutschland möchten gern des frohen Glaubens leben, der
Staat Friedrichs des Großen werde seinen hohen Beruf als europäische
und als deutsche Macht in diesem verhängnißvollen Augenblick erkennen
und bethätigen, werde dem bedrohlichen Umsichgreifen des Napoleonismus

ein kräftiges Halt! zurufen — aber sie wagen kaum noch, dieser stolzen Hoffnung sich hinzugeben.

Zwar begreift man auch im übrigen Deutschland recht wohl, daß die preußische Regierung guten Grund habe, sich zweimal zu bedenken, ehe sie den Krieg mit einem Gegner beginnt, der über bedeutende, streng einheitlich organisirte, von einem einzigen, absoluten Willen ge= lenkte, dazu erst unlängst auf den Schlachtfeldern geübte und erprobte Kräfte gebietet, mit einem Gegner, dessen natürliche Hilfsmittel mehr als doppelt so groß sind, als die Preußens.

Die preußische Regierung fürchtet, in diesem Kampfe möglicher Weise allein zu stehen, ohne Bundesgenossen, mindestens ohne solche von belangreicher Unterstützungskraft, da Englands Hilfe ungewiß, Oesterreichs Beistand, auch wenn er ohne anderweite bedenkliche Zuge= ständnisse gewonnen werden könnte, doch nur von zweifelhaftem Werthe, Rußlands Stellung zweideutig erscheint. Die preußische Regierung glaubt, auf eine kräftige Bundeshilfe Deutschlands, bei der bekannten Lage der Dinge hier und den von ihr schon im vorigen Jahre ge= machten Erfahrungen, ebenso wenig mit Sicherheit rechnen zu können. Sie muß daher fürchten, bei so bewandten Umständen, wenn sie im Wesentlichen mit Preußens Kräften allein den Krieg führen sollte, ihr Land nicht allein den größten und unverhältnißmäßigsten Opfern, sondern auch sehr ernsten Gefahren, sich selbst aber einer schweren Verantwortlichkeit auszusetzen, und sie mag sich in diesem Bedenken nicht wenig bestärkt finden durch das auffallende Schweigen der ge= setzlichen Vertreter des Landes, welche bisher, trotz aller aus dem übrigen Deutschland an sie ergangenen Mahnungen, es nicht einmal der Mühe werth hielten, überhaupt eine Ansicht über diese Lebensfrage Deutschlands auszusprechen.

Wie wenig man aber auch außerhalb Preußens das Gewicht der Gründe verkennt, welche die Zauderpolitik der preußischen Regierung bedingen mögen und zu rechtfertigen scheinen, so hält sich doch die öffentliche Meinung im übrigen Deutschland, und zwar gerade in den am aufrichtigsten für Preußen gestimmten Kreisen, für so berechtigt wie verpflichtet, solchen Gründen gegenüber andere geltend zu machen, durch welche, wie sie glaubt, das Gewicht jener aufgewogen wird.

Der Kampf mit dem Napoleonismus, sagt man, ist auf alle Fälle unvermeidlich und muß früher oder später ausgefochten werden.

Es liegt in dem ganzen Wesen der Napoleonischen Herrschaft, in dem Charakter ihres Trägers, ja in gewissen Nothwendigkeiten seiner Lage und der Lage des von ihm beherrschten Landes, daß der Kaiser auf dem einmal betretenen Wege einer expansiven Politik nicht Halt machen kann, vielmehr immer weiter und weiter vorwärts gehen muß. Die Frage, ob Preußen und Deutschland sich in einen Kampf mit Napoleon einlassen sollen, ist daher nur eine Frage der Zeit. Es kommt also darauf an, ob der jetzige Zeitpunkt für die Aufnahme dieses Kampfes günstiger sei, oder ein künftiger.

Und hier glaubt die öffentliche Meinung — nach Maßgabe der Verhältnisse, soweit diese dem Nichteingeweihten erkennbar sind — sich unbedingt für den jetzigen Zeitpunkt, als den relativ günstigsten, aussprechen zu müssen.

Schon das erscheint ihr als ein wichtiger, wenngleich zunächst nur moralischer Vortheil, daß der Napoleonismus diesmal ganz entschieden und zweifellos im Unrecht ist, zweifelloser, als er es im vorigen Jahre war und als er es möglicher Weise bei einer künftigen Gelegenheit sein könnte. Er hat den klaren Buchstaben der Verträge, er hat die gewichtigsten Gründe des europäischen Gleichgewichts gegen sich. Läßt man aber jetzt die kaiserliche Politik ohne Schwertschlag das Gleich-gewicht Europas ungestraft verletzen, so dürfte, wenn nach einigen Jahren das französische Volk wieder nach einer neuen Emotion verlangt und demselben dann die Frage der deutschen Rheingrenze vorgehalten wird, man es leicht nicht mehr mit einer Nation, die auf Kom-mando in den Krieg geht, sondern mit einer zu thun haben, welche von selbst zum Kriege drängt.

Man beruft sich, als auf ein wichtiges Moment gegen den Krieg, auf die Unsicherheit und Mangelhaftigkeit der politischen und militärischen Verhältnisse Deutschlands, welche, sagt man, Preußen auf eine nachdrückliche Unterstützung von dieser Seite, worauf es doch in erster Linie angewiesen wäre, nicht rechnen lassen. Das Bedenken ist nur zu begründet. Wenn es nur auch eben so gewiß wäre, daß eine Besserung dieses Uebelstandes bei längerem Abwarten in Aussicht stände! Wenn man nur hoffen dürfte, daß jede Friedens-pause dazu benutzt werden würde, um Deutschland politisch und militärisch zu consolidiren und solchergestalt für eine spätere Kriegseventualität günstigere Voraussetzungen zu erlangen! Leider findet, allen bisherigen Erfahrungen nach, das gerade Gegentheil hiervon statt. Von einer politischen Einigung sind wir heut wo möglich weiter entfernt, als vor'm Jahre, trotz der so ernsten Mahnung, die damals an uns herantrat. Einer großen Zahl deutscher Regierungen hat sich je mehr und mehr eine Richtung bemächtigt, die in ihrer fort= schreitenden und voraussichtlich sich immer weiter steigernden Ent= wickelung sowohl die Einheit des Handelns für gemeinsame nationale Ziele unter den einzelnen Staaten des deutschen Bundes zerstören, als auch die Eintracht zwischen diesen Regierungen und ihren, zum größeren Theile anders gesinnten Bevölkerungen auf das Tiefste erschüttern, so= mit die beiden Hauptpfeiler untergraben muß, auf welche eine kraft= volle Vertheidigung Deutschlands nach außen sich allezeit zu stützen haben wird. Welche gefährliche Handhaben ein solcher Zustand der Dinge einer so schlauen, so sehr auf unsere inneren Spaltungen speculirenden Politik, wie die französische es von jeher gewesen und gegenwärtig mehr denn je ist, nur zu leicht darbietet, bedarf wohl keiner näheren Ausführung.

Aber auch in blos technisch=militärischer Hinsicht bringt sein Hinausschieben des Kampfes uns, wie die Dinge nun einmal liegen, weit eher Schaden, als Nutzen. Infolge des Mangels an politischer Einheit geschieht für die einheitliche Organisation unseres natio= nalen Vertheidigungswesens selber in den nothwendigsten Dingen wenig oder nichts. Oder sind etwa seit der Kriegsgefahr im vorigen Jahre allgemeine Maßregeln, sei es von Bundeswegen, sei es durch überein= stimmendes Abkommen der Regierungen unter einander, zur Herstellung der, von allen Sachkundigen als dringend anerkannten, Gleichmäßigkeit des Kalibers, der Feldsignale u. s. w. getroffen, ja sind auch nur die damals in vielen Staaten so grell hervorgetretenen Mängel betreffs der Ausrüstung der einzelnen Contingente überall oder auch nur der Mehrzahl nach seitdem verbessert worden?

Wenn schon sobald nach einer Gefahr, die fast unmittelbar an unsere Grenzen herandrang, gleichwohl der Eifer des Reformirens so rasch wieder nachließ, was ist zu erwarten, wenn wir jetzt noch einmal der Gefahr ausweichen und den, doch unvermeidlichen, Zusammenstoß mit der großen Militärmonarchie im Westen auf ein paar weitere Jahre hinauszögern?

Preußen hat aber auch in diesem Kampfe ein Lebensinteresse seines eigenen Staates zu vertreten.

Es ist oftmals gesagt worden, Preußen sei für die Aufgabe, die ihm gestellt worden: eine europäische Großmacht zu sein, eigentlich zu klein. An dieser Behauptung ist viel Wahres, namentlich seitdem in neuerer Zeit mit der Gesammtstellung der fünf Großmächte auch der Antheil, den jede einzelne derselben an dieser Gesammtwirksamkeit einerseits zu beanspruchen, andererseits aber auch zu bethätigen hat, ein wesentlich anderer, umfänglicherer und schwierigerer geworden ist. Seitdem es fast keine internationale Frage von nur einiger Bedeutung mehr giebt, die nicht dem oberstschiedsrichterlichen Ausspruche, der diplomatischen und unter Umständen auch der militärischen Dazwischenkunft der Großmächte anheimfiele, ist es für die einzelne Großmacht, um ihren Einfluß als vollbürtig mitzählendes Mitglied dieses europäischen Areopags zu behaupten, durchaus zu einer Nothwendigkeit geworden, daß Bereich ihrer wirksamen Machtentfaltung so weit auszudehnen, daß sie an jedem Punkte Europas, dem fernsten so gut wie dem nächsten, das Gewicht ihres Ansehens nöthigenfalls auch durch Waffengewalt geltend machen kann. Diese Nothwendigkeit hat schon bisher Preußen zu den größten Anstrengungen gezwungen, und trotz dieser ist es ihm doch nicht möglich gewesen, sich auf gleicher Stufe des Einflusses mit den anderen Großmächten zu erhalten; es hat in manchen Angelegenheiten von europäischem Belange entweder freiwillig sich der entscheidenden Mitwirkung begeben, oder unfreiwillig dieselben ohne sein Zuthun geregelt sehen müssen.

Das Beginnen der gegenwärtigen Regierung Preußens, durch namhafte Erhöhung des Heeresbestandes und durch die nachhaltige Schaffung einer Kriegsflotte diesem Uebelstande abzuhelfen und Preußen vollkommen gleichgerüstet und dadurch gleichberechtigt in die Reihe der übrigen Großstaaten einzustellen, wie vollkommen richtig dasselbe aus politischem Gesichtspunkte ist, droht in seinen finanziellen und volkswirthschaftlichen Resultaten die Kräfte des Staates und des Volkes auf bedenkliche Weise zu überspannen und auf die Dauer zu erschöpfen.

Es erhellt daraus, daß Preußen, um seine Großmachtstellung

sicher und dauernd zu behaupten, genöthigt ist, die Basis derselben zu verbreitern.

Das Mittel dazu ist aber kein anderes, kann kein anderes sein, als: die Zusammenfassung und unlösliche Verschmelzung der eigenen Kräfte mit denen des übrigen Deutschlands zu einem einigen, compacten, untrennbaren Ganzen.

Wenn Preußen es vermag, die Kräfte Deutschlands mit den seinigen durch ein festes, dauerndes Band zu einigen, dann wird dieses an der Spitze Deutschlands stehende Preußen, oder, was der Sache nach vollkommen dasselbe ist, dieses unter Preußens Führerschaft geeinte Deutschland eine wahre und echte Großmacht im vollsten Sinne des Wortes sein. Kann Preußen dieses Ziel nicht erreichen, so wird es vergebens, auch mit noch so großen Anstrengungen, danach trachten, seine Großmachtstellung und seinen Einfluß im Rathe Europas zu befestigen oder zu erhöhen; kaum möchte ihm gelingen, auf der gegenwärtigen Stufe sich dauernd zu behaupten.

Die deutsche Frage ist daher für Preußen eine Frage nicht blos der Macht, sondern in gewissem Sinne der Existenz dieses Staates. Preußische Staatsmänner können dieselbe unmöglich als eine solche ansehen, die je nach Umständen gelöst oder auch nicht gelöst werden möge, oder von der es gleichgiltig sei, ob sie heute oder über's Jahr oder in zehn Jahren gelöst werde. Sie werden erwägen, daß nicht allein die Lösung dieser Frage mit jedem Jahre, um das sie durch Preußens Schuld sich verzögert, mit jeder von Preußen verpaßten Gelegenheit dazu schwieriger wird, sondern daß auch jedes Jahr längeren Alleinstehens Preußens diesem mehr und unverhältnißmäßigere Opfer für Behauptung seiner europäischen Stellung auferlegt.

Will aber Preußen den Z w e c k, die Lösung der deutschen Einheitsfrage in seinem und im Sinne des größten und besten Theils der Nation, so muß es auch das allein zu diesem Zwecke führende M i t t e l wollen, nämlich einen großen, kühnen Act auswärtiger Politik, der die edelsten Sympathien der Nation unwiderstehlich zu ihm hinreißt und jeden Versuch eines particularistischen Widerstandes unmöglich macht. Jede Gelegenheit zu einem solchen Acte muß preußischen Staatsmännern willkommen sein, und um so willkommener, je mehr sie dazu angethan ist, die auswärtige Politik Preußens in dem Lichte einer wahrhaft nationalen

That, als Vertreterin der höchsten Interessen und der edelsten Gefühle Deutschlands, (ohne irgend welche kleinliche Nebenrücksichten auf specifisch preußische Zwecke oder auf solche politische Principien, welche die Mehr= heit des deutschen Volkes zurückweist) erscheinen zu lassen.

Gerade unter diesem Gesichtspunkte aber ist die gegenwärtige Situation, in welcher ein solches actives Auftreten Preußens gefordert und erwartet wird, für dieses so günstig, wie nur immer eine sein könnte, insbesondere entschieden günstiger, als die vorjährige. Damals konnte Preußen dem Napoleonismus nicht entgegentreten, ohne zugleich sehr berechtigte Bestrebungen des italienischen Volkes zu bekämpfen, Bestrebungen, die denen der eigenen deutschen Nation in mancher Hin= sicht wahlverwandt waren, und ohne auf der anderen Seite für Regierungs= grundsätze mit einzutreten, welche den directen Gegensatz zu denen bilden, durch deren aufrichtige und consequente Befolgung das neue Preußen die Augen Deutschlands und Europas auf sich gezogen hat. Es konnte nicht in jenen Kampf eintreten, ohne mit den liberalen Sympathien nicht allein Englands, seines natürlichsten Bundesgenossen, sondern auch eines großen Theils von Deutschland, vor allem aber des eigenen Volkes, sich in bedenklichen Zwiespalt zu versetzen. Außer= dem mußte es befürchten, daß die Früchte eines siegreich durchgeführten Kampfes vorzugsweise einem Anderen, die Nachtheile eines ungünstigen aber wesentlich ihm zufallen möchten.

In allen diesen Beziehungen verhält es sich bei der gegenwärtigen Kriegsfrage für Preußen ungleich günstiger. Preußen hat jetzt sich gegen= über nichts als den Napoleonismus, und zwar ihn entkleidet der gleißenden Maske der Völkerbefreiung und der uneigennützigen Verfechtung von großen „Ideen", womit er im vorigen Jahre noch Viele täuschte. Es wird an der Seite und als Beschützer eines freien, wegen seiner Tapfer= keit, seines Patriotismus und zugleich seiner männlichen Besonnenheit und Mäßigung mit Recht hochgeachteten, durch starke Bande der Stamm= verwandschaft und der materiellen Interessen mit Deutschland innig verbundenen Volkes, der Schweizer, kämpfen. Es wird kämpfen für das gefährdete Gleichgewicht Europas und für Verträge, von denen, weil sie dieses Gleichgewicht in einem wichtigen Punkte feststellen, Europa ungestraft nicht lassen kann. Vor allem aber wird es kämpfen für ein starkes und zweifelloses Interesse der Sicherheit und Integrität

Deutschlands. Es wird dadurch seinen europäischen wie seinen deut=
schen Beruf gleichmäßig bethätigen, Beides um so entschiedener, wenn
es zuerst und vorangehend, selber auf die Gefahr hin, allein
zu stehen, dem übermüthigen Gegner den Handschuh hinwirft. Es
wird bei diesem Kampfe die wärmsten Sympathien aller derer in
Deutschland und in ganz Europa für sich haben, welche nicht die Rechts=
ordnung, die Ruhe und den Frieden Europas jeden Augenblick in
Frage gestellt sehen wollen.

Ganz besonders günstig aber liegen die Verhältnisse für Preußen,
wenn es jetzt zu einer kraftvollen Action übergeht, in Deutschland
selbst in Bezug auf die deutsche Frage.

Oesterreich, welches im vorigen Jahre (auch bei einem späteren
Miteintreten Preußens) immer doch als der vorangehende und tonan=
gebende Theil sich gerirt und daher bei einem günstigen Ausgange das
beste Stück von der Ehre und dem Verdienste des Kampfes für sich in
Anspruch genommen haben würde, zeigt sich in der Savoyer und
Schweizer Frage zurückhaltend und gleichgültig, überläßt Preußen den
Ruhm und den Vortheil der Initiative. Die süddeutschen Bevölkerungen,
welche durch Preußens zaudernde Politik im vorigen Jahre sich — ob
mit Recht oder Unrecht, ist im Erfolge ziemlich gleich — verletzt und
zurückgestoßen fühlten und dadurch zum Theil wieder in ihren alten
Preußenhaß verfielen, sind bei dieser gegenwärtigen Krisis ganz be=
sonders interessirt, theils weil gerade ihnen die Gefahr am nächsten
droht, welche sich für ganz Deutschland durch eine Bloßlegung seiner
südwestlichen Schutzwehr, der neutralen Schweiz, vorbereitet, theils wegen
ihrer lebhaftern, aus dem unmittelbaren Verkehr und aus der stärkeren
Wahlverwandtschaft des Charakters entspringenden Sympathien mit
dem Schweizer Volke. Galt es nun von jeher für eines der schwierigsten
Probleme der deutschen Einheitspolitik, die tiefgewurzelten Antipathien
des Südens gegen Preußen zu überwinden, und erschien diese Schwierig=
keit durch die Ereignisse des vorigen Jahres beinahe bis zur Unmög=
lichkeit gesteigert, so ist es sicherlich als einer der wenigen Glücksfälle
in unserer nationalen Geschichte anzusehen, daß sich für Preußen eine
Gelegenheit bietet, jene süddeutschen Verstimmungen in ihr gerades
Gegentheil, in eine warme, vertrauensvolle Hingebung an Preußen zu
verwandeln.

Im deutschen Bundestage sind die Dinge eben jetzt an einem Wendepunkte angelangt, wo Preußen sich entweder einer reactionären und particularistischen Mehrheit fügen, oder aber zur Behauptung seines Ansehens und zur Durchführung seiner Grundsätze in Deutschland andere, als die gewöhnlichen und unter den gewöhnlichen Verhältnissen allein möglichen Wege einschlagen muß.

Preußen kann die Wirksamkeit des Bundestages, soweit es dieselbe als schädlich für die Nation oder als unberechtigt erkennt, durch seinen passiven oder activen Widerstand lähmen, vielleicht den ganzen Bundestag zu einer gezwungenen Unthätigkeit verurtheilen, aber was erreicht es dadurch Positives für sich, für seine Grundsätze, für die deutsche Nation? Nichts! Um dies zu erreichen, muß Preußen activ, einigend, kräftigend auf die Elemente nationalen Lebens in Deutschland wirken, muß es diese Elemente an sich ziehen, für sich gewinnen, um sich sammeln und durch den unwiderstehlichen Zug derselben die Gegner seiner liberalen und nationalen Politik in die Unmöglichkeit versetzen, dieser Politik noch länger Widerstand zu leisten.

Wie aber wird es dies vermögen? Auf dem Boden bloßer innerer Fragen schwerlich, wohl aber mit Hilfe einer großartigen auswärtigen Action. Auch die eigene innere Lage Preußens bietet Schwierigkeiten dar, welche am ersten bei einer kraftvollen äußeren Politik verschwinden oder doch sich wesentlich mindern werden, ohne eine solche aber der glücklichen Fortentwickelung des Staatslebens in Preußen vielleicht noch sehr ernste Hindernisse bereiten könnten. Die „Preußischen Jahrbücher" sagen in ihrem Märzheft in einem Artikel über die geforderte Vermehrung des Heeresbestandes: „Durch so beträchtliche und dauernde Opfer erhöht man die Machtmittel des Staates begreiflicherweise nur dann mit Bereitwilligkeit, wenn man mit einiger Zuversicht voraussetzen darf, daß sie im geeigneten Momente zur Ehre des Landes, zur Sicherung seiner Machtstellung auch Anwendung finden werden."

Sobald Preußen entschlossen ist, mindestens die Schweiz in ihren Forderungen nachdrücklichst, selbst bis zur Erklärung des Kriegsfalles an Frankreich, zu unterstützen, wird es seine erste Sorge sein müssen, sich der einheitlichen Leitung der deutschen Kräfte in politischer und militärischer Hinsicht zu versichern. Das wenigstens ist die Aufgabe und die Berechtigung, die der preußischen Regierung — immer vorausgesetzt, daß sie wirklich handelnd auftritt — dermalen allerwärts in Deutschland, in den mittleren sowohl, als den Kleinstaaten, auch in Süddeutschland, weit ausnahms= oser als im vorigen Jahre, die öffentliche Meinung zuweist. Von Oesterreich erwartet man für diese Frage keine active Be= theiligung, ja, scheint eine solche, aus Furcht vor Einmischung fremb= artiger Zwecke, nicht einmal zu wünschen.

Der Versuch, eine solche Einheit der Leitung im Wege diploma= tischen Abkommens mit den einzelnen Regierungen oder durch Ver= handlungen am Bundestage herbeizuführen, hat sich im vorigen Jahre, wo Preußen ihn machte, als vergeblich erwiesen; es ward nur Zeit und Mühe dabei verloren. Dennoch würden wir glauben, daß die preußische Regierung diesen Versuch noch einmal machen sollte, aber nur unter den folgenden Voraussetzungen: sie müßte dem Bundestage ihr Programm der diplomatischen und eventuell der kriegerischen Action klar und bestimmt vorlegen und darauf hin die unbedingte Vollmacht verlangen, dieses Programm mit den vereinigten Kräften Preußens und Deutschlands durchzuführen, mit anderen Worten die Ueber= tragung aller Rechte des Bundestages in Bezug auf Krieg, Frieden, Bündnisse und sonstige Unterhandlungen, sowie der Oberherrlichkeit über die Kriegsmacht des Bundes, an den Prinz=Regenten von Preußen — letzteres in demselben Umfange, wie der Landesherr solche über sein eigenes Heer hat, ohne die beschränkenden Bestimmungen der Bundeskriegsverfassung. Den anderen Bundesregierungen möchte jede zulässig erscheinende Antheilnahme an der Vorberathung und Durch= führung der von Preußen kraft dieser Vollmacht zu treffenden Maß= regeln unter irgend einer geeigneten Form vorbehalten werden, jedoch nur in einer solchen Weise, daß sie auf keinen Fall der Einheitlichkeit und Raschheit der Aktion Eintrag thun könnte.

Theils zur Bewilligung der etwa nöthig werdenden Erhöhung der Kriegsbereitschaft der einzelnen deutschen Staaten und der dadurch ver= ursachten Mehrauflagen (wofür man unmöglich an die vielen einzelnen Landesvertretungen recurriren könnte), theils als ein wichtiges Moment zur Stärkung der neugeschaffenen Centralgewalt im Innern und nach außen, gleichsam zur sichtbaren Verkörperung des dieser zur Seite stehenden Gesammtwillens der Nation, wäre gleichzeitig die Bildung einer **Nationalvertretung**, eines **deutschen Parlaments** zu beantragen.

Dieser doppelte Antrag Preußens am Bundestage wäre aber mit dem zwiefachen Präjudiz zu stellen:

1) daß Preußen, bewandten Umständen nach, nur eine **einfache, bedingungslose Annahme** dieser Anträge acceptiren könne, jede modificirte oder verclausulirte dagegen als eine Ablehnung betrachten müsse;

2) daß die Erklärung des Bundestages in einer solchen klaren und bestimmten Form binnen einer genau bemessenen und zwar möglichst **kurzen Frist** (etwa von 8, höchstens 14 Tagen) zu geschehen habe, indem eine längere Verzögerung ebenfalls einer Ablehnung gleichzuachten sein würde.

Gleichzeitig mit diesem Vorgehen am Bundestage müßte die preußische Regierung sich in einem Manifest an die deutsche Nation wenden und dieser in offener und kräftiger Sprache das Ziel ihrer Politik, den Weg, den sie zu gehen entschlossen sei, die Mittel, die sie zu diesem Zwecke im gemeinsamen Interesse Deutschlands zu ergreifen für nöthig finde, sowie die Vollmachten, die sie zu dem Ende beanspruchen müsse, vorlegen.

Ein solcher Schritt, in einer Weise gethan, welche keinen Zweifel an der Entschlossenheit der preußischen Politik übrig ließe, bekräftigt durch die vorausgegangene oder gleichzeitige, natürlich ebenfalls zu veröffentlichende, energische Erklärung gegen Frankreich, würde einen nicht zu berechnenden Eindruck auf die deutschen Bevölkerungen hervorbringen. Wir glauben nicht, daß unter diesem Eindrucke **deutsche Regierungen** den oben bezeichneten, im **allgemeinen deutschen Interesse** so tief begründeten, durch die Noth des Augenblicks so sichtlich berechtigten Forderungen sich würden entziehen wollen.

Möchte es doch bald heißen: **Preußen hat seine Schuldigkeit gethan; an Deutschland ist es, die seinige zu thun!**

XI.

Vergebliche Anstrengungen für Sachsens Neutralität im Kriege von 1866.

Im Jahre 1863 war ich nach Sachsen zurückgekehrt, um die Leitung der „Deutschen Allgemeinen Zeitung" an Ort und Stelle zu übernehmen. Damit war mir auch die Füglichkeit und die Pflicht eines persönlichen Einwirkens auf die einem solchen zugänglichen Elemente in meinem engeren Vaterlande zurückgegeben. Diese Pflicht trat gebieterisch an mich heran, als ich mit schwerer Besorgniß wahrnahm, wie der noch immer allmächtige Minister von Beust bei den Verwicklungen zwischen Preußen und Oesterreich in der schleswig-holsteinischen Frage alles aufbot, um Oesterreich zum Losschlagen zu ermuthigen und Sachsen für die Sache Oesterreichs in den Krieg hineinzutreiben — auch dann noch, als durch die Berufung Bismarcks an ein deutsches Parlament ein Weg zum friedlichen Austrage des Streites geboten schien. Ich versammelte daher am 4. Mai 1866 einen Kreis Gleichgesinnter, darunter mehrere einflußreiche Mitglieder der beiden städtischen Collegien, zu einer vertraulichen Besprechung über die Lage des Vaterlandes. Das Ergebniß dieser Besprechung

war der Beschluß, die Anregung zu einem gemeinsamen
Schritte beider Collegien bei der Regierung im Sinne einer
von Sachsen zu beobachtenden strengen Neutralität zu geben.
Dies geschah. Ein von mir mit meinem Schwager, dem Bürger=
meister Koch, vereinbarter Entwurf einer Vorstellung an das
Ministerium ward vom Stadtrathe einstimmig angenommen.
Er lautete:

Der tiefe Ernst der politischen Lage Deutschlands hat bereits seit
Monaten den materiellen Verkehr mit den größten Besorgnissen erfüllt
und denselben allmählich in den weitesten Dimensionen dergestalt gelähmt,
daß nicht nur der geschäftliche Credit untergraben worden ist, sondern
auch das Nationalvermögen unseres gesammten deutschen Vaterlandes
die empfindlichsten Verluste, deren Höhe kaum mit Ziffern zu bezeichnen,
erlitten hat. Daß hiervon auch unsere Stadt nicht verschont geblieben
ist, bedarf nicht erst des Beweises. Der Verlauf der letzten Messe
spricht dafür in nur zu drastischer Weise.

Wenn wir dessenungeachtet in dieser Zeit der sich täglich steigernden
Bedrängniß bisher kein Zeichen unserer Sorgen für das Wohl und
Wehe der uns anvertrauten Stadtgemeinde kundgegeben, vielmehr der
Weisheit unserer hohen Staatsregierung auch in dieser kritischen Lage
volles Vertrauen geschenkt haben, so wirkte hierbei das Bewußtsein
wesentlich mit, daß die Prüfungen, die dem gesammten Vaterlande
vorbehalten sind, auch von dem einzelnen Theile desselben mit dem
Patriotismus getragen werden müssen, welchem das Drängen nach
einer ausnahmsweise begünstigten Stellung des einen vor den anderen
mitleidenden Gliedern fremd ist und fremd sein muß.

Dieses schweigende Zuwarten hat aber seine durch die Pflicht uns
vorgezeichnete Grenze. Und an dieser Grenze glauben wir in dieser
Stunde angelangt zu sein. Die neueste diplomatische Correspondenz
zwischen der Regierung unseres engeren Vaterlandes und der des König=
reichs Preußen läßt, wenn auch nur erst bruchstückweise bekannt, da=
rüber keinen Zweifel mehr aufkommen, daß die Stellung, welche unserer
hohen Staatsregierung dem Königreich Preußen gegenüber beigemessen
wird, die willkommene Handhabe darbieten soll, um das grenzenloseste

Unglück, welches einem Volke begegnen kann, den Bürgerkrieg, über unser deutsches Vaterland zu verhängen. Wir fragen nicht danach, ob die Rüstungen Sachsens wirklich derart sind, daß sie eine aggressive Politik des großen Nachbarstaates zu rechtfertigen vermögen, aber wir sprechen die bestimmteste Ansicht und damit die Ueberzeugung der großen Mehrheit unseres sächsischen Volksstammes aus, daß demselben auch der entfernte und gesuchte Vorwand zur Begründung einer solchen Politik genommen werden müsse, wenn Die, welche die Veranlassung zu solchem Vorwande darbieten, nicht die schwerste aller Verantwortungen auf sich laden wollen, und zwar nicht nur dem Gesammtvaterlande, sondern vornehmlich auch dem engeren Vaterlande gegenüber. Denn unser Sachsenland würde voraussichtlich den ersten Angriffspunkt darbieten und somit alle die Drangsale zu erdulden haben, die es schon einmal heimgesucht und von denen es sich nur erst nach Jahrzehnten wieder erholt hat, um zu einer Blüthe seines Gedeihens zu gelangen, welche nicht immer neidlos geblieben ist.

Und dieser blühende Zustand unseres engeren Vaterlandes sollte ohne das Ziel einer großen vaterländischen Idee, für welche auch wir opferbereit sein werden, ohne zwingende Nothwendigkeit, von uns selbst in Gefahr gebracht und endlich der Vernichtung zugeführt werden? Nein! Solchen Gedanken weisen wir als unmöglich zurück. Diese Verantwortung kann und darf Sachsen nicht auf sich nehmen, damit es, wenn das Unheil doch über uns hereinbräche, eine Schuld nicht trage, die schwerlich wieder gesühnt werden könnte. Um aber diese Schuld fern von dem Vaterlande zu halten, ist der Weg nach unserer Ueberzeugung einfach und klar gezeichnet. Sachsen hat sich streng von einer vorzeitigen Parteinahme an dem Conflicte zwischen den beiden deutschen Großstaaten fern zu halten, am wenigsten Vorbereitungen zum Kriege vorzunehmen, welche als eine feindliche Demonstration aufgefaßt werden könnten. Diese Auffassung hat das Verhalten unserer hohen Staatsregierung seitens des Königlich preußischen Gouvernements gefunden. Ob mit Recht oder Unrecht, ist nicht unseres Amtes zu untersuchen. Aber, wenn hier das Unrecht auf Preußens Seite liegt, so wird es ein Leichtes sein, durch entschiedene, durchgreifende und offenkundige Maßregeln, sei es der Abrüstung, sei es der Darlegung, daß eine Rüstung nicht stattgefunden habe, dieses Unrecht vor aller

Welt zu constatiren. Der Entschluß hierzu kann um so weniger schwer fallen, als ja Sachsen allein, und wäre es bis auf's äußerste gewaffnet, den Ausschlag in dem inneren Zwiespalt des großen Vaterlandes nimmer zu geben vermag.

Haben wir bisher nur als Vertreter unserer Stadtgemeinde, deren gefährdete materielle Interessen wir nach Kräften zu wahren verpflichtet sind, gesprochen, so möge es uns auch gestattet sein, zu unserer Rechtfertigung noch eine andere Saite anzuschlagen. Und das ist die Hinweisung auf die Gefahr, welcher Sachsen als Staat entgegengeht. Wir begnügen uns mit dieser Andeutung; sie bedarf keiner weiteren Ausführung.

Endlich aber glauben wir den Ausdruck eines nationalen Gedankens nicht zurückhalten zu dürfen. Sachsen hat wie alle deutschen Staaten die unerläßliche Nothwendigkeit einer durchgreifenden Reform der deutschen Bundesverfassung anerkannt. Diese Frage steht gegenwärtig wieder als eine der brennendsten auf der Tagesordnung und wird nur mit Gewalt von derselben zeitweilig wieder gestrichen werden können. Wer aber die Lösung dieser Frage ehrlich will, kann den Krieg nicht wollen, denn im Kriege, am wenigsten im verabscheuungswürdigen Bürgerkriege, wird keine für den Frieden dauernde Staatsverfassung geschaffen. Will nun Sachsen die Reform der Bundesverfassung im nationalen Sinne wahr und wahrhaftig, so darf es dem Kriege, den es nicht will, auch nicht einen Vorwand, und wäre es der wesenloseste, darbieten. Und so wird auch dieser Gesichtspunkt unsere ehrerbietigste Bitte rechtfertigen, die wir an das königliche hohe Gesammtministerium dahin richten:

„Hochdasselbe wolle jegliche Maßregel, die als Kriegsrüstung gedeutet werden könnte, soweit sie bereits getroffen worden, wieder rückgängig machen, oder, sofern die darüber umlaufenden Gerüchte nicht begründet sind, die Nichtigkeit dieser Gerüchte entschieden und offenkundig darlegen."

Zu dieser ebenso ehrerbietigen als dringenden Vorstellung halten wir uns für legitimirt durch die Pflicht, die uns als Vertretern unserer Stadtgemeinde und ihrer materiellen Interessen das Gesetz auferlegt, durch die treue Anhänglichkeit an unser engeres Vaterland und unser angestammtes Königshaus und endlich durch die Liebe zu unserem großen deutschen Vaterlande!

Einen ähnlichen Antrag hatten wir, ich und meine Freunde, zur Einbringung im Stadtverordnetencollegium vorbereitet für den Fall, daß der im Stadtrathe gestellte Antrag dort auf Widerspruch stieße. Als in der zur Berathung dieser hochwichtigen Sache anberaumten außerordentlichen Sitzung der Stadtverordneten der Vorsitzende, Dr. Joseph, den vom Stadtrath an das Collegium mit dem Antrag auf Zustimmung dazu herübergegebenen Entwurf einer Vorstellung an die Regierung mittheilte, ergriff ich das Wort zunächst zu folgender Erklärung:

Meine Herren! Ich bin einer derer, welche den Antrag gestellt haben; ich habe zugleich im Namen der übrigen Antragsteller zu sprechen, wenn ich es als eine sehr angenehme Pflicht unsererseits bezeichne, diesen Antrag zurückzunehmen und an seine Stelle den Antrag zu setzen, daß wir uns der Vorstellung des Raths einfach anschließen. Meine Herren! Es kann nichts Schöneres gedacht werden, als wenn in so ernster Zeit die beiden Gemeindeorgane Hand in Hand mit einander gehen, und ebenso ist es nur der natürliche Gang, daß der Stadtrath, als die eigentlich verwaltende und zur Fürsorge für die Gemeinde zunächst verpflichtete Behörde, vorangehe, wir aber, die Vertreter der Gemeinde, folgen. Der Stadtrath hat in würdigster, entschiedenster, besonnenster und den Verhältnissen angemessenster Form die große Sache, die auch uns heute hierher geführt hat, dem Ministerium vorgetragen. Er hat, wenn ich recht berichtet bin, einstimmig diese Vorstellung beschlossen, gewiß ein wichtiges Moment in einer so ernsten und immerhin möglicherweise verschiedenen Urtheilen unterliegenden Sache. Wir können daher nichts Besseres thun, als uns dieser Vorstellung anschließen, und ich hege die Zuversicht, daß wir dies ebenfalls einstimmig thun werden. Ja, ich würde mir sogar erlauben, den Wunsch auszusprechen, daß wir dies ohne alle Debatte thäten, wenn ich nicht befürchten müßte, daß, da die Verhandlungen des Stadtraths nicht der Oeffentlichkeit anheimgegeben werden, möglicherweise den Stadtrath und uns der Vorwurf treffen könnte, als sei von uns ein so ernster Schritt ohne gehörige Begründung und Erwägung der Sache beschlossen worden. Darum möchte ich um Erlaubniß bitten, da von mir die Anregung zu dieser Sache ausgegangen ist, wenigstens in einigen Worten diesen Vorwurf von uns und dem Collegium im voraus abzuwehren.

Dann, auf die Sache selbst eingehend, sagte ich:

Meine Herren! Was unsere Competenz in dieser Sache betrifft, so kann ich über diese kurz hinweggehen, da der Vorgang des Raths uns gegen den Vorwurf einer Competenzüberschreitung deckt. Daß die städtischen Organe auf Grund des § 115 der Allgemeinen Städteordnung, über das bloße unmittelbare Gemeindeinteresse hinausgehend, allgemeine Interessen des Landes in's Auge fassen, daß sie auch über Beziehungen unseres engeren Vaterlandes nach außen und namentlich zum deutschen Gesammtvaterlande Vorstellungen an die Regierung richten können, das ist nicht nur in diesem Paragraphen selbst begründet, sondern es liegen auch darüber so eclatante Präcedenzfälle vor, daß wir auf sie uns recht wohl stützen können. In den großen Fragen der Handelsverträge hat der Stadtrath mehrfach das Interesse Leipzigs gewahrt, und ich glaube, die Bürgerschaft ist ihm dafür nur dankbar gewesen. Aber die gegenwärtige Krisis, die unseren Handel vielleicht auf Jahrzehnte, ja auf Menschenalter hinaus lahm legen und zerrütten könnte, ist von noch ganz anderer Bedeutung als ein Handelsvertrag, der vielleicht nicht einmal für ein Menschenalter geschlossen wird. Es wird uns also sicherlich auch in dieser Frage die Berechtigung zustehen, mit dem Stadtrath gemeinsam eine Vorstellung an die Regierung zu richten.

Man wird uns vielleicht den Vorwurf machen, es sei von uns unpatriotisch gehandelt, in dem Augenblicke, wo unser Vaterland möglicherweise einer gefahrdrohenden Besetzung entgegengehe, die eigenen Waffen gleichsam abzustumpfen, indem wir, anstatt der Regierung die öffentliche Meinung zur Stütze zu geben, derselben vielmehr ein Halt! zurufen. Aber, meine Herren, wir alle sind wohl überzeugt, daß bei einer wirklichen Bedrohung Sachsens durch eine der beiden Großmächte, zwischen die wir eingekeilt sind, eine wirksame Vertheidigung des Landes

mit Waffengewalt nicht möglich sein würde, daß auch das volle Schwer=
gewicht der öffentlichen Meinung, in die Wagschale dieser Vertheidigung
gelegt, viel zu leicht wiegen würde gegen die Uebermacht des Bedrohenden.
Aber es handelt sich hier nicht so sehr um die augenblickliche, wie auch
immer große Gefahr oder Unzuträglichkeit einer Besetzung des Landes.
In dem Kriege, der leider zu entbrennen droht, würde es sich vielleicht
um viel mehr handeln; es würde sich vielleicht handeln um eine Neu=
gestaltung der Karte von Deutschland, um das Sein oder Nichtsein
staatlicher Existenzen, die leicht in oder nach diesem Kriege verschwinden
könnten. Bei dem Austrage dieser großen Frage ist es weit wichtiger,
ob der einzelne Staat in dieser Krisis und namentlich beim Beginn
dieser Krisis eine Stellung eingenommen hat, die ihn in den Augen
der Welt wenigstens moralisch rechtfertigt über sein Thun, oder ob er
auch nur entfernt einen Anlaß oder Vorwand gegeben zu dem Schick=
sal, welches ihn dann vielleicht treffen könnte. Es würde, wenn auch
wirklich die bloße rohe Gewalt entscheiden sollte, immer in unserer Zeit,
wo die moralischen Potenzen doch nicht gänzlich außer Betracht bleiben,
von großem Gewicht sein, ob die öffentliche Meinung dann sagte,
Sachsen leide unschuldig, oder ob sie sagte, es leide nicht ganz ohne
sein eigenes Verschulden. Dieses Moment, meine Herren, scheint mir
wichtiger, als alle Rüstungen Sachsens, und wenn wir dazu beitragen
können, daß Sachsen streng die Stellung einnimmt, die es unter allen
Umständen vor seinem — wenn ich so sagen darf — sowohl sächsischen
als deutschen Gewissen rechtfertigen kann, dann werden wir uns ein
größeres Verdienst erworben haben, als wenn wir (wie gewisse Blätter
fordern) das Volk zu den Waffen riefen, um blindlings den Krieg zu
beginnen.

Meine Herren! Ich darf daran erinnern, daß in einer noch anderen
Lage das Volk unseres Nachbarlandes Preußen seine Regierung zurück=
zuhalten suchte; ich darf erinnern an die vielen Friedensversammlungen
daselbst, in denen man der Regierung, welche für die Macht und Ehre
des Staates eintreten zu müssen erklärte, zurief, sie solle nicht einen
Bruderkrieg anfangen. Meine Herren! Wenn man das dort that, so
ist für uns, die Bevölkerung Sachsens, in diesem Augenblicke die Ver=
pflichtung noch bringender, unsere Regierung von einem vielleicht über=
eilten Schritte, der zum Kriege führen könnte, abzuhalten, in diesem

8*

Augenblicke, wo Preußen von der direct zum Kriege führenden Bahn zurückgekommen zu sein scheint und selbst einen Weg betritt, auf friedliche Weise, unter Mitwirkung der deutschen Nation, die Verhältnisse Deutschlands zu ordnen. Hier hat jede deutsche Bevölkerung, auch die kleinste, die doppelte, ja zehnfache Pflicht, das Schwert ihrer Regierung in der Scheide zurückzuhalten, damit dieses Friedenswerk, das zugleich ein so großes nationales Werk ist, nicht gestört werde. Der Rath hat dies in seiner Vorstellung an das Gesammtministerium vortrefflich ausgesprochen, und ich brauche es daher nicht weiter auszuführen.

Aber, meine Herren, zwischen gestern und heute liegt wieder etwas, was möglicherweise auf unsere Erwägung Einfluß haben könnte. In der gestrigen Bundestagssitzung hat Sachsen den Antrag gestellt, der Bund möge auf Grund des Art. 11 der Bundesacte, wonach Thätlichkeiten von Bundesgliedern gegen einander ausgeschlossen sein sollen, eine beruhigende Erklärung von Preußen fordern. Meine Herren, daß Sachsen sich auf den Bundesstandpunkt stellt, können wir ihm nicht verargen; ob aber gerade jetzt dieses Angehen des Bundes die Lage verbessern werde, ist mir sehr zweifelhaft. Ich könnte mir denken, daß Sachsen von seinem Standpunkte aus richtig gehandelt hätte, wenn es vor mehreren Wochen den deutschen Bund angegangen, in dem damals schon so hoch entbrannten Zwist der beiden Großmächte zu interveniren. Je nachdem dann die Entscheidung des Bundes ausgefallen wäre, würde Sachsen vielleicht in der Lage gewesen sein, zu rüsten, um die Beschlüsse des Bundes vollziehen zu helfen. Das aber ist nicht geschehen. Sachsen hat auf eigene Hand gerüstet, wie die Depesche unseres Ministers an den preußischen Minister selbst eingesteht. Derselbe beruft sich allerdings darauf, daß Sachsen bereit sein müßte, falls der von ihm anzurufende Bund etwas der Art beschließen sollte. Aber ich glaube, ebendadurch hat Sachsen seine Stellung und die allgemeine Lage verschlimmert, daß es auf eigene Faust vorgegangen, statt nur auf Bundesbeschlüssen zu fußen. Diese neueste Wendung, womit Sachsen den Bund aufruft, scheint mir leider nicht geeignet, die Spannung mit Preußen zu mindern und die drohende Gefahr zu schwächen, deshalb, weil dieser Antrag nur gegen Preußen gerichtet ist, weil Sachsen nicht auf Grund des Art. 11 der Bundesacte beide Großmächte zum Frieden auffordert, weil es von Oesterreich schweigt. Wir wissen nichts von einem ähnlichen Depeschenwechsel zwischen Wien und Dresden, wie er zwischen Berlin und Dresden stattgefunden hat, aber eben daß er nicht stattgefunden, daß von Oesterreich keine ähnliche Besorgniß gegen Sachsen geäußert worden, daß ferner aus Oesterreich mehrfache Stimmen Sachsen geradezu als im engen Bunde mit Oesterreich befindlich darstellten, in alledem, ja sogar in der Stelle der neuesten sächsischen Depesche, die Sachsen damit rechtfertigt, daß man nicht rüste, um den Angriff eines der beiden Großstaaten zu unterstützen (da doch eine solche Absicht preußischerseits wenigstens offen nicht ausgesprochen war), kann, es läßt sich das nicht leugnen, preußischerseits ein Vorwand gefunden werden, die sächsischen Rüstungen als gegen sich gerichtet aufzufassen. Und da, wie gesagt, der Antrag Sachsens am Bunde sich nur gegen Preußen kehrt, so scheint mir dieser Vorwand auch dadurch nicht abgeschwächt, sondern eher unterstützt worden zu sein. Der gestrige Bundesantrag Sachsens ändert also die Sachlage nicht; sie ist noch ganz so, wie da, als der Rath seinen Beschluß faßte, und wir können daher gleichfalls noch von demselben Gesichtspunkte ausgehen. Ob das, was wir thun und was der Stadtrath gethan, Erfolg haben werde, wissen wir nicht; aber wir haben wenigstens die Ueberzeugung, daß wir im Interesse der Stadt, unseres engeren Vaterlandes, des ganzen Deutschland, endlich des Friedens unsere Pflicht gethan haben, und können dann die Verantwortung für das, was kommen mag, ruhig von uns abweisen.

Da kein anderer Sprecher sich meldete, ward die Debatte geschlossen und der Vorstellung des Raths einstimmig beigetreten.

Der Schritt der beiden städtischen Collegien hatte keinen anderen Erfolg, als daß sie von der Regierung eine scharfe Rüge wegen der angeblichen Ueberschreitung ihrer Competenz und des Unbefugten ihres ganzen Vorgehens erhielten, und daß das amtliche Regierungsorgan, das „Dresdner Journal", sie bei Wiederholung eines solchen Vorganges mit „ernsteren Maßregeln" bedrohte. Der Stadtrath nahm die betreffende Ministerialverordnung ruhig zu den Acten; das Stadtverorbnetencollegium aber stimmte mit allen gegen sechs Stimmen dem folgenden, von mir gestellten Antrage bei:

„Das Collegium erklärt zu Protokoll, daß nach seiner unver= änderten Ueberzeugung Stadtrath und Stadtverordnete, indem sie die Regierung baten, alles zu vermeiden, was den Ausbruch eines Krieges in Deutschland beschleunigen, Sachsen speciell zum Schauplatz eines solchen machen, endlich die in Aussicht gestellte und von der Nation ersehnte Neugestaltung Deutschlands im parlamentarischen Wege hindern möchte, nur nach bestem Wissen und Gewissen das gethan haben, was sie als ihre Pflicht gegen die Stadt sowohl als gegen das Vaterland erkannten."

In derselben Sache entwarf ich eine Petition an die Zweite Kammer und setzte dieselbe in einer zahlreich besuchten Bürgerversammlung trotz lebhaften Widerspruches dagegen von großdeutscher und socialistischer Seite (Herr A. Bebel trat damals zuerst als Redner dieser Richtung auf) mit starker Mehrheit durch. Die Petition lautete:

„Hohe Kammer! Inmitten der trostlosen Verwirrung, welcher die Geschicke Deutschlands verfallen waren, in einem Moment, wo es das Ansehen hatte, als gebe es nur noch die traurige Wahl zwischen zwei gleich schweren Uebeln, einem Kriege Deutscher gegen Deutsche, oder einer Einmischung des Auslandes in unsere inneren Angelegenheiten — in dieser äußersten Noth zeigt sich noch einmal — vielleicht zum letzten Mal! — die Möglichkeit einer friedlichen Lösung, und zwar einer Lösung auf dem Boden des unveräußerlichen Selbstbestimmungs= rechts der Nation, durch freie Vereinbarung der Regierungen und der Völker Deutschlands in einem deutschen Parlament.

Die preußische Regierung hat den Vorschlag dazu, den sie schon am 9. April gemacht, in der Bundestagssitzung vom 24. Mai dringender wiederholt. Sie hat die Annahme dieses Vorschlags als das sicherste, vielleicht einzige Mittel zur Erhaltung des Friedens bezeichnet. Sie hat damit für sich selbst die Verpflichtung übernommen, auf jede andere Lösung der schwebenden Streitfrage zu verzichten, sobald auf diese von ihr vorgeschlagene Auskunft ernstlich eingegangen wird.

Den anderen deutschen Regierungen, und also auch der unseren, ist dadurch die ernste Verantwortung auferlegt, diese friedliche und zugleich nationale Lösung des unheilvollen Conflicts nicht zu hindern vielmehr nach allen Kräften zu fördern.

Vor Ihnen, den Ständen eines durch lebhaft entwickelten Ackerbau und Gewerbefleiß, durch weitverzweigten Handel und Verkehr blühenden Landes, bedarf es keiner eingehenden Schilderung weder der furchtbaren Folgen, welche ein Krieg wie der, welcher uns schon so nahe bedrohte und noch immer bedroht, für Sachsen haben müßte, noch aber auch der mannigfachen reichen Segnungen, welche gerade unserem Vaterlande jene größere Gemeinsamkeit der staatlichen deutschen Verhältnisse, die von einer zeitgemäßen Bundesreform zu erwarten steht, nothwendigerweise bringen muß. Sowohl das allgemeine Volkswohl als auch jedes einzelne derjenigen Interessen, deren Vertreter Sie sind, weisen auf die Ergreifung des jetzt gebotenen friedlichen Mittels, auf die Fernhaltung eines kriegerischen Zusammenstoßes, dessen nächster Schauplatz Sachsen sein würde, gebieterisch hin.

Und so dürfen wir uns gewiß dessen versehen, daß die kräftige Unterstützung der hohen Kammer dem nachstehenden Anliegen, welches wir an dieselbe richten, nicht fehlen werde. Wir bitten die hohe Kammer:

1) Dieselbe wolle die hohe Staatsregierung auf das bringendste angehen, die Berufung eines deutschen Parlaments nach dem preußischen Vorschlage — unerwartet einer vorgängigen Vereinbarung über die demselben zu machenden Vorlagen, für einen thunlichst nahen Termin — aus allen Kräften zu fördern und zu betreiben.

2) Dieselbe wolle es dabei als ihre Ansicht aussprechen, daß die Wahlen zu diesem Parlament nur nach dem von der verfassunggebenden deutschen Reichsversammlung am 28. März 1849 beschlossenen Wahlgesetz für das künftige deutsche Volkshaus vorzunehmen seien.

3) Dieselbe wolle keine Mittel zu Rüstungen bewilligen, welche zur Hinderung dieser friedlichen, parlamentarischen Lösung des Conflicts oder zur Aufrechthaltung des gegenwärtigen bundestäglichen Zustandes dienen könnten.

Hohe Kammer! Die Frage steht gegenwärtig so: Krieg oder Parlament? Die Antwort kann nicht zweifelhaft sein. Gegen einen

Krieg Deutscher gegen Deutsche, einen Krieg, dessen politische Zwecke und Erfolge unklar, dessen zerstörende Wirkungen aber für Handel und Wandel, für Ackerbau und Gewerbe, überhaupt für jede Art von Cultur nur zu gewiß sind, hat sich die Stimme des Volks in zahlreichen Kundgebungen sowohl in Sachsen als im übrigen Deutschland entschieden erklärt. Dagegen ist das deutsche Parlament und die deutsche Bundesreform nicht blos ein durch die Thatsachen des Jahres 1848 dem deutschen Volke feierlich zugesprochenes und erworbenes, ihm nicht wieder zu entziehendes Recht, sondern auch das gemeinsame Ziel der Wünsche und Bestrebungen aller deutschen Stämme und fast aller politischen Parteien.

Wir sind überzeugt, auch die hohe Zweite Kammer Sachsens wird in den allgemeinen Ruf einstimmen: Nicht Krieg, sondern Parlament!"

Auch dieser Schritt hatte, ebenso wie der vorausgegangene der städtischen Collegien, keinen Erfolg. Die Beustsche Politik ging ihren verhängnißvollen Gang unaufhaltsam, unter dem Beifall der alten Stände, vormärts.*)

---

*) S. meine „Dreißig Jahre deutscher Geschichte", 2. Bd. S. 453 ff., „Mein Leben", 2. Bd. S. 267 ff.

XII.

Entstehung und Entwickelung der national-liberalen Partei in Sachsen.

In die Jahre 1866 und 1867 fällt bekanntlich die Entstehung der großen national=liberalen Partei für ganz Deutschland. In dem preußischen Landtage von 1866 sonderte sich dieselbe von der Fortschrittspartei, indem sie er= klärte, die Regierung unterstützen zu wollen, weil und solange dieselbe große nationale Ziele verfolge. Im constituirenden Reichstag des Norddeutschen Bundes, im Frühjahr des Jahres 1867, erweiterte sich diese, zunächst preußische national= liberale Partei zu einer deutschen, vor der Hand allerdings nur norddeutschen, durch den Hinzutritt wahlverwandter Elemente aus den nichtpreußischen norddeutschen Staaten; etwas später, im Zollparlament, schlossen sich auch die süd= deutschen Gesinnungsgenossen ihr an.

Anders ist der Verlauf ihrer Entstehung und Entwickelung in Sachsen gewesen. Ich habe die verschiedenen Phasen derselben (bei denen insgesammt ich entweder anstoßgebend, oder leitend thätig gewesen bin) in einem kurzen „Rückblick auf die Geschichte der national=liberalen Partei in Sachsen"

geschildert, der dem „Mitgliederverzeichniß" von 1888 vor=
gedruckt wurde. Dieser Rückblick mag sogleich hier seinen
Platz finden.

Es heißt darin:

Die national=liberale Partei in Deutschland ist nicht überall gleich=
zeitig und auf die gleiche Weise entstanden; vielmehr ist sie, je nach
der Verschiedenheit der Länder, zu verschiedenen Zeiten aus verschieden=
artigen Anfängen herausgewachsen. Für unser Sachsen kann man ihre
ersten Spuren schon in die vierziger Jahre verlegen. Die damals sich
so nennende „liberale" Partei — im Unterschied von der „radicalen"
— legte neben ihren Bestrebungen für freiere Ausgestaltung des inneren
Staatslebens auch bereits ein Hauptgewicht auf den Gedanken einer
einheitlicheren Zusammenfassung aller deutschen Staaten, einen Gedanken,
der damals freilich noch in nebelhafter Ferne schwebte.

Ein festeres Ziel und damit auch einen bestimmteren Zusammen=
halt in sich gewann die Partei im Jahre 1848. Sie organisirte sich
damals bereits in den sogenannten „Deutschen Vereinen", deren politisches
Glaubensbekenntniß für das ganze Deutschland der „monarchisch=constitu=
tionelle Bundesstaat" war und die sich daher mit voller Hingebung
der Mehrheit des Frankfurter Parlaments und der von diesem ent=
worfenen „Reichsverfassung vom 28. März 1849" anschlossen.

Dieselbe Partei erschien sodann als Mehrheit der Zweiten Kammer
auf dem sächsischen Landtage von 1849/50 und suchte, gemäß den in=
zwischen veränderten Verhältnissen, Sachsen bei der „preußisch=deutschen
Union" mit ihrer, der Frankfurter Reichsverfassung nachgebildeten,
„Unionsverfassung" festzuhalten.

Nach der Auflösung dieses Landtags und der Wiedereinberufung
der alten Stände kam eine Zeit, wo beinahe alles politische Leben in
Sachsen entweder von selbst erstarb, oder gewaltsam unterdrückt wurde.

Erst der 1859 ins Leben getretene „Deutsche Nationalverein" regte
auch in Sachsen den nationalen Gedanken wieder an. Der Verein ge=
wann hierzulande eine, wenn auch nicht sehr große, Anzahl von
Mitgliedern, die theilweise (z. B. in Leipzig) sich auch unter sich enger
zusammenschlossen.

Das Jahr 1866 und die Entstehung des Norddeutschen Bundes rief dann eine wirkliche national=liberale Partei in Sachsen hervor. Eine förmliche Organisation hatte sie damals noch nicht; auch trat sie hier und da, z. B. bei den Wahlen zum constituirenden norddeutschen Reichstage im Frühjahr 1867, noch vermischt mit anderen liberalen Elementen auf. Zeitweilige Zusammenkünfte und eine auch in den Zwischenpausen fortbestehende Leitung der Parteigenossen entstanden zuerst in Leipzig, etwas später in Dresden, seltener wohl im übrigen Lande. Im gesetzgebenden Reichstag des Norddeutschen Bundes (1867/70) war die Partei durch drei feste Bekenner ihrer Ansichten vertreten; im ersten gesammtdeutschen Reichstage war diese Zahl auf vier gestiegen. Noch immer aber bildete die Partei keinen förmlichen Verein mit Statuten, Mitgliederverzeichniß, regelmäßigen Beiträgen u. s. w. Das einzig Feststehende und Bleibende, was sie besaß, war eine gewisse einheitliche Leitung, deren regelmäßiger Sitz allmälig Leipzig geworden war. Von da aus wurden, so oft es nöthig, allgemeine Versammlungen der Parteigenossen aus dem ganzen Lande berufen und auf diesen die Wahlen und andere Parteiangelegenheiten besprochen. Die unumgänglichen Ausgaben wurden durch zeitweilige Sammlungen beschafft. Die Wechselbeziehungen zwischen jener Leitung und den Parteigenossen in den einzelnen Wahlkreisen, sowie letzterer untereinander, waren freilich sehr unzureichende.

In der sächsischen Zweiten Kammer war die national=liberale Partei sogleich auf den ersten Landtagen seit der freieren Gestaltung des Wahlgesetzes im Jahre 1868 (1869/70 und den folgenden) durch eine Anzahl von Mitgliedern vertreten, welche sich alsbald zu einer parlamentarischen Gruppe oder „Fraction" zusammenschlossen und bereits zu Anfang des Jahres 1870 mit der inzwischen im norddeutschen Reichstage zusammengetretenen großen „national=liberalen Fraction" Fühlung nahmen. In ihrer besten Zeit zählte die national=liberale Fraction im sächsischen Landtage 24 Mitglieder, nahezu ⅓ der aus 80 Mitgliedern bestehenden Zweiten Kammer. Auf den Landtagen 1869/70 und 1871/72 ging sie in den meisten Fragen Hand in Hand mit der Fortschrittspartei; später fand eine Trennung und Gegenstellung der beiden Parteien statt.

Als in Sachsen die Socialdemokratie bei den Reichstagswahlen immer mehr Boden gewann, gründeten die National=Liberalen Leipzigs gemeinsam mit einigen anderen Elementen von rechts und links den „Reichsverein", dessen statutenmäßiger Zweck der war, alle Feinde des Reichs und der gesellschaftlichen Ordnung mit vereinten Kräften — ganz absehend von jedem anderen Parteiunterschiede — zu bekämpfen. Diese Vereinigung erweiterte sich bald zu einem „Reichsverein für Sachsen". Getreu seinem Programm, hat der Reichsverein bei den Reichstagswahlen überall da, wo es die Bekämpfung eines Social= demokraten galt, Candidaten von rechts oder links ebenso eifrig, wie solche national=liberaler Richtung, unterstützt, sobald jene mehr Aussicht hatten, durchzubringen, als diese.

Der Reichsverein hat bestanden von 1874 bis 1882. Inzwischen hatten sich aber die wenigen Mitglieder von rechts und links, die ihm anfangs beigetreten waren, allmälig wieder davon abgelöst. Es hieß daher nur eine offenkundige Thatsache auch offen anerkennen, wenn in der Generalversammlung zu Leipzig vom 9. Juli 1882 beschlossen wurde, den Namen „Reichsverein" mit dem Namen „National=liberaler Verein für Sachsen" zu vertauschen. Doch hat auch der „National=liberale Verein für Sachsen" sich fort und fort die Bekämpfung der reichs= und ordnungsfeindlichen Elemente bei den Reichstagswahlen zur haupt= sächlichen Aufgabe gemacht und diesem Zweck, wo immer es geboten schien, das Parteiinteresse aufgeopfert.

Die Zahl der Abgeordneten, welche die national=liberale Partei Sachsens in den Reichstag sandte, betrug in der Wahlperiode 1874/6 sieben, bei den Wahlen 1877 ebenfalls sieben, bei den Neuwahlen nach Auflösung des Reichstag (1878) dagegen nur fünf.

Im Jahre 1881 fand in der national=liberalen Reichstagsfraction die sogenannte „Secession" statt, d. h. der Austritt einer Anzahl von Mitgliedern vom linken Flügel. Dieselben trennten sich von ihren bis= herigen Parteigenossen, weil nach ihrer Meinung letztere nicht consequent liberal genug waren, namentlich in gewissen wirthschaftlichen Fragen. Auch in Sachsen fand die „Secession" Anhänger, am meisten wohl im Erzgebirge, am wenigsten in Leipzig und Dresden. Andererseits gab der „National=liberale Verein" einige Mitglieder nach rechts hin ab. Die Zahl der national=liberalen Reichstagsabgeordneten aus Sachsen, die schon 1878 eine geringere war, blieb 1881 auf fünf stehen, sank aber

1884 auf brei herunter. Die Stellung und Haltung der sächsischen National=Liberalen litt unter der allgemeinen Ungunst der Verhältnisse, die seit 1878 auf der Gesammtpartei und insbesondere auf deren Vertretung im Reichstage lasteten, der Bildung einer conservativ=clericalen Mehrheit und der Hinneigung der Reichsregierung zu dieser.

Einen neuen Anlauf nahm die national=liberale Gesammtpartei durch das am 23. März 1884 von den süddeutschen Parteigenossen aufgestellte, dann in einer großen Parteiversammlung zu Berlin durch die Erklärung vom 18. Mai zur allgemeinen Losung der Partei erhobene Heidelberger Programm, durch welches die Partei, ohne ihrer Selbstständigkeit zu entsagen oder von ihren eigentlichen Grundsätzen etwas aufzugeben, wieder Fühlung mit der Reichsregierung und mit den gemäßigt conservativen Elementen nahm. Die sächsischen National=Liberalen schlossen sich dieser Wendung auf der Generalversammlung zu Döbeln (den 6. Juli 1884) rückhaltlos an.

In den letzten Jahren war durch die Wahlen von 1884 und die dabei mehrfach hervorgetretene Coalition theils der Ultramontanen, theils sogar der Socialdemokratie mit dem Fortschritt, sowie durch das völlige Aufgehen der „Secession" in letzterem (die sogenannte „Fusion") eine solche Zusammensetzung des Reichstags zu Stande gekommen, daß die vereinigten Clericalen und Fortschrittler, zusammen mit den ebenfalls opponirenden kleinen Gruppen der Welfen, Polen, Elsaß=Lothringer Dänen, Socialdemokraten, fortwährend die Mehrheit hatten gegenüber den Conservativen und National=Liberalen und gegenüber den, von diesen unterstützten, verbündeten Regierungen. Seinen Höhepunkt erreichte dieser mißliche Zustand in der Verwerfung des sogenannten „Septennats", d. h. der von den Regierungen geforderten abermaligen Bewilligung der Präsenzziffer des Heeres auf 7 Jahre, und zwar einer — entsprechend dem Bevölkerungszuwachs — um etwa 40 000 Mann erhöhten.

In dieser verhängnißvollen, durch die gespannten europäischen Verhältnisse noch bedenklicher gestalteten Lage kam, nach Auflösung des Reichstages und Ausschreibung von Neuwahlen, jenes „Cartell" zu Stande, durch welches Conservative und National=Liberale sich zu einem streng gemeinsamen Vorgehen gegen alle Oppositionsparteien verbanden. In Sachsen ist dieses Cartell wohl mit zu allererst ins Leben getreten, ist es am entschiedensten durchgeführt worden, hat es aber auch, zufammen mit der durch die ungewöhnlichen Umstände auch ungewöhnlich gesteigerten Rührigkeit unserer wie der conservativen Wählerschaften, das hier noch nicht dagewesene, auch in anderen deutschen Ländern nirgends ganz ebenso erreichte Resultat zu Wege gebracht, daß den Cartellparteien von 23 Wahlkreisen alle bis auf einen zufielen, daß in ganz Sachsen kein Socialdemokrat und nur ein einziger Fortschrittler gewählt wurde. Die Zahl der national-liberalen Reichstagsabgeordneten stieg durch die Wahlen von 1887 auf zehn. Die Mehrheit des Reichs= tags, wenn auch keine sehr große, fiel den Cartellparteien zu.

Im Hinblick auf die nächsten Reichstagswahlen und die dringende Nothwendigkeit, durch diese die regierungsfreundliche Reichstagsmehrheit nicht blos zu behaupten, sondern wo möglich zu befestigen und zu ver= größern, hat der Vorstand des „National-liberalen Vereins für Sachsen" mit dem Vorstande des „Conservativen Vereines für Sachsen" die Beibe= haltung des Cartells auch für die Landtagswahlen auf Grund des Be= sitzstandes vereinbart, obgleich die national-liberale Partei dabei der Zahl nach im Nachtheile war. Dieser Nachtheil der Partei erschien minder= werthig im Vergleiche zu der Gefahr für das Ganze, die dann zu be= fürchten stand, wenn man durch Auflösung des Cartells national-liberale und conservative Wählerschaften in vielleicht heftigem Wahlkampfe ein= ander gegenüberstellte.

Ohnehin hat die Parteigruppirung im sächsischen Landtage nach rechts oder links an Bedeutung wesentlich verloren, seitdem einmal die wichtigsten Princip= und Parteifragen (politische und wirthschaftliche) von den Einzellandtagen auf den Reichstag übergegangen, die etwa noch übrigen wichtigeren dieser Art aber (z. B. die der Selbstverwaltung, des Schulwesens, der Besteuerung) bei uns in Sachsen (anders als in Preußen) auf früheren Landtagen für längere Zeit erledigt und ab= gethan sind. Um so unbedenklicher konnte das Interesse der numeri= schen Vertretung der national-liberalen Partei im Landtage dem höheren Interesse, welches das Cartell für die Reichstagswahlen hat, hintan= gestellt werden.

XIII.

Der „Abrüstungsantrag" in der Zweiten sächsischen Kammer.

Durch ein neues Wahl= und Verfassungsgesetz (von 1868) war die Zweite Kammer des sächsischen Landtages in zeitgemäßem Sinne umgestaltet und so der Verfassungs= bruch von 1850 wenigstens nach dieser Seite hin unge= schehen gemacht worden. Ich hatte daher kein Bedenken, im Jahre 1869 ein von der Stadt Chemnitz mir angetragenes Mandat für diese Kammer anzunehmen. Mit mir zugleich ward eine ziemliche Anzahl meiner Gesinnungsgenossen ge= wählt, so daß die Zahl der National=Liberalen in der Kammer damals 24 betrug, nahezu ein Drittel der aus 80 Mit= gliedern bestehenden Kammer. Wir hatten einen harten Stand. Der particularistische Zug und die Abneigung gegen Preußen waren noch sehr stark, am meisten unter den Con= servativen, theilweise aber auch in der Fortschrittspartei. Wir selbst wurden vielfach angegriffen als „Annexionisten", „schlechte Sachsen" u. s. w. Da galt es denn häufig, Front machen sowohl gegen solche Angriffe, als gegen einzelne particulari= stische Kundgebungen von der anderen Seite in Bezug auf

Sachsens Stellung zum Norbdeutschen Bunde. In solchen Fällen mußte zunächst ich, den die national-liberale Fraction zu ihrem Führer erkoren, ins Feuer gehen. Ich erwähne von solchen Scharmützeln nur eines, bei dem es sich um eine ernstere Frage handelte, den von der Linken gestellten sogenannten „Abrüstungsantrag" und unseren Widerspruch dagegen.

Die Abgeordneten May-Polenz und Genossen beantragten, die beiden Kammern möchten beschließen:

Die königliche Staatsregierung wolle beim Norbdeutschen Bundesrath mit allen gebotenen Mitteln dahin wirken, daß

a) der Aufwand für die Militärverwaltung des Norbdeutschen Bundes entsprechend abgeändert;

b) eine allgemeine Abrüstung angestrebt und möglichst bald durchgeführt, zu dem Ende aber bei dem Bundespräsidium das Vorgehen auf diplomatischem Wege angeregt werde.

Zu diesem Antrage stellten wir den folgenden Zusatzantrag (Amendement Eule und Genossen), welcher dem Hauptantrag die bedenkliche Spitze abbrach:

Die königliche Staatsregierung wolle dann, wenn die nothwendige Rücksicht auf die Sicherheit und Machtstellung Deutschlands dies gestattet, u. s. w.

Zur Begründung dieses Zusatzantrages ergriff ich sogleich nach dem Abgeordneten May das Wort und sagte:

Meine Herren! Die Worte des Herrn Vorrebners erleichtern mir außerordentlich die Motivirung des Zusatzantrages, den ich und einige meiner Freunde zu dem Hauptantrage gestellt haben. Der Herr Vorrebner hat ausdrücklich betont, daß es ihnen, den Antragstellern fern liege, irgendwie eine Schwächung der Macht Deutschlands und der nothwendigen Schutzmaßregeln für Deutschland durch ihren Antrag etwa bewirken zu wollen. Ganz dasselbe ist auch der Sinn unseres Zusatzantrages, und wenn wir diesen Zusatz hineinwünschen, so glauben wir, namentlich nach dieser Rede, ganz in Uebereinstimmung mit den

Antragstellern selbst zu handeln. Indessen denke ich doch, es ist gut, wenn die Kammer, indem sie den Antrag annimmt, zugleich damit ausdrücklich das ausspricht, daß sie die Rücksicht auf die Sicherheit und Machtstellung Deutschlands dabei nicht aus dem Auge verloren hat. Meine Herren! Was wir hier beschließen, beschließen wir nicht blos für uns, beschließen wir nicht blos für unsere Regierung, die ja weiß, was wir über diese Dinge denken; es bringt das in die Oeffent=lichkeit hinaus; es wird besprochen, es wird gedeutet und möglicher=weise auch falsch gedeutet, wenn wir nicht genau sagen, was wir wollen und wie wir es wollen. Deshalb haben wir den einfachen Zusatz beantragt, und es sollte mich freuen, wenn vielleicht die Urheber des Hauptantrages sich diesem Zusatze anschlössen: „Die Regierung werde ersucht, dann, wenn die nothwendige Rücksicht auf die Sicherheit und Machtstellung Deutschlands es gestattet, auf eine Abminderung der Militärlast hinzuwirken." Wann dieser Moment gekommen sein wird, ob vielleicht schon jetzt, ob in der nächsten Zeit, ob etwas später, das, meine Herren, wird von uns allen Niemand sich unterfangen bemessen zu wollen; das können nur diejenigen bemessen, die in den allgemeinen Gang der Verhältnisse und der Diplomatie ein=geweiht sind, und ich glaube, wir können das volle Vertrauen zu unserer Regierung haben, daß sie ebensowohl nach der einen Seite die Inter=essen der Wohlfahrt ihres Volkes und des Verkehrs berücksichtigen, also gewiß dieses Hinwirken auf Abminderung der Militärlast nicht über die nothwendige Zeitfrist hinaus verzögern, als auch daß sie andererseits die ebenso wichtigen Interessen der Sicherheit, Macht und Würde Deutschlands wahren und daß sie — in der bundestreuen Stellung, die sie stets bewahrt hat — das Interesse des Bundes im Auge behalten und darnach auch die Zeit bemessen wird, wo ein solcher Antrag bei dem Bundesrath angebracht sei. Ich hoffe, daß nicht blos jene schon jetzt vielleicht möglichen Erleichterungen: stärkere Beur=laubungen, ein factisches Zurückgehen von der dreijährigen Dienstzeit auf eine 2½= oder 2 jährige und andere Erspartnisse, die der Herr Vorredner bereits berührte, zu einer Abminderung der Militärlast führen werden, sondern daß zu dem Zeitpunkte, wo das neue Militär=budget des Norddeutschen Bundes festgestellt werden wird, zu Ende des Jahres 1871, vielleicht die Verhältnisse in Europa so liegen, daß

wir noch stärkere Abminderungen im gesetzlichen Wege und auf längere
Zeit hinaus feststellen können. Allein das alles sind, wie gesagt, Er=
wägungen, die wir nicht zu übersehen vermögen und die wir daher
vertrauensvoll unserer Regierung und ihrem Wirken bei dem Bundes=
rathe überlassen müssen.

Was freilich den zweiten Antrag auf eine allgemeine Abrüstung
betrifft, so erkenne ich ihn zwar als sehr wohlgemeint an, aber ich
fürchte, er ist einer jener vielen frommen Wünsche, die schon so vielfach
ausgesprochen, die von der Presse, die in Versammlungen, die von
großen Friedenscongressen debattirt, ab und zu auch, wie es heißt, von
einzelnen Regierungen aufgenommen worden sind, die aber leider zu
einem Erfolge bis jetzt nicht geführt haben und voraussichtlich auch,
wenn die Verhältnisse sich nicht ändern, kaum führen dürften. Ich
glaube nicht, daß hier der Ort und die Zeit ist, auf die hohe Politik
einzugehen; aber wir wissen alle recht gut, wo dasjenige Moment
liegt, welches eine allgemeine Abrüstung oder wenigstens eine Herab=
setzung des überspannten Kriegszustandes in allen Staaten vor der
Hand unmöglich macht. Ich glaube, wir sind uns alle bewußt, daß
nicht Deutschland und daß nicht der Norddeutsche Bund und daß nicht
das vollberechtigte Streben der deutschen Nation, sich zu consolidiren
und diese Consolidation auch fortzusetzen bis dahin, wo alle die zu ihr
nothwendig gehörenden Glieder in den Rahmen dieser Consolidation
aufgenommen sind, daß nicht dieses es ist, was den Frieden Europas
stört — denn das sind vollkommen berechtigte Bestrebungen — sondern
daß, wie schon vor langer Zeit es einmal genannt worden ist, „die
Unruhe Europas" an einem anderen Punkte, westlich von uns, liegt.
Bis nicht die Verhältnisse dort sich geklärt und so gestaltet haben, daß
namentlich nicht mehr blos ein einziger Wille über das Wohl und
Wehe von Millionen der eigenen und fremden Völker beschließen kann,
bis nicht dort eine kräftige und berechtigte Mitwirkung der Nation an
der Leitung ihrer Geschicke ins Leben getreten ist: so lange wird die
Beunruhigung Europas nicht aufhören und so lange, fürchte ich, wird
es auch nicht möglich sein, zu einer allgemeinen Abrüstung zu gelangen.
Deshalb meine ich, so harmlos dieser zweite Antrag ist, so wenig hat
er doch eigentlich praktischen Werth, und ich glaube, man sollte nichts
beschließen, wovon man sich im Voraus sagen muß, daß es keinen Er=

folg hat. Das Hauptgewicht lege ich auf den erſten Punkt, aber, wie geſagt, mit jenem unſeren Zuſat̨, von dem ich mich freuen würde, wenn die Antragſteller ſich ihn aneigneten. Dann würden auch wir, ich und meine politiſchen Freunde, gern für ihren Antrag ſtimmen.

Als darauf von der anderen Seite und zwar ſowohl von Fortſchrittlern als von Conſervativen Angriffe auf uns erfolgten, wir als „Annexioniſten“, „Großpreußen“ u. dgl. verdächtigt, dem Volke als Gegner ſeiner Wohlfahrt denuncirt wurden u. ſ. w., fand ich für nothwendig, zur Abwehr ſolcher Angriffe nochmals das Wort zu ergreifen und zu ſagen:

Meine Herren! Wenige Worte glaube ich doch, da ich mehr oder weniger perſönlich oder in meinen Freunden angegriffen bin, er= widern zu müſſen. Der letzte Sprecher hat geſagt, er wolle die Con= ſolidation Deutſchlands ganz ſo, wie 1849, als er an meiner Seite gekämpft habe. Ich kann darauf nur erwidern, daß auch ich ſie gerade ſo will, wie ich ſie damals gewollt habe.

Aber ich frage den geehrten Abgeordneten: ob jene Unionsver= faſſung, für die wir damals gemeinſchaftlich kämpften, etwas Anderes in ihrem Weſen war, als die jetzige Bundesverfaſſung; ob durch jene Unionsverfaſſung nicht auch Preußen an die Spitze geſtellt wurde; ob nicht auch den einzelnen Staaten manche Rechte entzogen wurden zum Beſten des Ganzen? Ich gehe weiter. Die Herren, welche den Haupt= antrag mit geſtellt haben, und namentlich ein geehrter Redner, der vorhin für denſelben ſprach, Abgeordneter Dr. Wigard, hat ſich ſelbſt mit der größten Entſchiedenheit für das Feſthalten an der Reichsverfaſſung ausgeſprochen. Meine Herren! Die Reichsverfaſſung hatte eine noch etwas ſtraffere Einheit, als die Unionsverfaſſung, und ſie gipfelte in einem preußiſchen Kaiſerthume, nicht blos in einem preußiſchen Ober= feldherrnthume.

Es geht mit den großen politiſchen Parteien allezeit ſo, daß ſie zwar in gewiſſen allgemeinen Dingen einig ſind, daß aber innerhalb derſelben Nüancen und Schattirungen entſtehen. Wir ſprechen von einer conſervativen im Gegenſatz zu einer liberalen Partei. Es iſt ganz ge= wiß, daß dieſe conſervative Partei viele Schattirungen hat bis herab zu den Conſervativ=Liberalen und bis hinauf zu den Reactionären,

9*

und es ist ganz gewiß, daß die liberale Partei viele Schattirungen hat bis hinauf zum entschiedenen, ob erklärten, ob stillschweigenden, Republikanismus und zurück bis zum entschieden monarchischen Constitutionalismus. Es ist immer bedenklich und man begeht leicht ein Unrecht, wenn man deswegen, weil gewisse Schattirungen einer Partei eine besondere Richtung vertreten, diese Richtung der ganzen Partei in allen ihren Theilen zurechnet.

Meine Herren! Es ist vom Jahre 1848 bis auf die neuere Zeit herab ein großer Mißbrauch getrieben worden mit dem Parteinamen der Gothaner. Weil eine Anzahl Männer in der besten Ueberzeugung damals von der ursprünglichen Bestrebung, wie sie solche in der Reichs=verfassung ausgesprochen hatten, die ihr Werk war, einen Schritt in Bezug auf den Weg, nicht auf das Ziel, zurückgingen und den Regie=rungen sich anschlossen, die durch die Unionsverfassung etwas Aehnliches erreichen wollten, deswegen hat man diesen Männern vorgeworfen, sie seien in alle Wege Schwächlinge und gäben alles nach, und weil aus dieser großen Partei der Gothaner Einzelne in den einzelnen Land=tagen wirklich Manches nachgegeben haben, was sie nicht hätten thun sollen, deshalb wirft man einen Schatten und Vorwurf auf die ganze Partei. Ganz etwas Aehnliches geschieht jetzt mit der Partei der National=Liberalen. Der allgemeine Rahmen, die allgemeine Basis, wo=rauf diese Partei steht, das ist einfach das Bestreben, Deutschland zu consolidiren. Die sehr große Mehrzahl der Partei — davon bin ich überzeugt und ich rechne mich zu dieser Zahl — wünscht dieses auf derselben Basis, wie es 1849 erst durch die Reichsverfassung, dann durch die Unionsverfassung geschehen sollte, d. h. in der Form des monarchisch=constitutionellen Bundesstaates, nicht des Einheitsstaates.

Es mag eine Nüance in der Partei geben, es giebt sogar eine, die weiter geht, die den Bundesstaat nicht für ausreichend hält und den Einheitsstaat anstrebt, die ein sogenanntes Großpreußen will. Es giebt deren, aber es ist Unrecht, es ist bitteres Unrecht, wenn man das, was dieser Theil der Partei will, auf die ganze Partei und auf alle Theile derselben überträgt. Wenn man dieses thut, so muß man sehr positive Beweise haben, nicht blos en bloc, sondern für jeden Einzelnen. So viel über diese Vorwürfe!

Es ist vorhin von dem Herrn Abgeordneten Oehmichen aus meiner

Rede herausgegriffen worden, daß ich gesagt habe, nicht Deutschland
sei daran schuld, wenn der Friede in Europa fortwährend bedroht er=
scheint. Er hat gesagt: ja, die Consolidation Deutschlands im Jahre
1866 sei es gewesen, was Frankreich zur Erhöhung seiner Wehrkraft
veranlaßt habe und ebenso später Oesterreich. Das leugne ich nicht;
aber ich leugne, daß man Recht habe, deshalb Deutschland als Frie=
densstörer hinzustellen. Wenn die anderen Nationen dem deutschen
Volke aus dem berechtigten Streben, sich zu consolidiren, gewissermaßen
einen Vorwurf machen, dies als ein Attentat auf sich betrachten, so ist
das Unrecht nicht auf unserer, sondern auf jener Seite, und wenn die
noch weiter nothwendige und — das sage ich mit voller Ueberzeugung
— unausbleibliche Consolidation Deutschlands, die Verschmelzung des
Südens mit dem Norden, wenn diese vor sich geht, wenn sie von uns
und vom Süden Deutschlands gemeinsam angestrebt wird — und das
wird früher oder später geschehen — dann wird das Ausland ebenso
sehr Unrecht haben, wenn es sagt: es ist ein Attentat auf uns. Und
wenn eine Partei in Frankreich, die Chauvinisten, uns fortwährend
bedroht und bedrängt und uns daraus einen Vorwurf macht, daß wir
nicht abließen von der Consolidation, so hat sie Unrecht, und es wäre
bedauernswerth, wenn irgend eine Stimme in einer deutschen Volks=
vertretung auch nur dahin vom Auslande mißverstanden werden könnte,
als ob sie dem Auslande Recht gäbe, wenn dieses sagt: „Ihr sollt
die Consolidation nicht soweit treiben, Ihr sollt Euch schutzlos uns
gegenüberstellen, dann wäre ja Friede!"

Das ist zugleich der Punkt, weshalb ich gegen den zweiten Antrag
unter b) bin, nicht blos, weil er etwas meiner Ansicht nach Erfolgloses
bezweckt, sondern weil er im Auslande ganz gewiß mißverstanden werden
würde. Sie wissen selbst, meine Herren, wie die französische Presse,
wie die französische Kriegspartei jedes Vorkommniß in Deutschland
sorgfältig aufsucht und benutzt, welches darauf zu deuten scheint, daß
man in Deutschland nicht einig sei in den Zielen und Bestrebungen
zu einer Consolidation. Wenn der gesetzgebende Körper Frankreichs
der französischen Regierung zureden würde, abzurüsten, indem er sagte:
„daß man sich in Deutschland zur Vereinigung neigt, kann nicht als
Attentat betrachtet werden auf Frankreich, denn es ist keines," wenn
er sagte: „Lassen wir jeder Nation ihr Selbstbestimmungsrecht, wie wir

es für uns verlangen," das hätte einen vollständigen Sinn und solche
Kundgebungen des französischen Volkes würden von uns mit größter
Freude begrüßt werden. Aber, meine Herren, wenn wir dasselbe thun,
wenn wir den Regierungen und der obersten Bundesregierung sagen:
„Rüstet ab!" so wird Frankreich sagen: „da seht, die deutschen Völker
sind nicht einverstanden mit der Kriegsstärke, nicht einverstanden also
mit den Mitteln und folglich auch mit dem Zwecke; denn der Zweck
ist der, daß Deutschland so lange gerüstet bleiben muß, bis es conso=
lidirt ist; dann, erst dann würde es stark genug sein auch ohne ange=
spannte Kriegsmacht." Wenn wir unseren Regierungen sagen: „Rüstet
ab!" wenn wir die Initiative dazu ergreifen, dann wird das Ausland
nicht verfehlen, zu sagen: „man sieht, daß das deutsche Volk sich nicht
sicher fühlt in seinem Bewußtsein, daß es einsieht, es habe etwas
Falsches erstrebt, daß diese weitergehenden Pläne von dem Volke nicht
getheilt werden." Und, wie vor Kurzem französische Offiziere mit den
württembergischen auf gute Kameradschaft haben trinken wollen — sie
haben eine tüchtige Zurückweisung erfahren! — so wird die französische
Presse versuchen, die deutschen Völker als Bundesgenossen zu begrüßen
gegen die deutschen Bundesregierungen und gegen den Deutschen Bund.
Dieser Mißdeutung wünsche ich nicht uns ausgesetzt zu sehen, und eben
aus diesem Grunde ist unser Zusatz gestellt worden. Ich habe in
meiner kurzen Motivirung desselben erklärt, daß ich mit ganzem Herzen
jede Abminderung der Kriegslast, wenn sie thunlich ist, willkommen
heiße; ich habe ausdrücklich darauf hingedeutet, daß durch Beur=
laubungen und durch factische Zurückführung der dreijährigen Dienst=
zeit auf eine kürzere geholfen werden, daß auch vielleicht nach dem
Jahre 1871 eine Verminderung des Armeebudgets eintreten könne,
aber, meine Herren, immer nur unter der Voraussetzung, daß die
höchsten Interessen Deutschlands nicht gefährdet werden, nicht seine
Sicherheit, nicht die nothwendige Machtstellung, die eine große Nation
haben muß und die auch Sie der deutschen Nation gönnen werden.
Ich wüßte nicht, daß darin eine Abschwächung des Hauptantrags liegen
sollte. Es haben zwei Redner, der Herr Antragsteller May selbst und
ein zweiter Redner, der Herr Abgeordnete Walter, dasselbe erklärt.
Der Abgeordnete May hat gesagt: er verwahre sich dagegen, als ob
sein Antrag eine Schwächung Deutschlands wolle, und der Abgeordnete

Walter hat über den Zusatzantrag gesagt, daß, „soweit derselbe sich auf Punkt a) beziehe, er völlig dem entspreche, was er wolle." Nun, meine Herren, wo ist da von einer Abschwächung die Rede? Oder kann man da eine Gegnerschaft wider den Hauptantrag erblicken, wenn zwei Antragsteller selbst das aussprechen, was wir nur deutlich hinzu= gesetzt wissen wollen, was aber deutlich hinzugesetzt werden muß, weil zwar nicht dieser Antrag — dem ich keine Hintergedanken beilege —, wohl aber andere Anträge dieser Art auf Abrüstung, auf ewigen Frieden, auf Verminderung des Militärstandes u. s. w. von anderen Seiten, in Versammlungen und in Kammern, gestellt worden sind in einem ganz anderen Sinne und in ganz anderer Absicht; weil solche Anträge sehr häufig gestellt worden sind in der entschiedenen Absicht die Kräfte des Staates zu schwächen und die Consolidation des Bundes zu verhindern. Vergessen Sie nicht, meine Herren, daß wir leider auch in Sachsen noch immer eine Partei haben, die sich nicht scheut, sogar in öffentlichen Blättern und auf sonstige Weise gegen die Stärke des Norddeutschen Bundes, ja, gegen die Existenz desselben anzukämpfen, die unverhohlen täglich sagt, daß ihr Oesterreich, Frankreich und jeder Andere als Bundesgenosse willkommen wäre, wenn er nur hälfe, den Norddeutschen Bund zu zerschlagen. Meine Herren! Wir in Sachsen haben aus diesem Grunde besondere Ursache, vorsichtig zu sein mit Anträgen, die leicht mißdeutet werden können, weil in unserer Mitte eine Partei lebt, die solchen Bestrebungen huldigt und sie offen bekennt. Je mehr unsere Regierung bundestreu ist und fest an dem Bunde hängt, nur an den großen Zwecken desselben arbeitet und bestrebt ist, alles zu verhindern, was etwa gegen den Bund gethan werden sollte, um so mehr hat auch unsere Volksvertretung alle Ursache, denselben Weg zu gehen und jede Möglichkeit abzuschneiden, daß Anträge aus unserer Mitte so mißdeutet werden könnten, als wären sie gerichtet gegen die Interessen des Bundes, gegen die Sicherheit und Macht= stellung Deutschlands. Darum halten wir es für nothwendig, dies ausdrücklich auszusprechen, nicht — ich wiederhole dies nochmals — um den Hauptantrag abzuschwächen, dessen Zielpunkt wir vollkommen theilen, nicht um uns der Regierung auf's Ungewisse hinzugeben — ich glaube, so viel Vertrauen können wir wohl zu unserer Regierung haben, daß sie die wirthschaftlichen und materiellen Interessen des

Volkes genugsam berücksichtigen werde, um ihrerseits alles zu thun, diesen Zeitpunkt so nahe als möglich heranzurücken; aber ich wünsche, ausgesprochen zu sehen, daß der Antrag ein wahrhaft loyaler und patriotischer sei, patriotisch im Sinne Gesammtdeutschlands, und deshalb können wir diesen Zusatz nicht entbehren. Mit diesem Zusatz werden wir gern für den Hauptantrag stimmen, ohne diesen Zusatz können wir es nicht.

Unser Zusatzantrag ward durch das Zusammengehen der Rechten und der Linken mit großer Mehrheit abgelehnt, worauf wir unsere Stimmen gegen den Hauptantrag abgaben.

Die Einbringung und Annahme dieses „Abrüstungs= antrags" erfolgte ungefähr ein halbes Jahr vor dem Beginn des Krieges von 1870.

XIV.

Die National-Liberalen und die anderen Liberalen.

Auf den Schlachtfeldern von 1870/71, im gemeinsamen Kampfe aller deutschen Stämme gegen den alten Feind unserer Unabhängigkeit und unserer Einheit, war das neue Reich, war das glorreiche Kaiserthum der Hohenzollern geboren worden. Damit hatte der nationale Gedanke, der so lange ein schöner Traum gewesen, für dessen Durchführung mit so vielen Anderen auch ich — nun fast ein Menschenalter — gekämpft hatte, Fleisch und Blut, festen Bestand und Lebensdauer gewonnen. Es war jetzt nicht mehr ein Kampf um Ideale, sondern ein Kampf für oder gegen bestimmte, greifbare Ziele, in welchem es galt, Partei und Stellung zu nehmen. Für uns, als eine Mittelpartei, war diese Aufgabe insofern eine besonders schwierige, als wir nach rechts und links die Grenzen, die uns von den dortigen Parteien trennten, streng innehalten mußten, um unsere Selbständigkeit und die durch unsere Doppelstellung einer zugleich nationalen und liberalen Partei uns angewiesene Aufgabe unverrückt zu behaupten. Zumal, seitdem 1882 unser linker Flügel sich von uns getrennt und eine besondere Partei gebildet hatte, erfolgten an uns öfters Anmuthungen, gleichfalls weiter links zu gehen, und, wenn wir uns dessen weigerten, Anklagen, daß wir unserer Aufgabe als „liberale“ Partei untreu würden. Eine derartige Anmuthung und Anklage war es, was mich zu der nachstehenden Auslassung im Leipziger Tageblatt vom 16. September 1884 veranlaßte:

Die deutschfreisinnige „Dresdner Zeitung“ brachte in ihrer Nummer vom 12. September einen Aufsatz mit der Ueberschrift: „Was wird aus den National-Liberalen?“ Derselbe rührt, wie die Redaction dazu bemerkt, von „einem seit lange als sehr gemäßigt bekannten liberalen Politiker“ her. Darin wird beklagt, daß die National-Liberalen, statt mit den Deutschfreisinnigen zusammen auf die Bildung einer liberalen Mehrheit im Reichstage auszugehen, vielmehr „alles aufbieten, um die bevorstehende Wahlbewegung zu einer grimmigen Schlacht zwischen den beiden liberalen Richtungen zu gestalten“. Es wird sodann an die „liberalen Männer innerhalb der Partei“ das Ansinnen gestellt, sie sollten sich von derselben trennen und zu den Deutschfreisinnigen übergehen; sie würden sonst dafür angesehen werden, „den Anspruch auf Zugehörigkeit zum Liberalismus aufgeben zu wollen.“ Unter denen, an welche der Verfasser ein derartiges Ansinnen zu richten wagt, bin auch ich. Nun hat zwar für meine Person bereits die verehrl. Redaction des „Leipziger Tageblattes“ die Zurückweisung dieser höchst befremdenden Zumuthung übernommen, indem sie an die von mir auf dem national-liberalen Parteitage zu Döbeln am 6. Juli d. J. gesprochenen Worte erinnerte. Allein die Stellung, die ich Jahrzehnte lang als ein Wortführer erst der sogenannten „gemäßigt-liberalen“, dann der daraus hervorgegangenen national-liberalen Partei eingenommen habe, und das Vertrauen, welches mir in dieser Eigenschaft von meinen Parteigenossen lange entgegengebracht worden ist, ja noch jetzt, wie ich auf dem Döbelnschen Tage mit Freuden wahrnahm, entgegengebracht wird, lassen mir es als eine Pflicht erscheinen, auf die von jener Seite her angeregte Frage wegen des Verhältnisses zwischen uns und den weiter links stehenden Liberalen noch directer und eingehender zu antworten.

Schon in Döbeln sprach ich es aus, und ich wiederhole es hier: ich halte es für die oberste Aufgabe, wie jeder reichstreuen Partei, so ganz besonders der unseren, welche sich die „nationale" nennt, bei den Reichstagswahlen nicht sowohl ihr besonderes Parteiinteresse, als das allgemeine Interesse des Reichs und der Nation in den Vordergrund zu stellen.

Das hat denn auch die national-liberale Partei Sachsens allezeit redlich gethan, indem sie überall da, wo es die Bekämpfung grundsätz= licher Reichsfeinde galt, als welche sich die Socialdemokraten selbst be= kennen, jede andere Rücksicht schweigen hieß und auch für solche Candi= daten eintrat, welche an sich ihr keineswegs nahe standen oder besonders sympathisch waren — trotz der ihr von den anderen Parteien häufig versagten Gegenseitigkeit. Ja sie hat fast ein Jahrzehnt hindurch sogar ihren Namen und ihre Sonderstellung als national-liberale Partei auf= gegeben, um als „Reichsverein" sich gänzlich jenem Zwecke: „Bekämpfung aller Reichsfeinde", zu widmen. Auch jetzt, nachdem sie wieder als national-liberale Partei sich constituirt hat, wird sie — ich zweifle daran nicht — in allen den Fällen, wo es das Auftreten gegen einen erklärten Feind des Reiches und der bestehenden Gesellschaftsordnung gilt, nur dieses Eine Ziel im Auge haben und alle sonstigen Parteiunterschiede vergessen. Sie hat bereits in diesem Sinne für die nächstbevorstehenden Wahlen in mehreren Reichstagswahlkreisen Compromisse mit anderen Parteien geschlossen und wird es gewiß auch ferner thun. In einzelnen, leider nur sehr einzelnen Fällen ist auch die deutschfreisinnige Partei einem solchen Compromiß der anderen Ordnungsparteien beigetreten und hat dadurch die Wahrscheinlichkeit des Sieges über den socialdemokratischen Candidaten erhöht, so im Wahlkreis Mittweida-Frankenberg unter der Führung des Herrn Starke; in anderen freilich, wie in dem Wahlkreise Leipzig-Land, hat sie sich davon ausgeschlossen, und noch in anderen, wie in Chemnitz, soll sie sogar dem Compromißcandidaten einen besonderen Candidaten entgegenstellen wollen — in beiden Fällen auf die nahe= liegende Gefahr hin, damit dem Socialdemokraten zum Siege zu ver= helfen. Wenn aber nun vollends gar deutschfreisinnige Organe, wie (nach der Angabe des „Tageblattes") die „Zittauer Morgen= zeitung", die Losung ausgeben: „bei Stichwahlen lieber für einen Socialdemokraten als für einen National-Liberalen zu stimmen!" —

so ist das eine eigenthümliche Illustration zu den Worten des unge=
nannten Herrn Correspondenten der „Dresdner Zeitung“, welcher sich
darüber beklagt, daß die National=Liberalen eventuell lieber Freiconserva=
tive als Deutschfreisinnige wählen wollen.

Die national=liberale Partei hat es sich aber auch von ihrer Ent=
stehung an zur Aufgabe gemacht, nicht blos den Bestand des neu
gegründeten Deutschen Reichs gegen Solche, welche denselben in
einer oder der anderen Weise anzutasten geneigt wären (Socialdemo=
kraten, Ultramontane, Welfen und andere Particularisten), zu ver=
theidigen, sondern auch dessen Ausbau nach allen Richtungen
hin fördern zu helfen. Und sie hat sich dieser Aufgabe ebenfalls
nach besten Kräften unterzogen; sie hat sich dabei eine lange Zeit
hindurch des Hand=in=Handgehens mit der Reichsregierung und der
Bundesgenossenschaft eines Theils der conservativen Partei zu erfreuen
gehabt — viel weniger derjenigen der weiter links stehenden Liberalen,
der damaligen „Fortschrittspartei“. Diese hielt sich durch ihre Auf=
fassung des „Liberalismus“ für verpflichtet, gegen jede, auch die wichtigste,
Reform zu stimmen, sobald dieselbe nicht allen Consequenzen dieses
ihres Liberalismus zu entsprechen schien. So kam die Verfassung
selbst (des Norddeutschen Bundes und des Reichs), so kamen die großen
Justizgesetze gegen den Widerspruch der Fortschrittspartei zu
Stande!

Dann trat eine Zeit ein, wo das Verhältniß der National=Liberalen
zur Reichsregierung sich lockerte, wo letztere sich in Folge dessen den
Conservativen zuwendete und endlich, um eine Mehrheit im Reichstage
zu gewinnen, auch dem Centrum sich näherte. Die Gegner der bis=
herigen, wesentlich reformatorischen Reichspolitik benutzten dies und
arbeiteten darauf hin — unterstützt durch den Umstand, daß Einzelnes
in den neuen Gesetzen wirklich verbesserungsbedürftig war, sowie durch
die in verschiedenen Interessenkreisen sich kundgebende starke Gegen=
strömung —, an Stelle der vorwärtsschreitenden eine rückläufige Richtung
der Reichsgesetzgebung zur Geltung zu bringen. So entstand ein all=
gemeines Unbehagen, zugleich eine höchst bedenkliche Verschiebung der
Parteien, indem die Extreme rechts und links gestärkt, die gemäßigten
Elemente in der Mitte geschwächt wurden.

Nun hat aber neuerdings unser großer leitender Staatsmann

wieder eine aufbauende, schöpferische Politik ins Werk zu setzen begonnen, und zwar auf Gebieten, auf denen eine solche zwar schwierig, aber auch, wenn sie gelingt, für hochwichtige Interessen theils der ganzen Nation, theils ihres schutzbedürftigsten Theils, der Arbeiter, vielversprechend ist. Er hat auf dem Gebiete der „Socialpolitik" zur Verbesserung der Lage des Arbeiterstandes ein gewaltiges Unternehmen angebahnt, welches — in der Gestalt, wie es zuletzt dem Reichstage vorlag — zwar in der Durchführung gewiß nicht leicht ist, aber auf durchaus gesunden Grundlagen, der Selbstverwaltung und dem Genossenschaftswesen, ruht. Er hat auf dem Gebiete der Colonialpolitik und der Ausdehnung des deutschen Handels nach fremden Welttheilen hin Ansichten entwickelt, die, ebenso kühn als andererseits besonnen und vorsichtig, in ihrer Verwirklichung für Deutschland eine neue Epoche commerciellen Aufschwunges, eine viel activere Rolle im großen Weltverkehr, als die es bisher zu behaupten vermochte, in Aussicht stellen.

Auf diesen Bahnen einer activen und productiven Politik dem großen leitenden Staatsmanne zu folgen, für Ausführung solcher und ähnlicher Pläne ihm ihre Unterstützung zu bieten, dazu hat die national=liberale Partei in den Heidelberger und den Berliner Erklärungen (vom 23. März und 18. Mai) und in zahlreichen Zustimmungskundgebungen dazu aus allen Theilen Deutschlands sich verpflichtet. Dadurch aber ist ihr für die bevorstehenden Reichstagswahlen ihre Stellung und Aufgabe scharf und klar vorgezeichnet. Sie muß nach allen ihren Kräften darauf hinwirken, daß für die, nach ihrer Ueberzeugung der Nation heilsamen, socialpolitischen und wirthschaftlichen Pläne des Reichskanzlers eine möglichst sichere Mehrheit geschaffen werde, und zwar aus solchen Elementen, welche nicht, wie das Centrum und die extrem Conservativen, ihre der Regierung zu gewährende Unterstützung nach anderen Seiten hin zu allerhand rückschrittlichen oder sonst der Nation und dem Reiche nachtheiligen Zwecken auszunutzen suchen, und sie muß zu verhüten suchen, daß eine andere Majorität als die eben bezeichnete zu Stande komme, sei es eine clericalconservative, welche der Freiheit und dem nothwendigen Fortschritt gefährlich ist, sei es eine clerical=deutschfreisinnige, welche (nach den beim Socialistengesetz und der Dampfervorlage gemachten Erfahrungen) die Ausführung der schöpferi=

schen Pläne des Reichskanzler zu hemmen und den Gang der Reichs-
maschine ins Stocken zu bringen droht.

Die national-liberale Partei bleibt, indem sie so handelt, durchaus
ihren eigenen geschichtlichen Ueberlieferungen treu, denn sie ist entstanden
und sie hat sich aus der Fortschrittspartei herausgelöst, weil sie die zu
sehr blos verneinende Haltung dieser letzteren für unersprießlich hielt,
weil sie das Bedürfniß und die Pflicht fühlte, eine mehr positive
Politik zu ergreifen und werkthätig an dem Auf= und Ausbau des
Reichs mitzuarbeiten.

Hat ein Theil der national-liberalen Partei (die Secessionisten)
sich von dieser positiven Politik wieder ab= und zu der negirenden der
Fortschrittspartei zurückgewendet, hat er sich gar völlig mit dieser ver=
schmolzen und, wie das bei solchen Fusionen erfahrungsmäßig immer
geht, derjenigen Richtung den Sieg verschafft, welche im Negiren am
weitesten geht, so können wir dies beklagen, aber wir können deswegen
unmöglich auch für den zurückgebliebenen Theil der Partei die durch
deren Geschichte ihr vorgezeichnete Bahn aufgeben, müssen vielmehr
alles aufbieten, um die dadurch in ihren Reihen entstandenen Lücken,
um die bei den letzten Wahlen erlittenen Verluste womöglich bei den
bevorstehenden Wahlen zu ergänzen und zu ersetzen. Wenn es hierbei
zwischen ehemals politisch Befreundeten und Gleichgesinnten zu einem
Wahlkampfe kommen muß, so tragen die Schuld davon nicht Die,
welche auf dem alten Boden der Partei stehen geblieben sind, sondern
Die, welche ihn verlassen und mit den Gegnern der Partei gemeinsame
Sache gemacht haben.

Der ungenannte Correspondent der „Dresdner Zeitung" appellirt
an meine und mehrerer anderer National-Liberaler „liberale" Gesinnung,
um uns die angebliche Pflicht nahe zu legen, ebenfalls aus der Partei
auszuscheiden und den Secessionisten ins fortschrittliche Lager, wo Herr
Eugen Richter mit starker Hand das Scepter führt, zu folgen. Daß
ihm dies gelingen werde, daran hat er selbst im Ernste wohl schwerlich
geglaubt. Allein vielleicht hat er gehofft, entweder uns durch die
Furcht vor der Unpopularität eines angeblichen „Abfalls vom Liberalis=
mus" einzuschüchtern, oder auch manche Wähler, die sich durch solche
Schlagwörter beeinflussen lassen, den National-Liberalen abwendig zu

machen. Ich will daher auch über diese Frage der „Zugehörigkeit zum Liberalismus" mich offen und rückhaltlos aussprechen.

Vor Zeiten, das heißt etwa bis zum Jahre 1848, gab es in unserem politischen Leben nur den Einen Gegensatz: liberal oder conservativ. Schon damals indeß bestand ein Unterschied zwischen „gemäßigten Liberalen" und sogenannten „entschiedenen Liberalen" oder „Radicalen". Ich habe vom Anbeginn meiner öffentlichen Wirksamkeit an, also seit etwa 43 Jahren, immerfort zu den „gemäßigten Liberalen" gehört; ich habe deshalb schon damals und später noch öfter von Seiten der Radicalen den Vorwurf hören müssen: ich sei ein „Abtrünniger", wohl gar ein „Volksverräther". Dieser Vorwurf hat mich niemals unruhig oder in meinem Vorgehen irre gemacht, und er wird es am allerwenigsten jetzt, nachdem ich eine mehr als vierzigjährige, ich denke wohl makellose, politische Vergangenheit hinter mir habe.

Mit dem Jahre 1848 (zum Theil auch schon früher) trat ein ganz neuer Zielpunkt politischer Bestrebungen in den Vordergrund, der nationale. Es gab nun im liberalen Lager zwei Parteien, die eine, welche diesem nationalen Gesichtspunkte, wenn es nicht anders ging, den liberalen unterordnete, und eine andere, welche selbst von einem einigen Deutschland nichts wissen wollte, wenn dasselbe nicht genau nach ihrer Schablone zugeschnitten wäre. Damals wurden wir, die wir einen monarchisch=constitutionellen Bundesstaat (ganz ähnlich dem jetzigen Reiche) anstrebten, als „Reactionaire" dem Volke benmurkt — 1866, bei der Berathung der Verfassung des Norddeutschen Bundes, stimmte die Fortschrittspartei gegen diese und verlangte statt ihrer die Wiederherstellung eben jener, seiner Zeit als „reactionär" verschrieenen „Reichsverfassung von 1849"!

Schon aus diesen wenigen geschichtlichen Andeutungen ergiebt sich, wie vieldeutig und schwankend der Begriff des „Liberalismus" ist, wie wenig berechtigt der Anspruch einer einzelnen Partei, sich als die alleinige Vertreterin und Hüterin desselben darzustellen und Alle als „illiberal" zu verketzern, die nicht genau ihre Wege gehen. Ganz zu geschweigen, daß der „Fortschritt" nicht selten um tactischer Vortheile willen, z. B. um Stimmen vom Centrum zu gewinnen, sehr wichtige, sonst von ihm eifrigst verfochtene „liberale" Grundsätze preisgegeben hat.

Allerdings giebt es gewisse Grenzen, die ein liberaler Politiker nicht überschreiten kann, ohne daß er aufhörte, ein Liberaler zu sein. Wenn die national-liberale Partei zur Verkümmerung wesentlicher, unveräußerlicher Rechte des Volkes oder der Volksvertretung, wenn sie zur Beschränkung des Budgetrechts des Reichstags, zur Beseitigung der nothwendigen Garantien für die Unabhängigkeit des Wählens, zur Wiederherstellung der alten, feudalen Zustände im Gewerbewesen, in der Landwirthschaft, in den Arbeiterverhältnissen u. s. w. die Hand bieten wollte, dann würde man sie mit Fug des Abfalls vom Liberalismus beschuldigen, dann wäre der Moment gekommen, die — dermalen sehr übel angebrachte — Zumuthung des Austritts aus der national-liberalen Partei an mich und die mir Gleichgesinnten zu richten. Aber dahin wird es sicherlich nicht kommen. Ja ich vertraue, daß auch die durch die Verhältnisse uns zugewiesenen neuen Bundesgenossen, die Freiconservativen, zu einer solchen Politik der Reaction weder sich selbst hergeben, noch uns werden verleiten wollen.

Wenn dagegen die National-Liberalen in solchen Fällen, wo es galt, einen nach vielen Seiten bedeutenden Fortschritt zu erreichen, gewisse Unvollkommenheiten eines Gesetzes mit in den Kauf nahmen und nicht darauf bestanden, daß jede, auch die äußerste „liberale" Forderung bis aufs Tüpfelchen über'm i erfüllt würde, wie beispielsweise bei der Verfassung des Reichs und den großen Justizgesetzen, so ist es lächerlich, ihnen daraus einen Vorwurf zu machen, wie die Fortschrittspartei dies gethan hat. Oder wenn aus höheren Rücksichten auf die Wehrhaftigkeit und Sicherheit Deutschlands, sowie auf den ungestörten Verkehr, sie für das sogenannte Militärseptennat stimmte, d. h. für eine Bewilligung der Friedensstärke auf sieben Jahre, statt, wie der Fortschritt will, auf drei oder auf ein Jahr, weil eine so häufige Militärdebatte nach allen Seiten Nachtheile hat, so ist dieser zeitweilige Verzicht auf die allerstrengste Ausübung des parlamentarischen Zustimmungsrechts vollkommen gerechtfertigt durch eben jene patriotische Rücksicht, und wenn der „Liberalismus" darin bestände, daß man auch die höchsten Interessen des Reiches und der Nation einer bloßen Principienreiterei opfern müßte, so wäre damit dem Liberalismus das Urtheil gesprochen. Derartige Vorwürfe, von dem Fortschritt den National-Liberalen gemacht, sind übrigens um so weniger gerechtfertigt, als man recht gut weiß, daß die Fortschrittspartei nur darum gegen jene Gesetze zu stimmen den Muth hatte, weil sie sicher war, in der Minorität zu bleiben, während Fortschritt und Secessionisten nicht wagten, geschlossen gegen das Socialistengesetz zu stimmen, weil sie die Verantwortung, dasselbe zu Falle gebracht zu haben, scheuten. Wo blieb hier die Consequenz des „Liberalismus"?

Der Politiker der „Dresdner Zeitung" vermag sich für den schweren Vorwurf des Abfalls vom Liberalismus, den er unserer Partei im Bausch und Bogen macht, auf keine Kundgebung der Partei als solcher, sondern nur auf Aeußerungen von zwei oder drei einzelnen Mitgliedern derselben, auch nicht auf einen politischen Vorgang, sondern nur auf eine zollpolitische Frage zu berufen. Nun ist bekannt, daß die national-liberale Partei in ihrem Programm ausdrücklich die zoll-politischen Fragen für „offene" erklärt hat, d. h. für solche, bei denen jeder Parteigenosse nach seiner freien Ueberzeugung stimmen kann, rück-sichtlich deren also auch folgerechterweise weder der Einzelne gegenüber der Partei, noch aber auch diese für den Einzelnen und dessen Ab-stimmung verantwortlich ist.

Ich denke also, die national-liberale Partei, wie sie durch die Parteitage zu Heidelberg, Neustadt a. H. und Berlin zu neuem Leben erwacht ist, kann mit gutem Gewissen vor die Wählerschaften, vor das liberale Bürgerthum in Stadt und Land hintreten, denn sie arbeitet werkthätig schaffend mit an der Größe des Reichs und der Wohlfahrt des Volkes in allen seinen Schichten, ohne darum dem wahren Liberalismus und seinen Lebensinteressen etwas zu vergeben.

XV

Vor- und Rückblicke aus Anlaß der Reichstagswahlen von 1887.

Vortrag, gehalten in der „Gemeinnützigen Gesellschaft" zu Leipzig.

Nach dem so überraschend glänzenden Ausfall der Reichs=
tagswahlen von 1887 hielt ich in der „Gemeinnützigen Ge=
sellschaft" zu Leipzig folgenden Vortrag:

Meine Herren! Es ist eine erprobte Klugheitsregel, daß man in
ungünstigen Lagen nicht blos klagen soll, sondern suchen muß, diese
Lage zu verbessern, daß man im Glück nicht übermüthig und lässig
werde, sondern sich bestrebe, diese glückliche Lage zu einer dauernden
zu machen. Um wie viel mehr aber noch gilt diese Klugheitsregel im
politischen Leben! Und doch wird da so oft dagegen verstoßen! Man
pflegt, wenn die Dinge nicht gleich nach Wunsch gehen, muthlos und
wenn die Sonne lacht, nachlässig und übermüthig zu werden. Der
Pessimismus wie der Optimismus sind in der Politik die allerschlimmsten
Rathgeber. In guten wie in bösen Tagen sind es die eigene Kraft
und der feste Muth, auf die man bauen muß. Und so rufe ich jetzt,
wo wir so glücklich gewesen sind, einen Sieg zu erfechten, wie wir
ihn kaum gehofft, allen Angehörigen unserer Partei zu, die Hände
nicht in den Schoß zu legen, sondern fortdauernd daran
zu arbeiten, daß dieser Sieg uns auch künftig gesichert
bleibe.

Es war eine ebenso alberne als böswillige Lüge und Verleumdung,
die von der Opposition verbreitet wurde, die Regierung habe den Reichs=

tag nicht deshalb aufgelöst, weil es sich für das deutsche Volk um Krieg oder Frieden handle, sondern deshalb, weil sie den Reichstag zu einer willenlosen Monopolmaschine herabdrücken wolle. Die Opposition ist aber für die Sünde, die sie am Vaterlande begangen hat, auf empfindliche Weise bestraft worden. Es ist durch sie geschehen, daß das Volk, als die Regierung an dasselbe zu appelliren gezwungen wurde, in seiner großen Mehrheit wie Ein Mann aufstand, die Opposition bei Seite schob und eine ganz neue Majorität in den Reichstag sandte, die nicht nur das Septennat bewilligen, sondern die auch **einen bleibenden Einfluß auf die künftige Gestaltung der Dinge äußern wird!**

Die Oppositionellen haben in ihrer Presse nicht ermangelt, auch schon die neue Majorität im Reichstage in den Kreis ihrer Verdächtigungen zu ziehen. Ich fürchte nicht, daß dieselbe ihnen jemals darin Recht geben werde. Ich hoffe, daß die nunmehrige Majorität des Reichs= tages eine solche sein wird, welche die richtige Grenzlinie zwischen con= servativ und liberal allzeit einhalten wird. An der Partei der National= Liberalen ist es, darauf zu halten, daß diese Grenzlinie nicht zu weit nach rechts gerückt werde. Ich unterschätze die Beihilfe der Conser= vativen im letzten Wahlkampfe keineswegs, aber ich glaube an einen gewissen Instinct der Wähler, der den Ausschlag nach unserer Seite gelenkt hat. Das Bürgerthum will nicht eine ewig nörgelnde Opposi= tion, aber es will auch nicht, daß werthvolle liberale Errungenschaften wieder verloren gehen. Es ist unsere Aufgabe, dies zu verhüten.

Es sind in der Thronrede Vorlagen angekündigt, bei welchen diese Frage des rechten Gleichgewichts von rechts und links bereits zur Sprache kommen dürfte. Daß unsere Partei gegen die Monopole ist, ist allbekannt; sie ist dagegen für eine höhere Besteuerung solcher Ver= brauchsartikel, die große Steuerquoten in Aussicht stellen, ohne daß erste Lebensbedürfnisse dadurch vertheuert werden, wie Branntwein und Tabak, und sie kann hierzu wohl die Hand bieten, ohne ihrem liberalen Titel untreu zu werden. Auch in den Gewerbefragen wird unsere Partei zu nothwendigen Revisionen der betreffenden Gesetze wohl die Hand bieten, aber ich bin fest überzeugt, daß sie gegen eine Wieder= einführung des alten Zunftwesens ankämpfen wird. Ich möchte hier

10*

die Hoffnung aussprechen, daß auch die Conservativen in diesem Punkte nicht zu weit gehen werden. Ich wünsche sehr, daß die kleine Gruppe extremer Conservativer, die in der „Kreuz=Zeitung" ihren Ausdruck findet, keinen entscheidenden Einfluß auf die conservative Partei gewinnen möge, sondern daß die gemäßigten Elemente in dieser, die sich mit unserer Partei gut vertragen, die herrschenden bleiben. Es würde für künftige Reichstagswahlen eine böse Vorbedeutung sein, wenn die Ver= leumbungen der Opposition Recht behielten. Wenn aber die Majorität die richtige Grenze innehält, dann wird sich bei künftigen Wahlen uns die Gelegenheit bieten, den Wählern zu sagen: „Seht, es ist so ge= kommen, wie wir Euch sagten, die Majorität war nicht reactionär!"

Ich komme nun zu der Frage: Was können und was sollen wir thun, um das uns so günstige Resultat der letzten Wahlen zu einem dauernden zu machen, und was haben wir von künftigen Wahlen zu erwarten? Meine Herren, die erste Ursache unseres jetzigen Wahlsieges war entschieden eine Folge des Cartells zwischen uns und den Conser= vativen. Ich betone mit Freuden, daß das Cartell in Sachsen in allen Wahlkreisen in denen es zur Anwendung kam, von beiden Theilen auf= richtig gehandhabt worden ist. Der vollständige Sieg, den wir über die Socialisten erfochten haben, kann nur darauf zurückgeführt werden, daß die reichstreuen Parteien sofort beim ersten Wahlgange einmüthig Hand in Hand gingen. Daher ist gar wohl in Erwägung zu ziehen, wie diese Verbindung erhalten werden könne, damit sie bei künftigen Wahlen ebensogut functionire. Es ist nicht ganz leicht, ein solches Cartell, das zunächst nur für einen bestimmten Zweck geschlossen wurde, dergestalt aufrecht zu erhalten, daß es auch in gewöhnlichen Zeiten nicht wieder aufgelöst werde. Es ist nicht wohl zu vermeiden, daß sich zwischen Conservativen und National=Liberalen im Reichstage einzelne Differenzen ergeben werden. Aber von beiden Seiten wird in der Art des Kampfes alles vermieden werden müssen, was den Gegensatz zu einem tief einschneidenden machen könnte. Es werden alle Gehässig= keiten, alle zu scharfen Conflicte möglichst zu vermeiden sein. So auch bei den Landtagswahlen in Sachsen, wo die beiden Parteien besondere Ziele verfolgen. Es versteht sich von selbst, daß überall da, wo es den Kampf gegen die reichsfeindlichen oder regierungsfeindlichen Parteien im Reichstage gilt, die beiden Parteien wieder fest zusammenstehen.

Seitens der national-liberalen Partei muß jeder Anschein vermieden werden, als ob sie zu weit nach links neigen könnte.

Natürlich wird die neue Majorität möglichst Fühlung mit der Regierung suchen. Das Wort Regierungspartei ist lange mit einer gewissen Scheu betrachtet worden. Man war aus der vormärzlichen Zeit her gewöhnt, Jeden, der mit der Regierung auf gutem Fuße stand, anzusehen als Einen, der sich gewissermaßen weggegeben habe. Aber so stehen wir doch jetzt nicht mehr im Reiche! Wir haben eine Regierung, die für die Interessen der Nation ein warmes Herz und eine kräftige Hand hat. Unsere Partei wird sich natürlich die Selbst-ständigkeit ihrer Ueberzeugung vorbehalten, aber sie wird möglichst mit der Regierung zu gehen suchen und sie wird selbst da, wo sie von ihr abweichen zu müssen glaubt, dies in einer solchen Weise thun, daß da-durch ihr Verhältniß zu derselben keine bleibende Störung erfahre.

Welches wird nun unsere künftige Stellung zu den anderen Parteien in unserem Sachsen sein? Was die Freisinnigen, die unter Richter'scher Dictatur stehen, anlangt, so versteht es sich von selbst, daß der schroffe Gegensatz nicht gemildert werden kann und soll. Ganz anders wird unsere Stellung zu jener Gruppe ehrenwerther und an-gesehener Männer sein müssen, die bisher in Sachsen der deutschfrei-sinnigen Partei angehörten, die sich aber in muthvoller Weise von ihr lossagten, wie die Herren Schreck, Starke, Streit, Lehmann, Findel, Roth u. A. Es bleibt abzuwarten, ob nicht diese Männer es angezeigt finden werden, ihre Gesinnungsgenossen um sich zu schaaren und auf diese Weise eine neue Partei zu bilden, die ja in manchen Fragen der inneren Politik vielleicht weiter links gehen mag, als wir, die aber aufrichtig patriotisch ist und dadurch sichere Berührungspunkte mit uns und den Conservativen hat. Daß wir die Socialisten nach wie vor bekämpfen müssen, ist selbstverständlich, aber nicht den Arbeiterstand bekämpfen wir. Es ist ein ganz falscher Titel, den sich die Social-demokraten beilegen, wenn sie sich „Arbeiterpartei“ nennen. Was haben sie für die Arbeiter gethan? Sie haben ihnen ein Utopien vorgegaukelt und sie dadurch abgehalten, auf dem practischen Wege der Sparsamkeit und des Fleißes etwas vor sich zu bringen. Was für die Arbeiter ge-than worden ist, das ist durch die Ordnungsparteien und die Regierungen geschehen, wie das Unfallversicherungsgesetz, welches nach der Thronrede nun auch auf die Baugewerke ausgedehnt werden soll und an das sich eine Altersversorgung für die Arbeiter anschließen wird, wie die Freizügigkeit, das Coalitionsrecht u. A. m.

Das Verhältniß der wirklich Abstimmenden zu den Säumigen ist diesmal — und ganz besonders in Sachsen — ein vortreffliches gewesen. In früheren Wahlperioden haben von den Wahlberechtigten im ganzen Reiche durchschnittlich gestimmt: 1871 51%, 1874 61,3%, 1877 60%, 1878 63,4%, 1881 56,3% und 1884 60,6%. In Sachsen ist der Procentsatz noch viel niedriger gewesen. Es haben bei uns gestimmt: 1871 45%, 1874 49%, 1877 55%, 1878 57%, 1881 51% und 1884 56,3% aller Wahlberechtigten. Diesmal hat Sachsen einen Procentsatz von nahezu 80% (79,14%) aufzuweisen. In den Wahlkreisen, wo der Kampf (mit den Socialdemokraten) am heftigsten war, ward jener Durchschnittssatz noch bedeutend überschritten; so wählten in Leipzig-Stadt 89,2%, in Leipzig-Land 85,8%, in Dresden links der Elbe 85,1%, in Mitweida 84,9%, in Merane 84,6%, in Chemnitz 84,5%, in Döbeln 82,4%, ebenso viel in Meißen, in Zwickau 82%, in Dresden rechts der Elbe 80,2%.

Ich komme nun zu den Stichwahlen. Meine Herren, ich halte die Stichwahlen für die allerschlechteste Einrichtung in unserem Wahlsystem, ich halte sie geradezu für eine Fälschung des Ausdrucks der öffentlichen Meinung. Ich will Ihnen das durch ein einfaches Beispiel mit Zahlen beweisen. Der Candidat A habe in der ersten Wahl 8000 Stimmen erhalten, der Candidat B 4000, der Candidat C 4001. A und C kommen zur Stichwahl. Angenommen nun, die Wähler des B übertrügen ihre sämmtlichen Stimmen auf C, im Uebrigen bliebe das Stimmenverhältniß unverändert wie im ersten Wahlgange, so wäre C gewählt, obschon er nur ¼ aller Stimmen +1 erhalten, A aber durchgefallen, obschon er nur 1 Stimme weniger als die absolute Mehrheit gehabt hatte.

Doppelt verderblich ist das Stichwahlsystem da, wo es so viele Parteien giebt, wie bei uns, denn es verleitet, ja zwingt beinahe diese Parteien zu unnatürlichen und geradezu unsittlichen Coalitionen, um den Candidaten einer anderen Partei nicht durchkommen zu lassen. Es wäre ein großer Gewinn für die politische Moral, wenn man die Stichwahlen abschaffte.

So lange es nun aber Stichwahlen giebt, muß der verbundenen reichstreuen Parteien erste Aufgabe sein, es zu solchen womöglich nicht kommen zu lassen. Was damit gewonnen wird, lehren ganz augenfällig diese neuesten Wahlen; wie viel verloren geht, wenn es nicht geschieht, will ich Ihnen an einem schlagenden Beispiele zeigen. Bei den Wahlen von 1878 stimmten in den Wahlkreisen Leipzig-Land, Chemnitz und Zwickau sogleich im ersten Wahlgange sämmtliche Ordnungsparteien geschlossen zusammen. Was war die Folge? Daß in allen diesen drei Kreisen, welche bekanntlich ganz besonders gefährdet sind, die Socialdemokraten sofort unterlagen und es gar nicht zur Stichwahl kam. In vier anderen Kreisen dagegen (Dresden l. d. E., Zschopau, Mittweida und Freiberg) siegten die Socialdemokraten, obschon National-Liberale und Conservative zusammen im ersten Wahlgange mehr Stimmen abgegeben hatten, als jene, nur weil ihre Stimmen nicht auf Einen Candidaten vereinigt, vielmehr auf zwei zersplittert worden waren. Bei der Stichwahl war dieses Versehen nicht wieder gutzumachen. Hätten die Ordnungsparteien 1878 ebenso gleich bei der ersten Wahl zusammengehalten wie diesmal, so wären damals statt 6 nur 2 Socialdemokraten aus Sachsen in den Reichstag gekommen. Das möge man sich für alle künftigen Wahlen merken!

Ich komme zum Schlußfacit. Die Aussicht, daß die Wahlen immer so ausfallen wie jetzt, ist von zwei Factoren abhängig, einmal vom Cartell und dann davon, daß unsere Leute auch wieder so stimmen wie jetzt. Wir müssen daher in der Zwischenzeit dahin wirken, durch lebhafte Anregung unserer Parteigenossen das Interesse wach zu erhalten. Meine Herren, ich habe vor wenig Tagen — mit aufrichtigem Stolz als Sachse — in Berlin gehört, wie achtungsvoll man von uns Sachsen anläßlich der jüngsten Reichstagswahl spricht. Sorgen Sie dafür, daß wir von dem jetzt gewonnenen Höhepunkte nicht wieder herabsinken!

Der obige Vortrag wurde vom Vorstande des nationalliberalen Vereins als Flugblatt in 120 000 Exemplaren im Lande verbreitet.

XVI.

Die allgemeine Lage und die Stellung unserer Partei.

In der Landesversammlung des national=liberalen Vereins für das Königreich Sachsen am 3. Juni 1888 sprach ich folgende Worte:

Geehrte Versammlung! Einer politischen Partei mag es wohl an= stehen, daß sie wie ein guter Hausvater von Zeit zu Zeit Buch und Rechnung führt über ihre Passiven und Activen, und dazu eignet sich nichts besser als die jährliche Versammlung der Parteigenossen. Unsere Partei darf es wohl ohne Anmaßung von sich sagen, daß sie mehr als die meisten anderen Parteien frei ist einmal von einer blos einseitigen Interessenpolitik und andererseits von einer einseitigen Rücksichtnahme auf die Partei= und Wahltaktik, daß sie vielmehr es sich immer zum Ziele gesetzt und auch nach bestem Wissen diesem Ziele immer nach= gestrebt hat, die großen Angelegenheiten und Interessen der Nation und des Reichs so sehr mit sich selbst und ihren eigenen Bestrebungen zu verbinden, daß das Eine untrennbar in dem Andern aufgehe.

Darin mag es denn seine Rechtfertigung finden, wenn ich Ihnen heute zunächst einige Betrachtungen über die allgemeine Lage vortrage und nur zuletzt daran einige andere Betrachtungen knüpfe über die Stellung unserer Partei zu dieser allgemeinen Lage.

Meine Herren! Bei dem Blicke auf das vergangene Jahr ist es zunächst ein tiefschmerzliches Gefühl, welches uns ergreift. Als wir im vorigen Jahre (um einige Wochen früher) hier tagten, da klang noch in unſeren Herzen der Jubel nach, der die Feier des 90. Geburtsfeſtes unſeres herrlichen Kaiſers Wilhelm begleitet hatte, der Nachklang jener allgemeinen Theilnahme nicht nur Deutſchlands, ja, man kann ſagen, nicht nur Europas, ſondern der ganzen civiliſirten Welt. Und jetzt, meine Herren, müſſen unſere tiefbetrübten Gedanken dem dahinge= ſchiedenen Kaiſer folgen in jene ſtille Gruft zu Charlottenburg, wo er bei ſeinen königlichen Eltern ruht. War nun auch dieſer Hintritt des Kaiſers Wilhelm nach den allgemeinen Geſetzen der Natur und nach dem, man kann wohl ſagen, beinahe über alle menſchliche Berechnung hohen Alter des Kaiſers nicht unerwartet, mußten wir darauf gefaßt ſein, ſo trat doch dieſer Verluſt gerade unter ganz beſonders erſchwerenden Umſtänden ein. Meine Herren! Wenn wir früher — bei dem immer höher ſteigenden Alter des Kaiſers — natürlich daran denken mußten und wohl auch daran dachten, was werden ſolle, wenn er nicht mehr unter uns wandle und wirke, ſo beſeelte uns die freudige Hoffnung, daß ihn ein Erbe und Sohn erſetzen werde mit allen edelſten Tugenden und Eigenſchaften des Vaters und des ganzen Hohenzollernſtammes, daß an ihm ſich bewähren werde jenes Horaziſche „Fortes creantur fortibus et bonis", von Starken und Tüchtigen kommen wieder Starke und Tüchtige. Das deutſche Volk hatte ihn als einen Helden kennen gelernt im Kriege, als einen Mann von warmem Herzen und hellem Geiſte in vielen Thaten des Friedens, und ſo hatte es ihn verehren und lieben gelernt. Und nun lag dieſer herrliche Königs= und Kaiſer= ſohn von ſchweren Leiden gefeſſelt fern in Italien, und man mußte zweifeln, ob es ihm möglich ſein werde, heimzukommen und die Regierung anzutreten und zu führen. Und als er dennoch mit echt Hohenzollernſcher Pflichttreue und echt Hohenzollernſcher Charakterſtärke gleichſam ſeiner Krankheit gebot und die gefahrdrohende Reiſe dennoch vollbrachte und die Regierung wirklich antrat, da blieb doch noch ſo manche Ungewiß= heit und Unſicherheit übrig, ob es ihm möglich ſein werde, bei wieder zunehmendem Leiden die Regierung fortzuführen! Meine Herren! Wenn eine ſolche Unſicherheit in der Fortführung der Regierung in manchen andern Ländern beſtanden hätte, ſo möchte leicht daraus mindeſtens eine ziemlich weit verbreitete Beunruhigung, vielleicht eine Erregung, wo nicht noch Schlimmeres entſtanden ſein. Ich erinnere nur an Das, was 1825 in Petersburg geschah, wo einen kurzen Moment lang die eigentliche Thronfolge unsicher war und sofort ein militärischer Aufstand losbrach. Bei uns, meine Herren, hat man auch nicht die geringste Spur von einer Beunruhigung bemerkt. Alle Welt sagte sich beruhigt: „es geht Alles so weiter, wie es gehen muß und wie es gehen soll." Meine Herren! Das ist ein schönes und erfreuliches Zeugniß von dem tiefgewurzelten und wohlberechtigten Vertrauen der deutschen Nation zu dem ganzen kaiserlichen Hause in allen seinen Gliedern und allen seinen Generationen, auf der andern Seite aber von den schon gefesteten Einrichtungen und Zuständen unseres deutschen Reiches.

Jeder Thronwechsel pflegt Erwartungen irgend welcher Veränderungen hervorzurufen. Es ist, als ob mit dem neuen Herrscher auch das ganze staatliche und Volksleben gleichsam einen neuen Anlauf nehmen müsse. So ist's auch diesmal ergangen. Es sind an die Thronbesteigung unseres jetzigen hochverehrten Kaisers Friedrich Erwartungen geknüpft worden, von mancher Seite vielleicht sehr weitgehende Erwartungen, die schwerlich wohl ihre Erfüllung finden werden, ja deren Erfüllung in dieser weitgehenden Weise wir unsererseits wohl nicht wünschen können. Die Erwartung aber, die man früher schon von Kaiser Friedrich hatte, wenn er den Thron besteigen würde, die ist voll und ganz in Erfüllung gegangen, nämlich die Erwartung, wie er es ausspricht und nach seinem ganzen Wesen auch gewiß bethätigen wird, daß er vor allen Dingen eine gewisse Stetigkeit der Regierung festhalten will, daß er in den Bahnen seines verklärten glorreichen Vaters weiter wandeln wird nach außen und innen, und nur da, wo es nöthig ist, den Reformbedürfnissen der Zeit Rechnung tragen und die bessernde Hand anlegen. Von Letzterem hat man ja, wie wenigstens verlautet, bereits ein Beispiel, indem er einen Schaden, der — nicht sowohl im Reiche als im preußischen Staate — sich geltend machte, die Beeinflussung der Wahlen von oben, durch sein Wort zu beseitigen gesucht hat.

Daß Kaiser Friedrich aber auch nicht plötzlich alles zu ändern braucht, daß er selbst in seiner Proclamation sagen kann: „Erschütterungen und plötzliche Aenderungen der Gesetze und der Verfassung müssen vermieden werden", das kommt wieder zum Theil daher, daß die Zustände im deutschen Reiche im Ganzen und Großen schon unter Kaiser Wilhelm

soweit befriedigende waren, daß sie zwar natürlich eine künftige Weiter=
bildung und Fortentwickelung nicht ausschließen, daß vielleicht auch in
manchen Punkten schon jetzt die bessernde Hand angelegt werden kann,
aber daß doch nicht eine tiefe Erschütterung, nicht eine gänzliche Um=
gestaltung des ganzen Regierungssystems nothwendig ist. Meine Herren!
Es ist dies der erste Thronwechsel im neuen Reiche. Wir können daher
Vergleiche mit früheren Thronwechseln nicht anstellen. Allein im
preußischen Staate haben wir Aelteren wenigstens schon zwei frühere
Thronwechsel mit angesehen, einen 1840, als Friedrich Wilhelm IV.
an die Stelle Friedrich Wilhelms III. trat, und einen 1858, als unser
jetzt verewigter Kaiser zunächst als Prinzregent die Zügel der Regierung
für seinen Bruder Friedrich Wilhelm IV. ergriff. Nun, meine
Herren, wie stand es damals bei diesen beiden Personenwechseln auf
dem preußischen Throne? Als Friedrich Wilhelm III. starb, ja da
war, kann man sagen, im preußischen Volke eine hoch aufgestapelte und
angesammelte Summe von Wünschen, von sehnsüchtigem Verlangen,
die man nur aus Pietät gegen den alten König unterdrückt hatte, die
aber alsbald nach allen Seiten gleichsam explodirten, als der neue
König den Thron bestiegen hatte; da wurde die Berufung auf jenen Erlaß
vom 22. Mai 1815 allseitig wieder laut, da verlangte man nach der Ver=
fassung, die man bisher entbehrt hatte. Und 1858, ja da hatte Preußen
bereits 10 Jahre gelitten und geseufzt unter dem schlechten Manteuffel=
schen Regiment, welches nach innen alle freiheitlichen Bewegungen
tödtete und nach außen den Staat erniedrigte, und da war es das erste
Geschäft des Prinzregenten, unseres nun verklärten Kaisers, mit diesem
Ministerium aufzuräumen und ein neues einzusetzen, mit dem, wie
man es damals ausdrückte, eine „neue Aera" beginnen sollte.

Meine Herren! Wenn wir diese beiden Zustände uns vergegen=
wärtigen und vergleichen mit den Zuständen, wie sie Kaiser Friedrich
bei seiner Thronbesteigung fand — auch in Preußen, namentlich aber
im Reiche — so müssen wir doch mit vollster Freude bekennen, daß es
weitaus besser bei uns geworden ist, daß solche Zustände, die nicht blos
eine augenblicklich bessernde, sondern eine gründlich und tief umge=
staltende Hand erheischten, bei uns schon lange nicht mehr gewesen
sind. Und wenn man uns so viel vorgeredet hat von der furchtbaren
Reaction, in deren Mitte wir lebten, ja, meine Herren, ich glaube, wir

im Reiche — abgesehen von Preußen, das lasse ich dahingestellt — haben davon außerordentlich wenig empfunden. Wenn unsere frühere liberale Reichsgesetzgebung seit dem Jahre 1878 gewissermaßen ins Stocken gekommen, ja in manchen Punkten, namentlich in dem allerdings wichtigen Punkte der Zollgesetzgebung, rückläufig geworden ist, so ist das weniger einer etwa planmäßigen Reaction von oben, von Seiten der Regierung, als vielmehr dem Hervorbrechen gewisser Strömungen aus dem Volke selbst zuzuschreiben. Jene agrarische Bewegung ist gekommen, möchte man sagen, über Nacht und hat überhand genommen und alles, so zu sagen, mit hinweggeschwemmt. Das ändert sich auch wieder. Das sind Dinge, die von den Wahlen und der Mehrheit im Reichstage abhängen, die man aber nicht schlechthin der Regierung schuld geben kann.

Meine Herren! In jener vortrefflichen Proclamation des Kaisers Friedrich, welche die Form eines Erlasses an den Reichskanzler hatte, hatte sich Kaiser Friedrich mit einer ganz außerordentlichen Wärme dafür ausgesprochen, daß dieser, wie er ihn nannte, „getreue und bewährte Diener", dieser „muthvolle Rathgeber seines verewigten Vaters" auch ihm treu bleiben, und daß er „zur Verwirklichung seiner Absichten sich auf dessen bewährte Erfahrung und Hingebung stützen werde".

Um so überraschender war es, als bald darauf ein Zwischenfall eintrat, der gefährlich zu werden drohte, der zwar glücklicherweise rasch gelöst worden ist, den ich aber doch nicht ganz unbeachtet lassen kann, die sogenannte Kanzlerkrisis. Man hat damals von gewisser Seite diese Kanzlerkrisis als eine gemachte darstellen wollen, als eine, die gar nicht wirklich vorhanden sei, man hat von einer „angeblichen Kanzlerkrisis" gesprochen. Meine Herren! Wer die Artikel, namentlich den einen Artikel der officiösen „Norddeutschen Allgemeinen Zeitung" damals gelesen hat, wird mit mir der Ueberzeugung sein, daß eine sehr ernste Krisis bestand und daß die Gefahr, den Leiter unser Politik, namentlich unserer auswärtigen Politik, zu verlieren in einem Momente, wo wir eines immer sicheren Leiters mehr als je bedurften, eine sehr drohende war.

Meine Herren! Diese drohende Gefahr hat damals uns hier in Leipzig veranlaßt, einen Schritt zu thun, der sehr verschiedenartig beurtheilt worden ist und über den Sie daher einige Worte zu sagen mir gestatten müssen. Wir haben damals im Verein mit den Conservativen

hier eine Abreffe an den Reichskanzler entworfen und zur Unter=
zeichnung ausgelegt. Sie ift nicht abgegangen, weil unterdeffen glück=
licherweise die Krifis gelöft war. Sie hatte aber, wenn ich recht be=
richtet bin, binnen zwei Tagen doch ziemlich 8000 Unterfchriften hier
gefunden*). Die Abreffe ift zunächft angefochten worden — und das
begreife ich — von der deutfch=freifinnigen Preffe. Man hat es als
eine Art Jlloyalität dargeftellt, daß wir uns an den Kanzler gewandt
und deffen Bleiben gewünfcht haben. Auch in unferen Kreifen ift zum
Theil wenigftens die Opportunität der Abreffe bezweifelt worden.
Meine Herren! Ich für meine Perfon nehme die Verantwortung für
diefe Abreffe voll und ganz noch jetzt auf mich. Ich würde in ähn=
lichem Falle gerade wieder fo handeln. Ich habe es von jeher in
meiner langen politifchen Laufbahn ftets zu meiner feften Ueberzeugung
gemacht und dies überall, wo ich konnte, und wo es noth war, be=
thätigt, daß, wo dem Vaterlande eine Gefahr droht, jeder Einzelne im
Volke fo berechtigt wie verpflichtet ift, alles zu thun, um diefe Gefahr
abzuwenden, und zu diefem Zwecke auch, wenn es nöthig ift, feine
Stimme laut zu erheben. (Lebhafter Beifall.) Meine Herren! Das
Recht, Bitten einerfeits an die Volksvertretung, andererfeits an den
Thron zu richten, ift ein heiliges Recht, welches fowohl die fächfifche
als die preußifche Verfaffung dem Volke zuerkennt, und ich würde es
als einen fehr bedauerlichen Rückfchritt unferer politifchen Bildung und
unferes ganzen öffentlichen Lebens betrachten müffen, wenn man dahin
käme, diefes dem Volke durch die Verfaffung felbft zugefprochene Recht
dadurch zu verkümmern, daß man Kundgebungen diefes Rechts verleugnete
oder mißbilligte!

Meine Herren! Wenn wir nach alle dem Gefagten mit Befriedigung
auf unfere inneren Zuftände blicken können, mit vollem Vertrauen zu
unfererem neuen Kaifer aufblicken, und nur das Gebet uns übrig bleibt,
daß er uns erhalten werde, daß es ihm möglich fei, die fchönen und
fruchtbaren Jdeen, die er in feiner Proclamation niedergelegt hat, auch
felbft zu verwirklichen, die Keime, die er gefät hat, zur Frucht reifen
zu fehen, wenn wir der Hoffnung gern uns hingeben wollen, daß der

*) Nach einer neuerlichen zuverläffigen Ermittelung waren es nur,
etwas über 4000, immerhin viel für diefe kurze Zeit.

auf fast überraschende, aber hoch erfreuliche Weise sich bessernde Zustand des Kaisers andauern werde, so ist der Ausblick nach außen weniger befriedigend, freilich ohne unsere Schuld.

Meine Herren! Es wäre thöricht von mir, wenn ich Ihnen die Lage Europas schildern wollte nach jener weltgeschichtlichen Rede des Reichskanzlers vom 6. Februar, der ja mit seiner diplomatischen Sonde in alle feinsten Falten der europäischen Verhältnisse hineingegriffen hat. Er mußte damals schon gestehen, daß er zwar wohl für die augenblickliche Erhaltung des Friedens eine Art von Bürgschaft übernehmen könne, aber nicht auf die Dauer, daß die Lage allerdings nach verschiedenen Seiten hin hoch gespannt sei und es daher möglicherweise früher oder später zum Ausbruch kommen könne. Meine Herren! Soweit sich Das beurtheilen läßt, ist die Lage seitdem wo möglich noch gespannter geworden, namentlich vom Westen her dadurch, daß in jenem ja immer unberechenbaren Lande Persönlichkeiten auftauchen, die man schon durch den Fluch der Lächerlichkeit für ewig begraben glaubte, die aber vielleicht morgen oder übermorgen Dictatoren Frankreichs sind und Krieg anfangen.

Wir unsererseits haben wenigstens die Beruhigung, und dafür sind wir vor allem unserem großen Kanzler dankbar, ebenso aber auch dem verewigten Kaiser und dem Kaiser Friedrich, der in seiner Proclamation es ja auch ausgesprochen hat, daß der Glanz ruhmvoller Thaten ihn nicht locke — wir können mit gutem Gewissen sagen, daß von Deutschland aus zu einer Störung des europäischen Friedens niemals etwas geschehen wird; wir können ferner mit derselben Ruhe, gestützt auf jene drei Millionen wohlgerüsteter Soldaten, die der Reichskanzler in guter Absicht in seiner Rede dem Auslande vorführte, gestützt auf jenen mächtigen Friedensbund, dem ja auch neuerlich das seemächtige England sich anzunähern scheint, wir können, gestützt auf solche Waffen und solche Mittel der Vertheidigung, ruhig einen Angriff von außen abwarten, und vielleicht ist es nicht zuviel, wenn ich die Hoffnung ausspreche, daß selbst in diesem Falle kein Feind den deutschen Boden betreten wird. (Bravo!) Meine Herren! Das hat ja alles große Opfer gekostet und kostet sie ferner. Wenn wir zusammenrechnen, was der vorvorige Reichstag und was der letzte Reichstag an Geldern für die Ausrüstung, namentlich der jetzt zum Heere geschlagenen

Landwehr zweiten Aufgebots, was er für die Ausrüstung der Festungen u. s. w. bewilligt hat, so kommen sehr bedeutende Summen heraus. Das ist eine Last, die das deutsche Volk tragen muß und die es auch willig trägt in dem Bewußtsein, es sei immer noch besser, dadurch vor fremden Angriffen, vor fremden Verwüstungen geschützt zu sein, als solche zu ertragen, wie es dies in der Napoleonischen Zeit hinlänglich gelernt hat.

Meine Herren! Das führt mich unmittelbar hinüber zu einer kurzen Betrachtung über den Reichstag, dessen Zusammensetzung seit den Wahlen vom Februar vorigen Jahres es ermöglicht hat, daß die wichtigen Gesetze zur Verstärkung der Landesvertheidigung unverkürzt zu Stande kamen. Ich will, um gerecht zu sein, nicht verschweigen, daß bei dem letzten dieser Gesetze, der sogenannten Wehrvorlage, auch die Opposition, die sonst gern in allen solchen Dingen verneint, insofern Patriotismus gezeigt hat, als sie theils durch ihr Sichfernhalten, theils durch ihre Zustimmung nach außen den immerhin sehr wichtigen Eindruck hervorgebracht hat, daß dieses Gesetz nicht etwa mit einer knappen Majorität gegenüber einer starken Minorität durchgedrückt wurde, sondern gewissermaßen der einstimmige Ausdruck der Volksvertretung und somit auch des Volkes war.

Meine Herren! Die neue Majorität im Reichstage, die sogenannte Cartellmajorität, hat sich in zweierlei Beziehungen als außerordentlich wichtig und nützlich gezeigt; einmal, was die Form und Behandlung der Geschäfte betrifft, dadurch, daß sie rasch und sachlich alle Dinge erledigt hat, während die frühere Majorität sich sehr oft darin gefiel, die Geschäfte hinzuziehen durch lange Reden und allerhand Streitigkeiten, die nicht zur Sache gehörten. Sodann hat die neue Majorität eine Menge wirklich positiver Gesetze hervorgebracht von praktischem, wichtigem Inhalt. Ich will Sie nicht ermüden durch Aufzählung dieser Gesetze. Es ist ja zu hoffen, und es sind schon einzelne Vorgänge dieser Art da, daß unsere verehrten Reichstagsabgeordneten in ihren Wahlkreisen Gelegenheit nehmen werden, ihren Wählern Bericht über die Arbeit des Reichstages zu erstatten. Nur auf Einen Punkt muß ich noch kommen, der dann mit einer anderen wichtigen Frage zusammenhängt. Nämlich, obgleich die im Cartell verbundenen Parteien, die conservative, die freiconservative und unsere Partei, in sehr vielen

wichtigen Fällen, also bei den militärischen Gesetzen, bei der Brannt=
wein= und Zuckersteuer, bei dem Socialistengesetze, bei der Verlängerung
der Wahlperioden, bei der Beschränkung der Oeffentlichkeit der Ge=
richtsverhandlungen 2c., fest zusammen gestimmt haben, so hat es doch
namentlich zwei wichtige Verhandlungsgegenstände gegeben, bei denen
eine Spaltung dieser Parteien und ein ziemlich scharfer Gegensatz der=
selben unter einander eingetreten ist. Das war einmal bei der Er=
höhung der Getreidezölle, wo nur ein Theil unserer Partei mit den
Conservativen und Freiconservativen gestimmt hat, ebenso aber auch
ein Theil des Centrums, und bei der Wiederherstellung gewisser Zunft=
privilegien, bei denen unsere Partei geschlossen mit den Freiconser=
vativen gestimmt hat gegen Conservative und Centrum.

Damit komme ich endlich noch auf die Frage des Cartells, seine
Bedeutung, die es von Hause aus gehabt hat, und die es gegenwärtig
noch hat, eine Frage, die mir von höchster Wichtigkeit scheint. Denn
ich erblicke im Cartell nach wie vor den, möchte ich sagen, eigentlichen
Schlüssel zur Lösung des Räthsels, wie wir über zwei Jahre noch
einmal eine Mehrheit im Reichstage gewinnen wollen; ich bin fest
überzeugt, daß, wenn wir das Cartell nicht ganz fest zusammenhalten,
wir in zwei Jahren unterliegen und wieder eine clerical=deutsch=frei=
sinnige Mehrheit im Reichstage die Herrschaft antritt. (Beifall.)

Nun, meine Herren, es sind ja sehr verschiedene Ansichten laut
geworden, und auch die praktische Stellung der einzelnen Parteien zum
Cartell ist eine verschiedene. Ich will nicht von den Aeußerungen reden,
die einzelne Redner im Reichstage oder im preußischen Landtage gethan
haben: „Das Cartell ist abgethan, antiquirt, erloschen; wir haben es
geschlossen für die Wahlen, nun hat es seine Schuldigkeit gethan, der
Mohr kann gehen.“ Die Conservativen haben gesagt: „Ja, wir haben
mit den National=Liberalen das Cartell geschlossen für die Wahlen, wir
haben es getreulich gehalten, aber dadurch haben wir uns nicht ver=
pflichtet, auch in allen Fragen mit den National=Liberalen zu gehen.“
Meine Herren, das ist ganz richtig; eine solche Verpflichtung ist nie
gefordert und eingegangen, es ist aber auch nie auf eine solche re=
currirt worden. Wenn die Conservativen glauben, es verantworten zu
können gegenüber den großen und allgemeinen Interessen der Nation,
sich lieber dem Centrum zuzuwenden und sich von den National=Liberalen

und Freiconservativen zu trennen — wir können sie nicht hindern. Zu weit freilich geht es, wenn einzelne conservative Blätter von uns verlangt haben, wir müßten vermöge des Cartells uns den Conservativen anschließen und ihnen Heeresfolge leisten, es sei ein Bruch des Cartells, daß nicht unsere ganze Partei geschlossen für die Getreidezölle gestimmt habe. Das ist eine ganz absonderliche und durchaus ungerechte Forderung. Meine Herren! Unsere Partei im Reiche hat im Geiste und Sinne des Cartells ihr Verhalten sehr streng correct abgemessen; man kann ihr nicht einen einzigen Antrag nachweisen, der nach einer Seite gegangen wäre, wodurch sie sich getrennt hätte von den Conservativen und Freiconservativen. Unsere Partei hegt vielleicht auch manche Wünsche im Stillen, die sie wohl bei gegebener Gelegenheit gern äußern möchte; sie hat früher manche freisinnige Ansichten entwickelt und entsprechende Anträge gestellt, die sie keineswegs etwa jetzt verleugnet, die sie aber zurückhält namentlich mit aus dem Grunde, um nicht zu einer Spaltung der Cartellparteien Anlaß zu geben. Meine Herren! Ich glaube, das ist eine sehr anerkennungswerthe patriotische Haltung unserer Partei, und es wäre nur zu wünschen, daß andere Parteien diese Haltung nachahmten. (Beifall.)

Wir in Sachsen, um auf unser engeres Vaterland zurückzukommen, haben das Cartell ganz besonders hoch und warm gehalten. Sie erinnern sich, daß bei der vorigen Generalversammlung auf meinen Antrag einstimmig beschlossen wurde, das, eigentlich nur für die Reichstagswahlen geschlossene, Cartell auch auf die Landtagswahlen zu übertragen. Das ist geschehen; wir haben uns mit den Conservativen vereinigt bei den Landtagswahlen, gerade nicht zu unserm numerischen Vortheil. Wir haben natürlich den Besitzstand anerkennen müssen, und danach haben wir sehr wenige Sitze wiederbekommen und die Conservativen sehr viele. Allein das macht für die Sache nichts aus. Ich muß anerkennen, daß von den Conservativen sowohl bei dem Abschlusse dieses Cartells als auch bei der Durchführung desselben durchaus aufrichtig und ehrlich gehandelt worden ist, wie ich es glaube von unserer Seite auch sagen zu können.

Meine Herren! Vergessen wir nicht, daß die nächste Reichstagswahl, die allerdings erst 1890 stattfindet, daß diese Reichstagswahl, weil dann die fünfjährige Legislaturperiode in Wirksamkeit tritt, uns eine Reichstagsmehrheit geben wird, die fünf ganze Jahre lang ihre Herrschaft behauptet, und daß darum auf diese nächste Reichstagswahl ganz außerordentlich viel ankommt. Wenn wir dann noch einmal den Sieg erringen, so wird es leichter sein das nächste Mal. Aber wenn wir diesmal unterliegen, so ist auf fünf Jahre hinaus unsere ganze Gesetzgebung einer Mehrheit preisgegeben, wie wir sie uns nicht wünschen!

Einen Wunsch und eine Hoffnung lassen Sie mich hier noch kund=geben, eine Hoffnung, die allerdings ihre Befriedigung nicht in diesem Kreise zu finden hat, sondern die ich gewissermaßen über die Wände dieses Saales hinaus ausspreche. Es hat sich bei den letzten Reichs=tagswahlen, wie Sie wissen, und schon vor diesen bei jener wichtigen Frage des Septenats im Reichstage, eine Spaltung vollzogen inner=halb der sächsischen deutsch=freisinnigen Partei. Es hat sich eine Anzahl sehr angesehener, ehrenwerther Männer, namentlich beinahe die sämmt=lichen älteren Führer des sächsischen Fortschritts, von jener Partei, wie sie in Berlin sich darstellt, getrennt. Sie haben mit uns gestimmt, sie sind von uns auch vollkommen als Cartellgenossen behandelt worden. Ich weiß, daß einzelne dieser Männer, die besonders rührig sind, das sehr verdienstliche Geschäft vollzogen haben, in ihren Reichstagswahl=kreisen gemischte Vereine zu bilden, Vereine, in denen die patriotisch fortschrittlichen Herren mit unsern Parteigenossen und den Conserva=tiven zusammengehen. Und das scheint mir außerordentlich nützlich und gut. Nun möchte ich glauben, daß diese Herren ihren bisherigen Verdiensten noch eins hinzufügen könnten, wenn sie nämlich durch ihren persönlichen Einfluß alle Diejenigen um sich sammelten, die bisher so im Allgemeinen dem Liberalismus, dem Freisinn in Bausch und Bogen angehört haben, die aber gleich diesen Herren sich abgestoßen finden durch gewisse Vorgänge in der deutsch=freisinnigen Partei und die wahrscheinlich, wenn sie solche Krystallisationspunkte fänden, sich zu einer neuen Partei organisiren könnten, einer Partei, die vielleicht bei freiheitlichen Fragen weiter links ginge, als wir, dagegen in allen großen nationalen Fragen unser Cartell in wichtiger Weise verstärken würde. Ich kann dies nur als Wunsch aussprechen; aber ich hoffe, daß dieser Wunsch auch draußen gehört und namentlich von jenen Männern beachtet werde.

Meine Herren! Ich habe kurz nach dem glänzenden Ausfalle der vorjährigen Wahlen in einem Vortrage, den ich an anderer Stelle hielt, gesagt, es sei sehr falsch (was leider in der Politik oft geschieht), daß man, wenn es schlecht gehe, den Muth verliere und, wenn es gut gehe, lässig werde; und ich habe geendet mit der Mahnung an meine Parteigenossen, sie möchten es nicht so machen, sie möchten vielmehr fort und fort Hand anlegen, daß der errungene Sieg uns nicht wieder verloren gehe. Meine Herren! Diese Mahnung möchte ich jetzt auch an Sie richten und möchte wünschen, daß, wie von jenem Römer erzählt wird, daß er im Senat bei jeder Sitzung gesagt hat: „Und schließlich wünsche ich, daß Karthago zerstört werde“ — so möchte ich, daß am Schlusse jeder Generalversammlung die Mahnung wiederholt würde: „Sorgen Sie alle dafür, auch in der Zwischenzeit, nicht erst kurz vor den Wahlen, daß die nächsten Wahlen wieder so ausfallen wie die letzten!“ So lange ich noch lebe, werde ich diese Mahnung jedes Mal an Sie richten. (Lang andauernder Beifall.)

XVII.

Nach den Wahlen von 1890.

In der Landesversammlung vom 22. Juni 1890 sprach ich auf Wunsch des Vorstandes abermals über die, durch die neuesten Wahlen so wesentlich veränderte Lage unserer Partei, und bemerkte darüber:

Meine Herren! Nach den so glänzenden Wahlen des Jahres 1887 habe ich an den bekannten Ausspruch erinnert, daß man im Glücke nicht übermüthig und im Unglücke nicht muthlos sein solle. Nun, übermüthig sind wir nicht gewesen, so glänzend auch damals der Ausfall der Wahlen war; und so, denke ich, werden wir auch nicht muthlos werden, obgleich die diesmaligen Wahlen einen bedeutenden Rückschlag gegen damals zeigen. Wohl aber scheint mir, wie damals nach den günstigen, so jetzt nach den ungünstigen Wahlen die Zeit für die Partei gekommen zu sein, mit sich zu Rathe zu gehen, einmal, wie sie vielleicht diesen Mißerfolg künftig wieder auswetzen, ausbessern könne, und andererseits, ob vielleicht in ihrer Thätigkeit etwas gewesen sei, woron sie sich sagen müßte, sie habe selbst diesen Mißerfolg mehr oder weniger verschuldet.

In dieser letzteren Beziehung fehlt es nicht an Anregungen, an Vorwürfen mancherlei Art. Man hat geradezu gesagt: „Ihr seid schuld, Ihr habt die Fühlung mit dem Bürgerthume verloren, Ihr seid illiberal geworden". Ein Dresdener Blatt spricht von der „abgeblaßten" national-liberalen Partei, während merkwürdigerweise im Widerspruch damit einzelne Abbröckelungen von unserer Partei stattgefunden haben, aber nicht nach links, sondern nach rechts hin. Eine conservative Stimme in der Leipziger Zeitung wollte sogar wissen, die national-liberale Partei sei jetzt überflüssig, nachdem der nationale Gedanke verwirklicht sei, den sie ja allein vertrete. Andererseits meinte ein Blatt unserer eigenen Partei, allerdings des rechtesten Flügels, daß wir zu wenig den nationalen Standpunct betont hätten, daß bei den Wahlen zu sehr nach links hin geliebäugelt, in Wahlreden und Wahlflugblättern zu viel Versprechungen gemacht worden wären u. s. w.

Wie weit dies im Allgemeinen zutrifft, weiß ich nicht. Was Sachsen anlangt, so glaube ich mit gutem Gewissen sagen zu können, daß, soweit solche Schriftstücke von seiten des Vorstandes erlassen worden sind, darin nichts gefunden werden möchte, was irgend eine Liebäugelei enthält oder ein Verlassen unseres Standpunctes bedeutet. In diesen Tagen noch warf eine antisemitische Stimme uns „Judenhätschelei" vor, während wieder von anderer Seite gesagt wird, wir seien nicht gerecht genug gegen die Juden, wir hätten manches nicht gerügt, was gegen die Juden geschehen sei.

Es wurde ferner ausgesprochen, auch aus unserer Mitte, daß es vielleicht doch gut wäre, wenn wir mit den besseren Elementen der links von uns stehenden Parteien Fühlung bekommen könnten. Meine Herren, was in dieser Richtung, von dieser Seite zu hoffen gewesen wäre, das ist gründlich vernichtet durch die neuesten Vorgänge in der deutsch-freisinnigen Partei in Berlin, wo die volle, unbeschränkte Dictatur Richters über sämmtliche Mitglieder neu begründet worden ist.

Nun, es ist schwer, diesen verschiedenen Meinungen gegenüber die rechte Mitte zu halten. Ich will es indeß versuchen. Lassen Sie mich zunächst die Thatsachen constatiren und ganz kurz kritisiren! Es ist schon bemerkt worden, daß wir bedeutende Verluste gehabt haben, Verluste von ungefähr im Ganzen 63 000 Stimmen, wohlverstanden, das ganze Cartell zusammen. Ich bemerke dabei: wenn wir von Verlusten der national-liberalen Stimmen sprechen, so ist das nicht richtig; denn für die national-liberalen Abgeordneten und Candidaten haben ja auch eine Menge Conservativer gestimmt und umgekehrt. Im Ganzen hat nun das Cartell gegen 1887 etwa 63 000 Stimmen verloren. Das will ich aber doch zum Troste noch bemerken: gegen 1884 haben wir

noch ein Plus von 82 000 Stimmen. Die Deutsch-Freisinnigen haben
gewonnen gegen 1887 19 000, gegen 1884 nur 5000 Stimmen; damals
waren es 45 000 freisinnige Stimmen, jetzt 50 000, also eine Kleinig-
keit mehr. Die Socialdemokraten allerdings, die waren 1884 128 000,
1887 148 000, jetzt 235 000 und so und soviel. Indeß ist doch der
Procentsatz ihrer Vermehrung merkwürdigerweise in Sachsen, diesem
starkbevölkerten und industriellen Lande, nicht so groß wie im ganzen
Reiche. Im ganzen Reiche war (wenigstens nach gegebenen Nachrichten) der Procentsatz der Vermehrung der socialdemokratischen Stimmen
73 Proc., bei uns nur etwa 62—63 Proc. Noch immer sind die
Stimmen der Cartellgenossen die stärksten im Lande, freilich bei weitem
nicht so sehr wie 1887. Damals hatten wir zusammen 160 000
Stimmen mehr als die beiden gegnerischen Parteien zusammen. Jetzt
haben wir allerdings noch mehr, als die Socialdemokraten, nicht aber so
viel wie Socialdemokraten und Freisinnige zusammen.

Was die Abgeordneten selbst betrifft, so sind bekanntlich gewählt
worden 16 Cartellcandidaten und 7 Gegner. Meine Herren, das ist
ein so günstiges Verhältniß, daß, wenn das gleiche Verhältniß in ganz
Deutschland wäre, der jetzige Reichstag ungleich besser zusammengesetzt
wäre als der von 1887. Denn dann würde die Majorität betragen
260 Stimmen gegen eine Minorität von 140 ungefähr. Unter diesen
16 sind 13 Conservative (1 mehr als 1887), 3 Nationalliberale (7 weniger
als 1887); ferner sind gewählt 6 Socialdemokraten (6 mehr als 1887),
und 1 Deutsch-Freisinniger (ebenso wie damals). Wenn manche
Blätter, namentlich die links stehenden, von einem „enormen Verluste
unserer Partei" von einem „enormen Gewinnste der Socialdemokraten",
von einem „stattlichen Anwachsen der Freisinnigen" sprechen, so nehmen
sie da den Mund doch ein Bischen voll. Zunächst die National-Liberalen
sind im Reichstage vor 1887 niemals mehr gewesen als 4. Wir
haben also gegen den früheren Bestand nur 1 Wahlkreis verloren*),

---

*) Hier muß ich einen thatsächlichen Irrthum berichtigen, den ich
mir damals habe zu Schulden kommen lassen. Die Zahl der sächsischen
National-Liberalen im Reichstag war 1874—1878 7, nach den Neuwahlen dieses Jahres 5, nach der Secession (1881) 3.

und wenn wir jenen uns so sicheren Wahlkreis Döbeln nicht halb nothgedrungen an die Conservativen abgetreten hätten, wären wir in der alten Zahl wie damals wieder erschienen. Die Socialdemokraten sind früher auch schon 6, einmal sogar schon 7 gewesen, also ein „enormer" Gewinnst ist es nicht, wenn wir von den vorigen Wahlen absehen. Und die Deutsch-Freisinnigen waren früher schon 3—4, sind also zurückgegangen bis auf 1.

Was nun speciell die Verluste der National-Liberalen betrifft, wie kommt es, daß diese gerade so viel verloren haben? Meine Herren, ich glaube, das erklärt sich. Die national-liberalen Abgeordneten, die im Jahre 1887 gewählt wurden, standen sämmtlich, vielleicht mit Ausnahme von Niethammer, auf den allerexponirtesten Posten, und das hatte wieder folgenden Grund: 1887, wo es galt, die Socialdemokratie durch einen mächtigen Anprall des Cartells niederzuwerfen, mußte man natürlich in jedem Kreise solche Candidaten wählen, die sehr beliebt im Wahlkreise waren. Nun, die Conservativen hatten es da gut, in ihren Landkreisen gab es immer einen Rittergutsbesitzer oder sonstigen Gutsbesitzer, der Aussicht hatte, gewählt zu werden. In den am meisten von der Socialdemokratie besetzten Kreisen, die früher immer Social-demokraten zugefallen sind, 6—7 im Lande, ja, da mußte man irgend-einen Großindustriellen wählen, der auch sehr bekannt und namentlich unter der Arbeiterbevölkerung sehr beliebt war, Leute wie unser, leider verstorbener, Clauß, wie Holtzmann ꝛc. Diese siegten auch, während conservative Candidaten, Rittergutsbesitzer, wahrscheinlich nicht gesiegt hätten. Gegen diese wandte sich aber auch wieder der ganze Anprall, während auf dem Lande die Verhältnisse viel günstiger waren.

Und nun noch Eins, meine Herren, was auch nicht ganz ohne Bedeutung ist. Unsere Partei, die national-liberale, vertritt — und das fühlt, möchte ich sagen, das Volk instinctiv heraus — vorzugsweise die großen Interessen des Reiches. Wenn daher durch irgend einen Umstand, eine Aenderung der Verhältnisse die öffentliche Meinung und also auch die Wählerschaft sich diesen großen Interessen des Reiches zuwendet, dann greift sie instinctiv am liebsten zu national-liberalen Candidaten. So war es 1887 bei dem Streit über das Septennat angesichts der Gefährdung Deutschlands von außen. Es war eine Bewegung entstanden, die sich den großen Interessen des Reiches zuwandte; man blickte auf die National=Liberalen, man sagte sich: „Die vertreten uns am besten.“ Natürlich ist aber auch der Rückschlag dann ebenso, wenn eine Bewegung eintritt, die sich abwendet vom Reiche, die gegen das Reich geht; die wirft sich auch auf die National=Liberalen, um diese womöglich zu ecrasiren. Es ist ja in socialdemokratischen Blättern immer wieder gesagt worden: „die national=liberale Partei ist es, die wir zu Boden werfen müssen.“

Meine Herren! Schwer ist es, sich die Ursachen klar zu machen, aus welchen dieser gewaltige Rückschlag im Allgemeinen erfolgt ist. Daß die socialdemokratische Stimmenzahl von einer Wahlperiode zur anderen steige, das wußten wir längst. Sie stieg bisweilen mehr, bisweilen weniger. Wir waren daher wohl darauf vorbereitet, daß sie um sechszehn Procent, wie 1881, vielleicht um zwanzig, dreißig Procent steigen würde. Ich selbst habe darauf hingewiesen, daß wir gefaßt sein müßten, eine Menge Wahlkreise zu verlieren. Aber daß sie um so viel steigen würde, das dachte man nicht. Seit den Wahlen hat mich der Gedanke nicht losgelassen, wie man das erklären könnte, dieses plötzliche, ungeheure Anwachsen der Socialdemokratie, und da bin ich auf folgende Gedanken gekommen.

Einmal hat jedenfalls viel dazu beigetragen, daß in der Agitation gegen das Cartell, in der Erregung von Unzufriedenheit und Ver=bitterung gegen bestehende Zustände und gegen Das, was Regierung und Cartell gemacht oder festgehalten haben, daß darin die Social=demokratie und der Deutsch=Freisinn sich die Hände reichten. Der Deutsch=Freisinn hat in seinen Blättern und in seinen Reden und Versammlungen die Geschäfte der Socialdemokratie besorgt; er selbst hat dabei wenig Geschäfte gemacht, in Sachsen wenigstens gar keine. Aber das war sehr wichtig, daß von zwei Seiten auf die Wähler=schaft eingeredet wurde: „Es muß alles anders werden; Ihr seid schlecht daran, Ihr seid in größter Noth, Euch muß geholfen werden durch eine ganz neue Majorität im Reichstage.“ Diese Agitation der Freisinnigen und Socialdemokraten hat natürlich nicht die besten Mittel gewählt, ich sage es ganz offen, denn es ist so. Sie haben durch Lüge und Uebertreibung die Wähler für sich zu gewinnen und vom Cartell abzuziehen versucht. Ich will nur Eins erwähnen, Ein Beispiel. Es erschien damals hier ein Flugblatt, wo gesagt war, das sächsische

Einkommensteuergesetz sei eins der besten in Deutschland, aber es be=
vorzuge ganz enorm die Wohlhabenden und bedrücke die Armen.
Meine Herren, das ist eine so offenbare Lüge, daß Jeder, der das
Gesetz kennt, dies sogleich weiß. Ich führe nur an, daß ein Ein=
kommen von 600 Mk., also ein Unbemittelter, 2 Mk. Steuer giebt,
ein Einkommen von 6000 Mk. aber nicht das 10 fache, 20 Mk.,
sondern das 81 fache, 162 Mk. Sie sehen, welche progressive Scala
das ist. Ich erwähne ferner, daß die ganze Steuersumme aufgebracht
wird zur Hälfte von 16 Procent der Steuerzahler und zur Hälfte von
84 Procent. Sie sehen, daß die Unbemittelten in ihrer ungeheuren
Mehrzahl zusammen erst soviel geben wie die wenigen Wohlhabenden.

Es ist dann sehr viel gesprochen worden von der Lebensmittel=
vertheuerung. Meine Herren, wir bedauern die ja auch, aber es ist
auch da sehr viel übertrieben und gelogen worden. Wenn gesagt worden
ist, der Brotpreis sei um 50 Procent vertheuert, das ist nicht wahr.
Wenn gesagt worden ist, die Leute könnten es nicht mehr aufbringen,
sie könnten nicht mehr leben, so ist das auch nicht wahr. Noch in
den neuesten Tagen hat der Präsident des Unfallversicherungsamtes
in einem schönen statistischen Artikel ausgeführt, daß die Löhne seit
1840 um 2—300 Procent gestiegen sind, daß die Lebensmittelpreise
theilweise nicht gestiegen, theilweise sogar billiger geworden, theilweise
um wenige Procente gestiegen sind. Es muß in die Wagschale gelegt
werden, daß ein Theil der Vertheuerung der Lebensmittel, namentlich
der Fleischpreise, auf Rechnung der Unbemittelten selbst kommt, weil
die Arbeiter jetzt viel mehr Fleisch verzehren als sonst. Es ist durch
die sächsische Statistik constatirt, daß der Verbrauch von Fleisch von
14 Kilo auf den Kopf gestiegen ist auf 37 Kilo im Jahre 1888. Ja
meine Herren, das zeugt doch nicht von Nothstand, und das führt
andererseits wieder das Resultat herbei, daß die Arbeiter selbst sich
das Fleisch vertheuern, weil sie eben, Gott sei Dank, in der Lage sind,
mehr Fleisch essen zu können. Aber es wird auch verschwiegen, daß
in den sächsischen Sparbanken 500 Millionen Mark liegen, von denen
gewiß ein sehr großer Theil, vielleicht die Hälfte, von Arbeitern,
Dienstmädchen u. s. w. kommt. Ich glaube, es wird eine Hauptauf=
gabe einer autographirten Correspondenz sein, wenn wir erst dazu
kommen, sie herauszugeben, solche Lügen zu widerlegen. Das muß

freilich zunächst in den einzelnen Kreisen geschehen, denn von hier aus können wir nicht wissen, wo solche Lügen verbreitet werden. Aber wenn von dort aus uns Nachricht gegeben wird, können wir es auch wohl thun.

Nun kam dieser Agitation etwas sehr zu statten, was eine gewisse Glaubhaftigkeit ihrer Aussagen herbeiführte, nämlich das unglückliche Zusammentreffen des großen Kohlenstreits im Rheinlande, der das Feuerungsmaterial zeitweilig vertheuerte, des Schweineeinfuhrverbots, welches, wie Autoritäten sagten, aus Gesundheitsrücksichten durchaus nothwendig war, und der theilweise allerdings eingetretenen Vertheuerung der Brotpreise. Das konnte dazu führen, zu sagen: „Es ist nicht mehr zu ertragen." Indeß das alles würde dieses große Wachsthum der socialdemokratischen Stimmen noch nicht hervorgebracht haben. Ich glaube vielmehr, die Socialdemokratie hat schon seit längerer Zeit einen tief angelegten und sehr schlauen Plan verfolgt und allmählich ausgeführt, der dies hervorgebracht hat. Sie hat nämlich — und das haben wir verfolgen können — durch eine immer wieder neue Veranlassung von Streiks (des großen Kohlenstreiks, der Streiks in Berlin, Hamburg u. s. w.) die Arbeitermassen in eine gewisse unruhige Bewegung gebracht. Sie hat allen, auch den nicht socialdemokratisch gesinnten Arbeitern das Gefühl beigebracht, es komme etwas ganz Neues, wenn sie nur vorwärts giengen und nur den socialdemokratischen Führern folgten; dann würden sie ganz neue Zustände finden. In diesem Sinne hat man auch, was der Reichstag und die Regierung für die Arbeiter thaten, mißbraucht. Man hat entweder gesagt: „Das ist nicht der Rede werth, im Gegentheil, Ihr müßt Beiträge zahlen" — oder: „Ja, das ist ganz gut, aber das haben wir hervorgebracht, ohne unser Drängen hättet Ihr es nicht bekommen!" So hat man auch die Dazwischenkunft unseres erlauchten Kaisers bei dem Kohlenstreik, die kaiserlichen Erlasse mißdeutet.

Genug, die Socialdemokratie brachte es dahin, daß in der That ein sehr großer Theil der Arbeiter, viele selbst von den sonst besonnenen sich dem Glauben hingaben: „Ja, wenn Ihr der Socialdemokratie folgt, da ist alles gewonnen, Ihr seht ja, was die Folge ist, selbst der Kaiser geht auf Eure Wünsche ein; das alles haben die Socialdemokraten gemacht." Die Socialdemokratie erschien den

Arbeitern als eine Macht, und jede Macht hat eine große Kraft der Anziehung. Die Kraftprobe auf diese Macht sollte gemacht werden am ersten Mai. Sie ist glücklicherweise total verunglückt. Wenn sie nicht verunglückt wäre, wüßten wir nicht, welche Zustände wir heute hätten. Die Arbeiter der socialdemokratischen Richtung hätten sich dann als die herrschende Partei, als die herrschende Klasse in Deutschland gefühlt, die alles könne, was sie nur wolle, und der alle anderen unterworfen seien.

Nun, meine Herren, das sind die Zustände, und das sind, wenn ich recht sehe, die zusammenwirkenden Ursachen, welche diesen jetzigen Rückschlag, dieses furchtbare Anwachsen der Socialdemokratie hervorgebracht haben. Die nächste Frage ist nun die: Was kann und was muß unsererseits geschehen, um, soviel an uns liegt, allmählich wenigstens wieder diesen Mißerfolg auszugleichen?

Das eine, bescheidene Mittel, welches ich schon erwähnt habe, besteht darin, daß wir soviel als möglich allmählich jenes Agitationsmittel lahmzulegen suchen, welches darin besteht, den Leuten Dinge weiß zu machen, die nicht so sind: also fortwährendes, unausgesetztes, unermüdliches Widerlegen, Berichtigen solcher Uebertreibungen in den Localblättern, Flugblättern, ja namentlich auch in diesen Blättern selbst, die die Lügen bringen. Man kann ja nach dem Reichs-Preßgesetz verlangen, daß sie Berichtigungen aufnehmen.

Das ist aber nur ein kleines Mittel. Die Hauptsache ist, wie ich glaube, daß der bedeutsame Wink, den der erste Mai gegeben, nicht unbenutzt bleibe, und dazu ist, wie ich glaube, schon ein Anfang gemacht, und in rechter Weise. Ich meine, daß die Zeit gekommen ist, und daß es hohe Zeit ist, daß die Arbeitgeber sich in ähnlicher Weise zusammenscharen, wie es bisher die Socialdemokraten und die von ihnen geleiteten Arbeiter gethan haben. (Bravo!) Durch diese ihre Verbindung werden sie stark und vermöge ihrer können sie dann wie Macht gegen Macht mit diesen großen Arbeitermassen verhandeln, die ja auch coalirt sind. Ich meine, daß sie diese Macht nicht mißbrauchen sollen, daß sie im Gegentheil billig und freundlich, mehr als je, gegen die Arbeiter sein sollen, aber daß sie unbilligen Forderungen, ungesetzlichen Vorgängen wie Contractbrüchen u. s. w. mit größter Entschiedenheit entgegentreten müssen, und daß es dahin kommen muß, daß die Arbeiter sehen: „so geht es nicht fort, wie wir im Gefolge der Socialdemokratie es zu treiben versucht haben; hier ist die Grenze, hier muß Halt gemacht werden." Dann wird wenigstens ein Theil der Arbeiter stutzen und besonnen werden. Wir haben ja gerade unter unseren Mitgliedern sehr viele Arbeitgeber. Ich glaube, wenn Sie auf die rechte Weise diesen Weg betreten, wie er vielfach schon in Berlin und hier betreten worden ist — auf der einen Seite billig, andererseits aber auch fest und entschieden — können Sie der Sache unseres Vereins, unserer Partei und der allgemeinen deutschen Sache große Dienste leisten.

Ich kann auch Andeutungen und Anregungen nicht unerwähnt lassen, die zum Theil aus unserer Mitte gekommen sind, wir möchten doch etwas mehr denjenigen Theil unseres Programms betonen, der liberal heißt; wir seien bisher wohl eine nationale Partei gewesen, aber kaum eine liberale. Nun, meine Herren, unsere Partei hat ja in den Jahren von 1867 an — schon im Norddeutschen Bunde und dann im Deutschen Reiche, im Gesammtreichstage, — bis 1880 etwa, eine ganze Reihe der allerbedeutendsten, fruchtbarsten liberalen Reformen, theils politischer, theils wirthschaftlicher, größtentheils angeregt oder doch wenigstens durch ihre kräftige und thätige Mitwirkung unterstützt und gefördert: die Gewerbefreiheit, die Freizügigkeit, das Coalitionsrecht der Arbeiter, Erleichterungen der Eheschließung. Die Verfassung selbst war ja auch mit der Einführung des allgemeinen Wahlrechts eine große Etappe der politischen Freiheit. Dann die große Justizgesetz= gebung, die neben dem Vortheile der Einheit auch viel Freiheitliches brachte. Es war Zeit, daß man einmal in dieser etwas sehr haftigen Gesetzgebung einen Stillstand eintreten ließ. Damit ist aber unsere Partei gewiß nicht Willens, diesen Stillstand ewig festzuhalten, ich glaube, sie wird sich nicht versagen, wenn man etwas reformiren muß; ich will einmal ein einzelnes Beispiel erwähnen: die Herabsetzung der Gerichtskosten. Ich spreche zunächst nur von politischen Reformen; daß von dem Bedürfnisse weiterer freiheitlicher Reformen im Augenblicke nichts vorhanden ist, dafür, glaube ich, läßt sich ein sehr schlagen= der Beleg beibringen. Meine Herren, der jetzige Reichstag ist überwiegend so zusammengesetzt, daß freisinnige Anträge natürlich sehr große Hoffnung auf eine Majorität haben; das Centrum ist ja gewöhnlich auch mit dabei. Von Seiten der neuen Reichsregierung ist sogar eine Art Aufforderung geschehen; es ist gesagt worden, man werde alle berechtigten Wünsche, auch zurückgestellte Wünsche, von welcher Seite sie auch kämen, gern entgegennehmen und ihnen entgegenkommen. Ja, meine Herren, bei dem jetzigen Reichstage ist aber auch noch nicht ein Antrag rein politischer Natur — weder von Freisinnigen, noch von Socialdemokraten — gestellt worden, der darauf hindeutete, es sei ein dringendes Bedürfniß zu weiterem Vorgehen auf dem Wege freiheitlicher Reformen vorhanden. Es sind wirthschaftliche Anträge gestellt wegen der Dienstzeit u. s. w., aber rein politische habe ich noch nicht gesehen.

Nun, meine Herren, dann muß doch das Bedürfniß nach liberalen Reformen entweder gar nicht vorhanden oder nicht groß sein, denn sonst würden diese Herren sie sich nicht entgehen lassen. Und, meine Herren, sollen wir National-Liberalen nur deshalb mit liberalen Anträgen hervortreten, um von uns sagen zu lassen: „Ja, die sind doch auch liberal!"? Das, glaube ich, liegt nicht in unserer Stellung, liegt nicht in unserer Aufgabe. Anders steht es freilich mit den wirthschaftlichen Fragen. Es giebt da zwei sehr heiße Fragen, die namentlich unsere Partei in eine gewisse Sackgasse hineindrängen, das ist die Handwerkerfrage und die agrarische Frage. Was die Handwerkerfrage betrifft, so haben wir uns bis jetzt ja fest und entschieden allen zünftlerischen Anträgen entgegengesetzt und werden es gewiß auch ferner thun. Und es ist auch sehr thöricht und sehr unrecht, wenn z. B. Richter gesagt hat, die Gewerbefreiheit sei bereits verloren. Das kann er unserer Partei gegenüber gewiß nicht behaupten. Die Conservativen haben ja zünftlerische Anträge angenommen. Daß wir keine Feinde des Handwerks sind, das ist gewiß; im Gegentheil, wenn es ein Mittel giebt, das Handwerk zu heben, so werden wir es mit Freuden ergreifen. Nur darf es keines sein, welches gegen die bekanntesten Erfahrungen, gegen die allersichersten Grundsätze der Volkswirthschaft geht, wie das die Herstellung der alten Zunftverfassung sein würde. In Bezug auf die agrarische Frage hat sich unsere Partei bekanntlich gespalten, und es ist daher zum Theil die wirthschaftliche Frage als außerhalb des Parteiprogramms stehend erklärt. Ob das auf die Länge durchführbar sein wird, ist zweifelhaft. Bei der großen Wichtigkeit, welche gerade diese wirthschaftliche und zum Theil finanzielle Frage hat, wird sich die Partei auf die Dauer nicht entschlagen können, auch hier eine bestimmte Position einzunehmen. Der Führer unserer Fraction im Reichstage, Herr von Bennigsen, hat ja das gewissermaßen schon gethan, indem er sagte, er würde sehr gern die Hand bieten, wenn man auf irgend welche andere Weise, z. B. durch Errichtung von Creditinstituten, der Landwirthschaft aus ihrer Verlegenheit helfen könnte, ohne zugleich die anderen Klassen mehr oder weniger zu drücken. Wie gesagt, dies ist eine Frage, die sehr schwer zu entscheiden ist. Aber ich glaube, man thut auch da unserer Partei Unrecht, wenn man ihr vorwirft, sie sei illiberal, weil die Mehrheit sich mehr oder weniger für Zölle entschieden hat.

Was die socialpolitischen Fragen betrifft, so ist unsere Partei bisher immer mit der Regierung gegangen und wird das auch noch gern thun, soweit nicht etwa zu befürchten stände, was ich aber nicht befürchten will, daß diese socialpolitischen Maßregeln zu sehr in das freie Verhältniß der Arbeit und in die nothwendigen Bedingungen des Gedeihens und der Existenz der Industrie eingriffen. So lange das nicht geschieht, wird gewiß, wenn auch mit großen Opfern von Seiten der Arbeitgeber, unsere Partei jede solche Maßregel unterstützen.

Man hat unserer Partei wohl auch den Vorwurf gemacht zu der Zeit, als der große Staatsmann noch am Ruder war, wir machten uns zu sehr von ihm abhängig; man hat uns geradezu „Bismarck= Anbeter" genannt. Ich glaube, auch dieser Vorwurf trifft uns nicht. Das allerdings ist richtig, ich gestehe es wenigstens von mir und glaube auch, daß ich in der Partei kaum viel Widerspruch finden werde, daß in den großen nationalen Fragen, wo es sich um eine weite Einsicht in politischen Dingen, wo es sich um lange und ausgebreitete Er= fahrungen handelte, in den Fragen der auswärtigen Angelegenheiten, der Sicherung ganz Deutschlands und vor allem auch des europäischen Friedens, daß wir da mit einem gewissen rückhaltlosen Zutrauen dem Manne folgten, den ganz Europa für den größten Staatsmann er= kannte und um den alle europäischen Staaten uns beneideten. (Bravo!) Meine Herren, er ist abgetreten, aber ich glaube, dieses Zutrauen, welches wir zu ihm hatten, und die daraus erwachsende Bewunderung und Verehrung, die werden wir auch jetzt ihm nicht entziehen. Ich würde es für einen Act größter Undankbarkeit halten, wenn wir jetzt den Mann verleugnen wollten, weil er nicht mehr die Macht besitzt. (Bravo!) Meine Herren, wir werden natürlich der neuen Regierung ebenfalls mit Vertrauen und ohne Voreingenommenheit entgegenkommen. Das liegt in unserem allgemeinen Programme; es gehört zu unserem Programme, daß wir eine starke monarchische Regierung wollen, die sich stützt auf ein möglichst mit ihr Hand in Hand gehendes Parlament, auf die Gesammtvertretung des Volkes. Wir werden also namentlich in Fällen, wo es auf die specifisch technische, politische, diplomatische Kenntniß der Sache ankommt, in militärischen und ähnlichen Fragen, immer dieser Autorität der Regierung vertrauen, so lange uns nicht ganz klar nachgewiesen ist, daß wir etwas anderes thun müssen. Wir werden also unsere Stellung nach wie vor behaupten. Doch da komme ich schon auf ein Gebiet hinüber, das ich besser meinen berufeneren Nachfolgern*) überlasse.

Nun noch ein Wort über unsere Stellung zu den anderen Parteien in Sachsen. Meine Herren, sobald es wieder zu Wahlen kommen wird, werden wir auch mit den Conservativen entweder wieder das Cartell schließen oder von Fall zu Fall Fühlung nehmen müssen. Allerdings wäre es wünschenswerth — ich scheue mich nicht, es öffentlich auszusprechen — daß die Conservativen ihrerseits etwas rücksichtsvoller gegen uns wären, als das bisweilen wenigstens ihre Presse ist. Es ist nicht schön, wenn das officielle Parteiorgan der Conservativen unter Anderm einmal sagte: „sie unterschieden sich grundsätzlich von den Liberalen und auch von den National=Liberalen in Bezug auf ihre Stellung zur Monarchie und zum sächsischen Vaterlande." Nun, die Conservativen werden sich gewiß für gute Monarchisten und gute sächsische Patrioten halten, und wenn sie daher sagen, sie unterschieden sich grundsätzlich von uns in diesen beiden Punkten, so heißt das also: „Wir halten Euch für schlechte Monarchisten und sächsische Patrioten." Solche Dinge sollten nicht vorkommen. Es ist vorhin gesprochen worden von der nationalen Fortschrittspartei, die leider nicht zu Stande gekommen sei. Ich kann das „Leider" nur bestätigen. Ich muß sagen,

---

*) Mitgliedern der Reichstagsfraction, die zu der Versammlung gekommen waren.

daß ich große Hoffnungen darauf gesetzt hatte, daß die alte sächsische Fortschrittspartei, deren Führer ganz diese Richtung hatten, sich von der Richter'schen freisinnigen Partei trennen und, wenn auch in mancherlei Fragen weiter links stehend als wir, doch in den großen nationalen Fragen sich uns anschließen, also das Cartell verstärken würde. Es ist nicht dazu gekommen; es scheint, die Herren haben doch immer noch die Hoffnung gehabt, es solle in der freisinnigen Fraction in Berlin eine Scheidung und Klärung vor sich gehen, die ihnen diese Lossagung ersparte. Nun, diese Hoffnung ist jetzt gründlich enttäuscht worden durch die neuesten Vorgänge in der Partei, wo man sich der Dictatur Richters wieder unterworfen hat. Ob die Herren nun wieder auf die alten Pläne zurückkommen werden, weiß ich nicht.

Meine Herren, lassen Sie mich mit einer ganz kurzen Schluß= betrachtung schließen! Ich habe in meiner langen, nun beinahe fünfzig= jährigen Thätigkeit im öffentlichen Leben wiederholt und immer auf dieselbe Weise die Erfahrung gemacht, daß solche politische Parteien, welche die besonnene Mitte einhalten zwischen zwei extremen Parteien, welche, wie ich ja auch von der unsrigen sagen und mit Freuden fest= stellen kann, nach fester Ueberzeugung handeln und sich nicht leiten noch verleiten lassen durch bloße Rücksichten der Wahltactik, solche Parteien, welche keine Sonderinteressen vertreten, sondern wesentlich nur die allgemeinen Interessen des Ganzen (sehr gut!), daß diese Parteien von beiden Seiten sehr viel angefochten werden, daß sie ver= spottet und manchmal in den Hintergrund gedrängt werden, aber daß sie immer wieder aufkommen und daß die Sache, die sie vertreten, doch zuletzt die siegreiche Sache ist. Meine Herren, ich habe es erlebt und an mir selbst erfahren, wie im Jahre 1848 die gemäßigt Libe= ralen, die sogenannten Altliberalen, angefochten, verspottet, verhöhnt wurden von den sogenannten entschiedenen Liberalen, d. h. den Radi= calen, und wie sie andererseits von den Regierungen und Conservativen manchmal sehr scheel angesehen, mitunter sogar persönlich verfolgt wurden. Ich habe gesehen, wie erst die große Erbkaiserpartei des Frankfurter Parlaments den ungeheuersten Anfechtungen und Ver= spottungen ausgesetzt gewesen ist, wie dann die Männer des National= vereins dasselbe Schicksal hatten. Was jene alle erstrebten, aber nicht durchführen konnten, das wurde, wenn auch von anderer Seite, durch=

geführt, und sie hatten 1867 und 1870 die Genugthuung, zum Theil in einen Reichstag einzutreten, wie sie sich das künftige deutsche Parlament gedacht hatten. In dem ersten gesammt-deutschen Reichstage saßen 150 Nationalliberale, mehr als ein Drittel der ganzen Versammlung. Das ging ein paar Jahre, dann kam der Conflict mit dem leitenden Staatsmanne, der trug viel mit zur Verringerung der Partei bei. Später trat die Secession ein, die unsere Reihen noch weit mehr lichtete, so daß damals die national-liberale Partei schon vielfach für todt gesagt wurde. Nun, meine Herren, 1887 wachte sie auf und errang einen glänzenden Triumph, und wenn wir auch jetzt durch den Rückschlag weit zurückgeworfen sind, so wollen wir hoffen, daß wieder eine Zeit kommen wird, in der wir in den Vordergrund treten. Ich hoffe bestimmt, daß der gesunde Sinn unseres Volkes und namentlich unseres Bürgerthums, an den wir uns ja wenden — nicht an die blinden Leidenschaften der Masse — daß dieser gesunde Sinn, wenn er erst wieder recht gekräftigt und von manchen Nebeln befreit ist, die um ihn gewoben worden sind, daß er sich dann auch uns zuwenden und daß dann auch unsere Zeit wieder kommen wird. (Lebhafter Beifall.)

XVIII.

Die national-liberale Partei am Schluſſe des erſten Vierteljahrhunderts ihres Beſtehens.

(Aus der „Correſpondenz des national-liberalen Vereins für das Königreich Sachſen", 1892, No. 3).

Die nachſtehenden Betrachtungen wurden geſchrieben während der in Preußen durch das Zedlitzſche Volksſchulgeſetz hervorgerufenen parlamentariſchen Kriſis.

Das 25jährige Jubiläum der national-liberalen Partei fand unter keinen günſtigen Sternen ſtatt.

Wenn daſſelbe gleichwohl allerwärts in gehobenſter Stimmung begangen worden iſt, ſo bezeugt dies nur den ſicheren Glauben der Partei an die Güte und innere Kraft ihrer Sache und die freudige Entſchloſſenheit, womit ſie auch an die weitere Löſung der ihr geſtellten Aufgabe herantritt.

In der That bedarf es aber auch für ſie einer ſolchen feſten Zuverſicht beim Hinblick auf die Geſtaltung der öffentlichen Verhältniſſe ſowohl in der jüngſten Vergangenheit als in der unmittelbaren Gegenwart.

Die Neuwahlen von 1890 hatten an die Stelle der 1887 zu Stande gebrachten Cartellmehrheit im Reichstage eine der vor 1887 ähnliche, aus Ultramontanen, Freiſinnigen, Socialdemokraten, Polen, Welfen beſtehende geſetzt. Die Zahl der National-Liberalen, die im vorigen Reichstage 100 betrug, war auf einige 40 herabgegangen.

Nicht lange darauf folgte ein zweites tiefeinschneidendes Ereigniß, der Rücktritt des Fürsten Bismarck von seinem hohen Amte.

Die national-liberale Partei war nie eine blinde Anhängerin des großen Staatsmannes gewesen; sie hatte ihm gegenüber, auch als er im Vollbesitz der Macht war, sich ihre Unabhängigkeit jederzeit gewahrt, hatte sich zeitweilig sogar in einer Gegenstellung zu ihm befunden. Allein sie verehrte in ihm mit dem Gefühle unverlöschlicher Dankbarkeit den unsterblichen Schöpfer der deutschen Einheit, den Mann, der ihre politischen Ideale verwirklicht und damit gewissermaßen sie selbst ins Leben gerufen hatte, und sie blickte zu ihm empor mit rückhaltlosem Vertrauen in allen den großen nationalen Angelegenheiten, wo es sich um die Sicherheit, die Würde, die Machtstellung Deutschlands handelte.

Dies bekundeten die bei Gelegenheit des Jubiläums der Partei begangenen Festlichkeiten, die insgesammt in ebenso stürmischen als herzlichen Huldigungen für den „Einsiedler von Friedrichsruh" gipfelten.

National-liberale Kreise waren es denn auch vorzugsweise, in denen sich jene „Beunruhigung" kundgab, welche entstand, als nicht mehr die feste Hand und der sichere Adlerblick des „eisernen Kanzlers" über den Geschicken Deutschlands wachte. Dieselbe erhielt Nahrung theils durch einzelne Acte der neuen Regierung, die zu Bedenken Anlaß gaben, wie jenes Abkommen mit England wegen Ostafrikas, theils durch Vorgänge der großen europäischen Politik, bei denen man sich fragte, ob sie etwa durch Fehler der deutschen Diplomatie herbeigeführt seien, oder ob sie nicht von dieser hätten verhindert werden können, wie die russisch-französische Verbrüderung zu Kronstadt.

Bei solchen Anlässen zeigte es sich, daß jene Zuversicht fehlte, womit unter des Fürsten Bismarck Leitung der auswärtigen Politik man sich jedesmal beruhigt gesagt hatte: „wie er's macht, so wird's schon recht sein." Gern vernahm man daher jene Andeutung der „Hamburger Nachrichten," daß, wenn ein besonders schwerer Fall eintreten sollte, wo es gälte, zu wachen, daß nicht das Gemeinwesen ernstlich Schaden leide, (ne quid detrimenti capiat respublica), daß dann Fürst Bismarck von seinem Sitze im Reichstage oder im preußischen Herrenhause Gebrauch machen werde, um „als getreuer Eckart" zu rathen und zu warnen.

Diese fortdauernde Anhänglichkeit an den Schöpfer des Deutschen Reiches hat jedoch die national=liberale Partei nicht abgehalten, die neue Regierung aufrichtig und in unbefangener Würdigung ihrer Politik überall da zu unterstützen, wo sie dieselbe bemüht sah, für die Sicherheit Deutschlands nach außen, für die Wohlfahrt der Nation im Innern zu sorgen, zumal wenn der „neue Curs" dabei das unter dem „alten" Begonnene fortsetzte und ausbaute, wie bei der Erneuerung des Dreibundes, der Verstärkung unserer Wehrkraft zu Lande und zur See, im Ganzen auch in der Colonial= und der Socialpolitik.

Wo dagegen der „neue Curs" in bedenklicher Weise von den Wegen des alten abzuweichen oder wo er schwankend und unsicher zu werden schien, wie in der polnischen, der welfischen, theilweise auch der elsässischen Sache, da hat unsere Partei nicht ermangelt, ihre warnende Stimme zu erheben.

In der wichtigen Frage der Handelsverträge ist dieselbe rückhaltlos auf die Bahnen der neuen Regierung eingetreten, obschon diese Bahnen den seit 1878 von einem großen Theile der Partei im Gefolge des Fürsten Bismarck eingeschlagenen nahezu entgegengesetzt waren. Damals hatte sie, den augenblicklichen Verhältnissen und den bringenden An= forderungen großer Interessenkreise nachgebend, die Hand dazu geboten, das seit dem Handelsvertrage mit Frankreich vom Jahre 1862 befolgte, sich dem Freihandel nähernde System mit einem System von Schutz= zöllen, namentlich auf Bodenerzeugnisse, zu vertauschen. Jetzt, wo die Sperrmaßregeln Rußlands, der Vereinigten Staaten, Frankreichs unseren Ausfuhrhandel auf's Aeußerste zu schädigen drohten, erschien als die einzige Abhilfe dagegen der Versuch, mit einer Reihe mitteleuropäischer Staaten eine Verbindung einzugehen, welche unseren Waaren neue Ab= satzgebiete verhieß. Zugleich wurde dadurch, freilich mit einem Opfer seitens der Landwirthschaft, den Klagen über Vertheuerung der ersten Lebensbedürfnisse wenigstens theilweise entgegengekommen. Es ist ein unleugbares Verdienst der neuen Regierung, daß sie diese Verträge zu Stande gebracht, und unsere Partei hat daher auch — trotz mancher Bedenken gegen Einzelheiten derselben — keinen Anstand genommen, im Reichstage dafür zu stimmen.

Was die sogenannte „innere Politik" betrifft, so hatte es anfangs den Anschein, als ob der „neue Curs" ziemlich weit nach links steuern wolle. Doch wurden die nach dieser Seite von den Deutsch=Freisinnigen und den noch weiter links stehenden Parteien gehegten und ganz unverhohlen geäußerten Hoffnungen schon bald enttäuscht durch die bekannten Erklärungen des neuen Reichskanzlers im preußischen Abgeordnetenhause.

Die diesem letzteren von der neuen Regierung zuerst vorgelegten Gesetzentwürfe — die Landgemeindeordnung, das Einkommensteuergesetz, der erste (Goßlersche) Volksschulgesetzentwurf — bewegten sich auf der Linie eines gemäßigten Liberalismus, so daß die national=liberale Partei im preußischen Abgeordnetenhause nach bester Ueberzeugung dafür eintreten konnte. Dabei hatte sie noch die besondere Genugthuung, daß eines der wichtigsten, aber auch schwierigsten dieser Gesetze, das Einkommensteuergesetz, sein Zustandekommen einem bisherigen hervorragenden Führer der national=liberalen Partei verdankte, dem von Sr. Majestät dem Kaiser zum preußischen Finanzminister erhobenen Dr. Miquél.

Leider war diese Befriedigung nur von kurzer Dauer. Schon die gleichzeitig mit jenen Gesetzen der preußischen Volksvertretung unterbreitete sogenannte „Sperrgeldervorlage" schien eine bedenkliche Nachgiebigkeit der neuen Regierung gegen weitgehende Forderungen des Centrums zu verrathen. Die halb zu Gunsten der Polen, halb zu Gunsten der Ultramontanen getroffenen Maßregeln für die Provinz Posen gaben dieser Befürchtung neue Nahrung. Zur beängstigenden Gewißheit wurde dieselbe endlich durch den neuen (Zedlitzschen) Volksschulgesetzentwurf, welcher jenen Ausspruch des verstorbenen Windthorst zur Wahrheit zu machen schien, daß „die Kirche (in erster Linie natürlich die katholische) die Schule haben müsse."

Diese Stellungnahme der Regierung hat eine ganz neue Gruppirung der Parteien zur Folge gehabt. Die National=Liberalen, und nicht blos diese, sondern auch die Freiconservativen, sind gewaltsam in die Opposition gedrängt; die Gefolgschaft der Regierung in dieser Frage bilden das ultramontane Centrum, die diesem affiliirten Polen, die protestantischen Hochkirchlichen und Hochconservativen.

Die Erregung, welche dadurch nicht blos in Preußen, sondern in ganz Deutschland hervorgerufen ward, ist weder eine künstlich gemachte, noch eine unberechtigte. Gegen so weit gehende Ansprüche der Kirche auf dem Gebiete der Volksschule sträubt sich alles, was, ohne deshalb

den hohen Werth der religiösen Erziehung zu verkennen, doch auch der
weltlichen Bildung und Wissenschaft ihr Recht gewahrt wissen will —
Zeuge dessen die Proteste sämmtlicher preußischer Universitäten gegen
den Entwurf. Von der dadurch der katholischen Geistlichkeit und ihren
außerdeutschen Obern einzuräumenden Macht über die deutsche Jugend
fürchtet der Protestantismus eine schwere Beeinträchtigung nicht blos,
seiner selbst, sondern auch des Friedens unter den beiden Confessionen
wie das zahlreiche Vorstellungen aus diesen Kreisen bekunden.

Ultramontane Heißsporne sehen bereits das gesammte deutsche
Schulwesen nach dem Muster des Zedlitz'schen Schulgesetzes umgestaltet.
Der preußische Abgeordnete Lieber sagte in einer süddeutschen Katholiken-
versammlung: „Die einzelstaatlichen Minister werden bald nachpfeifen
müssen, was Graf Caprivi ihnen vorpfeift."

Dahin wird es hoffentlich nicht kommen. Wir in Sachsen wenigstens
vertrauen zu der Weisheit unserer Regierung, daß sie das im Jahre
1872 mit den Kammern vereinbarte Volksschulgesetz, welches der Kirche
giebt, was der Kirche ist, aber auch dem Staate und der Gemeinde
ihre Rechte nicht verkürzt, vor jedem fremdartigen Einflusse sichern
werde.

Aber eine andere ernste Gefahr bedroht uns, die Gefahr einer
Abwendung der Sympathieen eines großen und nicht des schlechtesten
Theiles der anderen deutschen Bevölkerungen von der Regierung des
leitenden Staates, einer Schwächung des Einheitsgedankens, eines
Wiederauflebens des glücklich überwundenen Sondergeistes.

An die national-liberale Partei tritt damit eine schwere, aber
nicht abzuweisende Pflicht heran, die Pflicht, ungeachtet des Kampfes,
den ein Theil von ihr im preußischen Abgeordnetenhause gegen die
dermalige preußische Regierung führt und führen muß, gleichwohl
als Gesammtpartei die Haltung unverändert zu bewahren, welche ihr
Ursprung und ihre ganze Vergangenheit ihr zuweist, die Haltung einer
vor allem „nationalen" Partei. Getreu diesem Charakter wird sie
nicht nur in den Kreisen ihrer eigenen Genossen, sondern überall, soweit
ihr Einfluß reicht, dahin zu wirken haben, daß nicht unter der augenblicklichen Sachlage der Einheitsgedanke, die Anhänglichkeit an Kaiser
und Reich Schaden leide. Ministerien und ihre Systeme wechseln;
jene allein sicheren Grundlagen unserer ganzen deutschen Staatsordnung

aber müssen wir unter allen Regierungen uns unversehrt und unge=
schwächt zu erhalten trachten.

Niemals mehr als jetzt war es die Aufgabe der national=liberalen
Partei, die beiden Seiten ihres Programms, die nationale und die
liberale, möglichst gleichmäßig und ohne Beeinträchtigung der einen
durch die andere, aufrecht zu erhalten und zu bethätigen. Als liberale
Partei hat sie in dem ihr aufgebrängten Kampfe um die deutsche
Volksschule, Schulter an Schulter mit den Freiconservativen, standhaft
ausgeharrt, hat gleich diesen die schadenfrohen Hoffnungen derer zu
Schanden gemacht, welche beiden Parteien einen Nachlaß ihrer Wider=
standskraft weissagten. Sie würde zweifelsohne in demselben Falle
wiederum dasselbe thun. Als nationale Partei aber wird sie den
Versuchen widerstehen, eine Stellung einzunehmen, welche sie in der
Erfüllung ihrer nationalen Pflichten behindern könnte.

Haben die Hochconservativen in Preußen durch ihre schroffe Haltung
in der Schulgesetzfrage und ihre enge Verstrickung mit dem Centrum,
in Sachsen durch die Kündigung des Cartells unter den nichtigsten
Vorwänden das Tischtuch zwischen sich und den gemäßigten Mittel=
parteien zerschnitten und damit ein erfolgreiches Vorgehen gegen die
Socialdemokratie bei den nächsten Reichstagwahlen aufs äußerste ge=
fährdet, so wird es für die national=liberale Partei eine Beruhigung
sein, sich sagen zu können, daß sie an der Verantwortung dafür keinen
Theil hat.

Die parlamentarische Krisis in Preußen, inmitten welcher Obiges
geschrieben ward, ist inzwischen von einer ministeriellen Krisis abgelöst
worden, ohne daß man zur Zeit noch weiß, was nun folgen wird. Die
national=liberale Partei kann auch das ruhig abwarten, sobald sie nur
sich selbst und ihrer Doppelstellung nach beiden Seiten hin immerfort
getreu bleibt.

XIX.

Bnm 1. April 1885.

(Aus der Zeitschrift „Nord und Süd", 1885, Aprilheft).

Am 1. April d. J. feiert die deutsche Nation ein doppeltes Jubiläum ihres großen Reichskanzlers, des Fürsten Bismarck: den 70. Jahrestag seiner Geburt und die 50. Wiederkehr des Tages seines Eintritts in den Dienst des Staates, den groß zu machen und als dessen leitender Staatsmann selbst zu ungekannter Größe emporzusteigen er berufen war.

Nicht allzu Vielen ist es vergönnt, die verhängnißvolle Altersstufe der Zehnmalsiebenzahl zu erreichen, und von diesen wieder erreichen sie nur Wenige in jenem Vollbesitz körperlicher und geistiger Kraft, wie unser „eiserner Kanzler"! Wie selten sind ferner die „goldenen Jubiläen" im öffent- lichen Dienste!

Aber was wollen alle diese Zeitmaße besagen im Ver- gleich zu dem ungeheuern Inhalte des Wirkens und dem un- geheuern Umfange der Erfolge, die in diesen 70 Lebensjahren und diesen 50 Dienstjahren eines einzigen Mannes sich zusammen- drängen auf eine verhältnißmäßig kleine Spanne dieser Zeit.

Denn im Laufe von weniger als einem halben Jahrzehnt
hat Bismarck Deutschland im Innern geeinigt und nach außen
zur ersten Großmacht Europas erhoben, und im Laufe der
seitdem verflossenen anderthalb Jahrzehnte hat er es, lediglich
durch seine ebenso kraftvolle als besonnene, vor allem aufrichtig friedliebende Politik, ohne Anwendung der Waffen,
dahin gebracht, daß alle anderen Mächte, große wie kleine,
nicht blos mit höchster Achtung, sondern auch mit sicherem
Vertrauen auf Deutschland blicken und ihm freiwillig die
Rolle eines Schiedsrichters und Friedensstifters in Europa
zuerkennen.

So groß ist der Einfluß dieses einen Mannes auf seine
Zeit, daß von dem Augenblicke an, wo er entschieden ein-
greift in die Geschicke Deutschlands und Europas, die Geschichte beider einen ganz neuen Zug und Schwung, einen
tieferen Gehalt und eine höhere Bedeutung erhält. Wir
erkennen dies recht deutlich, wenn wir den Verlauf unserer
deutschen Dinge von der Geburt Bismarcks an bis dahin,
wo er an die Spitze der preußischen Regierung tritt, also
nahezu ein halbes Jahrhundert hindurch, verfolgen. Wie
wenig befriedigend im Innern, wie noch viel weniger nach
außen war dieser Verlauf! Deutschland in sich sechsunddreißig-
fach gespalten, ohne ein festes einheitliches Band; die eifrigsten
Bestrebungen der Patrioten nach einer besseren Gestaltung
des Vaterlandes entweder mitleidig belächelt als „fromme
Wünsche" oder verpönt und verfolgt als strafwürdige Ver-
brechen; selbst der scheinbar so starke und so einmüthige
Anlauf nach diesem Ziele in dem großen Bewegungsjahre 1848
bald wieder umgeschlagen in sein Gegentheil, in nur größere
Mißachtung, ja Mißhandlung aller edelsten Gefühle der Nation;

nach außen Deutschland, trotz seiner 40 Millionen Einwohner, als Macht wie nicht vorhanden, ohne eine eigne Stimme im Rathe Europas; das deutsche Volk, mit all' seinen reichen geistigen Schätzen und seiner hohen Stellung in Wissenschaft, Kunst und Literatur, doch nur ein Paria unter den Nationen; der einzelne Deutsche im Ausland, zumal in den fernen Welt=theilen, Kränkungen, Verletzungen, Vergewaltigungen schutzlos preisgegeben.

Wie so ganz anders gestaltet sich das Bild unserer deutschen Geschichte in diesen letzten zwanzig Jahren unter der Wucht der diplomatischen Meisterschaft Bismarcks! Derselbe begann sein Werk 1864 damit, daß er das Schmerzenskind Deutschlands, Schleswig=Holstein, dieses schöne Land mit seiner echt deutsch gesinnten, ebenso betriebsamen als kriegs= und seetüchtigen Bevölkerung der drohenden Gefahr einer Ab=trennung von Deutschland für immer, welcher die Schwäche Preußens und der Neid der anderen Großmächte es durch das Londoner Protocoll von 1852 überliefert hatten, glücklich entriß und für immer unauflöslich an Deutschland kettete.

Zwei Jahre darauf, 1866, setzte Bismarck, einlenkend auf die Wege des Jahres 1848 und Fühlung nehmend mit den nationalen Bestrebungen, gegen den vielseitigsten und stärksten Widerstand, selbst in seiner nächsten Umgebung, es durch, daß Preußen endgiltig mit den bestehenden bundes=täglichen Verhältnissen brach und sich zum entschiedenen Vor=kämpfer derselben Ideen machte, deren Verwirklichung 1849 gerade an der Unentschlossenheit und dem Wankelmuth der damaligen preußischen Staatslenker gescheitert war. Seiner diplomatischen Kunst gelang es, Frankreichs Schwert in der

Scheibe zu halten und so den preußischen Waffen freie Bahn gegen die zahlreichen Feinde in Deutschland zu schaffen. Durch das strategische Genie seines ihm ebenbürtigen militärischen Mitarbeiters an dem Werke der deutschen Einigung, des großen Schlachtendenkers Moltke, und durch die staunens= werthe Tapferkeit der preußischen Armee wurden jene glänzenden Siege in Böhmen erfochten, welche der weit voraussehenden Politik Bismarcks den Stempel des Erfolges aufprägten, und so ging gemeinschaftlich aus Beider Händen die Einheit zunächst Norddeutschlands hervor. Die Klugheit und Mäßigung Bismarcks feierte aber auch den Triumph, die süddeutschen Staaten, auf deren Fernhalten vom Norddeutschen Bunde sowohl die Beust'sche als die Napoleonische Politik speculirte, durch das wirthschaftliche Band des Zollvereins und durch das eiserne der Militärconventionen dergestalt fest an Preußen zu ketten, daß ihr Anschluß an Norddeutschland und die Voll= endung der deutschen Einheit nur noch eine Frage der Zeit blieb.

Und wie köstlich hat Bismarck dann, nach 1866, den Kaiser Napoleon und seinen Benedetti, die bald drohten, bald lockten, immer aber auf Kosten Deutschlands (direct oder indirect) Frankreich bereichern wollten, das eine Mal kurz abgeführt, das andere Mal schlau hingehalten! Mit welcher Sicherheit des Blicks und welcher ruhigen Selbstgewißheit ist er allen Herausforderungen zum Kriege so lange ausgewichen, — selbst da ausgewichen, wo die Militärs das Losschlagen für unbedenklich erklärten und wo die öffentliche Meinung ein solches verlangte — bis der rechte Moment gekommen war und Deutschland in den doch unvermeidlichen Krieg mit Napoleon III. unter Umständen eintreten konnte, welche es

als in den Augen der ganzen Welt im Recht befindlich er=
scheinen ließen.

Als dann der über alle Maßen glorreiche Krieg von
1870/71 durchgefochten war, als das besiegte Frankreich um
Frieden bat, welche diplomatische Ueberlegenheit zeigte da
Bismarck sowohl den französischen Unterhändlern, als auch
den mehr oder minder einmischungslustigen anderen Groß=
mächten gegenüber! Mit welcher Mäßigung beschränkte er sich
darauf, das zu fordern, was zur Sicherung Deutschlands
gegen ähnliche muthwillige Angriffe wie der von 1870 schlechter=
dings nothwendig war, aber wie unerbittlich hielt er auch
daran fest!

Auf den Schlachtfeldern in Frankreich war die Einheit
Gesammtdeutschlands, war das neue Deutsche Reich geboren
worden; in dem stolzen Königsschlosse zu Versailles wurde
das deutsche Kaiserthum der Hohenzollern feierlich verkündigt.
Es galt nun, dieses deutsche Reich im Inneren zu befestigen
und auszubauen. Und hier zeigte sich wiederum die groß
angelegte, echt patriotische, selbstlose Natur Bismarcks. Wie
er nach dem Kriege von 1866, in dem Momente, wo die
durch die Siege der preußischen Waffen hochbegeisterte öffent=
liche Meinung in Preußen sogar einer Abminderung der par=
lamentarischen Gerechtsame des Landtags vielleicht kaum ernst=
lich widerstrebt hätte, diese Gerechtsame in vollem Umfange
anerkannt und durch die Forderung der „Indemnität“ in
ihrer ganzen Unverletzlichkeit wiederhergestellt hatte, so war
er auch 1871 weit entfernt davon, etwa die ungeheuren Er=
folge des Krieges für eine Steigerung der monarchischen Ge=
walt auf Kosten der Rechte des Reichstages oder für die
Förderung einseitig conservativer Interessen zu verwerthen.

Im Gegentheil ging er nur entschiedener auf den Bahnen eines gemäßigten Liberalismus vorwärts, die er schon alsbald nach Gründung des Norddeutschen Bundes betreten hatte, und Niemand hätte wohl in ihm den grundsätzlichen Gegner des parlamentarischen Bundesstaates, der er einst sowohl der Frankfurter Reichsverfassung als der preußischen Unionsverfassung gegenüber gewesen war, wiedererkannt.

Während er aber so dem neuen Deutschen Reiche und dem neuen Kaiserthum die Weihe jenes „Tropfens demokratischen Oeles" gab, von welchem unser patriotischer Dichter Uhland einst in der Paulskirche gesagt, daß jeder deutsche Kaiser damit gesalbt werden müsse, wußte Bismarck andererseits die monarchischen und die particularistischen Elemente mit der neuen Ordnung der Dinge auszusöhnen und allmählich für dieselbe zu gewinnen, und zwar dadurch, daß er ihnen das Vertrauen einflößte: es werde, so lange er an der Spitze der Geschäfte stehe, ihren verbrieften Rechten und ihren wohlbegründeten Interessen niemals zu nahe getreten werden. Dieser weisen Politik Bismarcks ist es zu verdanken, wenn die anfänglich ziemlich starke Spannung zwischen der einheitlichen und der particularistischen Richtung in Deutschland mehr und mehr sich gemildert, ja sogar (abgesehen von den welfischen und polnischen „Unversöhnlichen") beinahe aufgehört hat.

Wenn im Laufe der letzten Jahre, seit 1878, zwischen Bismarck und seinen früheren Bundesgenossen im deutschen Reichstage, den gemäßigt Liberalen, eine Zeit lang eine gewisse Erkaltung eingetreten war — nicht eigentlich wegen politischer Principien, sondern wegen solcher wirthschaftlichen Fragen, in denen meist praktische Gesichtspunkte entscheiden, welche einer verschiedenartigen Beurtheilung fähig sind — so

wird man doch nicht sagen können, daß Bismarck jemals das
Interesse des Reichs und der Gesammtheit, wie es ihm nach
seiner wohlerwogenen Ueberzeugung und seiner reifen Er=
fahrung erschien, einseitigen Partei= oder Standesinteressen
geopfert habe. Den Grundsatz, dieses Interesse des Reichs
über allen Parteien hoch zu halten, hat er wiederholt als die
leitende Maxime seines ganzen staatsmännischen Handelns
ausgesprochen und diesem Grundsatz ist er, auch bei schein=
barem Wechsel seiner Ansichten im Einzelnen, alle Zeit treu
geblieben.

Auch sein neuestes, großartiges Unternehmen, die social=
politische Gesetzgebung, legt dafür glänzendes Zeugniß ab.
Unter strenger Festhaltung des hohen Ziels hat er in der
Wahl der Wege zu diesem Ziel seine ursprünglichen Absichten
geändert, als er erkannte, daß der Geist des deutschen Volkes
und der in demselben tief wurzelnde Drang nach Selbst=
thätigkeit und Selbsthilfe einer zu weit gehenden Einmischung
der Staatsgewalt in das Getriebe des wirthschaftlichen und
socialen Lebens sich widersetze. Die aufrichtige und uner=
müdliche Fürsorge für das Wohl der nothleidenden Klassen,
die Bismarck im innigsten Einklang mit den persönlichen
Wünschen seines kaiserlichen Herrn entwickelt und die ihn zu
gesetzgeberischen Versuchen drängt, welche Manchem wohl ge=
wagt erscheinen, welche mindestens ihresgleichen noch in keinem
anderen Staate haben, wird immerfort ein ihn hoch ehrender
Zug in seiner inneren Politik sein und bleiben.

Seine höchste Meisterschaft freilich liegt auf dem Gebiete
der auswärtigen, der großen europäischen Politik. Aber welche
Erfolge hat er auch auf diesem Gebiete zu verzeichnen! Es
war nichts Kleines, daß es ihm gelang, die gefährliche

Spannung im Orient lange Zeit dadurch zu mäßigen, daß er sich als Vermittler zwischen die beiden großen Nachbarmächte Oesterreich und Rußland stellte und 1872 den „Dreikaiserbund" zuwege brachte, und vielleicht wäre es ihm sogar gelungen, den drohenden Conflict gänzlich zu verhindern und die orientalische Krise zu einer friedlichen Entscheidung zu bringen, wenn nicht die Hartnäckigkeit der Pforte, ermuthigt durch Englands Widerstand gegen einen stärkeren gemeinsamen Druck der Großmächte auf dieselbe, ihrem Gegner Rußland den erwünschten Vorwand zum Kriege gegeben hätte. Konnte Bismarck aber so den Krieg nicht verhindern, so konnte er doch im rechten Moment vermittelnd zwischen die Kämpfenden treten, konnte als Veranstalter und Leiter des Berliner Congresses von 1878 die Rolle des „ehrlichen Maklers" (wie er selbst sich nannte) übernehmen und auf die Herstellung eines Friedens hinwirken, der das Gleichgewicht Europas vor einer drohenden Verrückung sicherte. Und er that dies in uneigennützigster Weise, that es selbst auf die Gefahr hin, dadurch das alte, gewiß von ihm hochgehaltene Freundschaftsverhältniß zwischen Preußen und Rußland auf eine harte Probe zu stellen.

Dann ging er 1879 mit Oesterreich jenes innige Bündniß ein, welches nicht blos den beiden Verbündeten, indem sie Rücken an Rücken nach Ost und nach West sich gegenseitig Schutz bieten, eine werthvolle Sicherheit gewährt, sondern welches auch der Kern eines europäischen Friedensbundes geworden ist, dem von den Nachbarstaaten einer nach dem andern — Italien, angeblich auch Serbien, Rumänien — beigetreten ist, dem selbst Rußland sich zu nähern schien, und dessen segensreiche Wirkungen bereits der ganze Weltverkehr —

durch das dadurch befestigte Vertrauen auf Erhaltung des Friedens — wohlthuend empfindet. Kein Zweifel, daß die weit voraussehende Politik Bismarcks schon 1866, indem sie dem besiegten Oesterreich kein Opfer an Land und Leuten zumuthete, das Ziel in's Auge gefaßt hatte, die österreichische Monarchie auch für das Ausscheiden aus Deutschland so bald als nur möglich dadurch zu entschädigen, daß das in sich geeinigte und erstarkte Deutschland ihr eine Rückendeckung böte, wie sie der deutsche Bund in seiner Schwäche ihr niemals zu bieten vermochte.

Selbst das französische Revanchegeschrei hat Bismarcks kluge Politik — bei dem verständigeren Theil des französischen Volkes wenigstens — nahezu zum Verstummen gebracht. Dieser verständigere Theil des französischen Volkes sieht ein, daß Deutschlands Freundschaft nicht werthlos für Frankreich ist; daß Frankreich, wenn es nur seinerseits Frieden hält, von Deutschland nichts zu fürchten, dagegen von einem nochmaligen Angriffe auf Deutschland schwerlich etwas zu hoffen hat; daß manche seiner Interessen mit den unsrigen sich nahe berühren, ohne sich zu kreuzen, daher von uns eher Förderung als Hinderung zu erwarten haben. Und so ist das noch unlängst nahezu für undenkbar Gehaltene eingetreten, daß die französischen Staatsmänner sich dem deutschen Reichskanzler genähert haben, ja daß man schon, wenn auch wohl vorzeitig, von der Möglichkeit eines Besuches Bismarcks in Paris oder Ferrys in Varzin sprechen konnte.

Wer von uns hätte noch vor zwei Jahrzehnten daran gedacht, daß Deutschland jemals zur See und in fernen Welttheilen eine Rolle spielen könnte? Und doch ist auch dazu ein aussichtsvoller Anfang gemacht. Nicht blos, daß deutsche Consuln und deutsche Kriegsschiffe schon mehr als einmal auf verschiedenen Punkten der Erde deutschen Reichs= bürgern einen nachdrücklichen Schutz gewährt und fremden Völkern Respect vor der deutschen Flagge gelehrt haben, sondern unser großer Staatsmann hat es auch verstanden, dem deutschen Unternehmungsgeist neue Wege und neue Märkte jenseits des Oceans zu erschließen, und vor seiner ebenso vorsichtig als fest auftretenden Colonialpolitik hat selbst das meerbeherrschende England seine übertriebenen Ansprüche auf Alleinberechtigung in der Besitzergreifung noch uncultiv virter Länder ermäßigen müssen. Eben jetzt, in diesem Doppel= jubeljahr des Fürsten Bismarck, sah Berlin wiederum unter dessen Vorsitz in seinem Weichbild eine wichtige Conferenz tagen, die Congoconferenz, diesmal zur Regelung überseeischer völkerrechtlicher Verhältnisse. Auch sie war wesentlich das Werk des deutschen Reichskanzlers.

So ist Deutschland, das vor einem Menschenalter kaum in der europäischen Völkerfamilie zählte, plötzlich zu dem höchsten Range der Macht und des Ansehens emporgestiegen, ist zum Mittel= und Schwerpunkte der ganzen europäischen Politik geworden. Und zwar zum Heile Europas, das weder damals, als der russische Car Nicolaus und der österreichische Staatskanzler Fürst Metternich Fürsten und Völker tyranni= sirten, noch damals, als Napoleon III. sich zum Schieds= richter in allen europäischen Fragen aufwarf, jemals recht zur Ruhe kam und sich selbst angehörte. Die Politik des neuen Deutschen Reiches, wie sie nach Wunsch und Willen unseres ehrwürdigen Kaisers Wilhelm vom Fürsten Bismarck geleitet wird, ist eine durchaus selbstlose, uneigennützige, jeder Herrsch= oder Eroberungssucht völlig fremde. Daher verdient und daher findet sie auch Vertrauen. Und das ist eines der größten und unvergänglichsten Verdienste Bismarcks.

Dies ist in gedrängten Zügen ein Bild von der groß= artigen und erfolgreichen Wirksamkeit unseres „eisernen Kanzlers“, wie es sich an seinem 70. Geburtstage der dank= baren und bewundernden deutschen Nation darstellt. An solchem Tage mögen wir aber gern auch auf das Vorleben des hohen Jubilars einen kurzen Blick werfen, um zu sehen, wie er zu dem geworden ist, als den wir ihn heut verehren.

Fast sollte man es eine providentielle Schickung nennen, jedenfalls war es ein bemerkenswerthes Zusammentreffen, daß Bismarcks Geburt in dasselbe Jahr 1815 fiel, in welchem Deutschland anscheinend an der Schwelle einer großen Zukunft stand, indem es den gewaltigen Corsen niedergeworfen hatte, indem es ferner sich anschickte, sich im Innern neu zu ge= stalten, wo aber leider statt der durch Beides erweckten frohen Hoffnungen das deutsche Volk nach beiden Seiten hin schmerz= liche Enttäuschungen erfuhr, Enttäuschungen, welche zu heilen — freilich erst nach mehr als einem halben Jahrhundert — eben diesem Bismarck beschieden sein sollte.

Das preußische Volk hatte sich 1813 gegen die fremde Zwingherrschaft, die so lange auf ihm und auf ganz Deutsch= land gelastet, erhoben. Im Bunde mit Rußland und mit dem anfangs zögernden Oesterreich hatte Preußen Napoleon besiegt, entthront, in die Verbannung getrieben. Frankreich war im ersten Pariser Frieden sehr mild behandelt worden, es hatte seine Grenzen von 1792 behalten. Man hielt es wohl für dadurch bestraft genug, daß es von den etwa 70 Millionen, die unmittelbar oder mittelbar dem Scepter Napoleons I. gehorcht hatten, auf etwa 25 Millionen Einwohner rebucirt war. Allein Napoleon kehrte von Elba zurück und Frankreich schaarte sich abermals um ihn, lieferte ihm die Mittel zu einem neuen Kriege wider das verbündete Europa. Wiederum war es Preußen, welches mit in erster Linie die Lasten und Opfer dieses Krieges auf sich nahm. Preußische Truppen entschieden durch ihr rechtzeitiges Eingreifen in die Schlacht von Waterloo den Sieg, den die Engländer mit bewundernswerther Zähigkeit den ganzen Tag über den Franzosen streitig gemacht hatten. Es kam zu neuen Friedens= verhandlungen. Diesmal verlangte Preußen — nicht für sich, sondern für Deutschland — die Abtretung des Elsaß, damit Deutschland gegen fernere Angriffe vom Westen her besser als bisher gesichert sei. Allein die Eifersucht der bis= herigen Bundesgenossen Rußland und England, die Lauheit Oesterreichs und die schlaue Ueberredungskunst eines Talley= rand betrogen Deutschland um diese ihm so nothwendige Deckung, Preußen um den ihm gebührenden Lohn für die ungeheuren Opfer an Gut und Blut, die es gebracht hatte. Das Elsaß blieb bei Frankreich, die deutsche Westgrenze blieb ungedeckt, Süddeutschland blieb unter den Kanonen Straß= burgs schutzlos, jedem Angriff aus diesem „Ausfallthor Frankreichs" preisgegeben.

Die deutsche Nation ward durch diesen Mißerfolg ihrer Diplomaten und diese Treulosigkeit ihrer Bundesgenossen auf's Tiefste empört, und wohl so mancher von denen, die auf den Schlachtfeldern von Waterloo oder von Leipzig ihre ge= sunden Gliedmaßen eingebüßt hatten, mag bei der Kunde von einem Frieden, der diese Opfer nahezu nutzlos für das deutsche Vaterland machte, in gerechtem Zorn ausgerufen haben: Exoriare aliquis nostris ex ossibus ultor! („Möge aus unseren Gebeinen ein Rächer auferstehen!") Wer hätte damals geahnt, daß wenige Monate zuvor im Sande der Altmark ein Knabe das Licht der Welt erblickt habe, der dazu auserfehen sei, jene Schmach zu rächen und der deutschen Nation zu ihrem guten Recht zu verhelfen?

Noch ein anderer Mißerfolg traf im gleichen Jahre die deutsche Nation. Ihre besten Männer, ein Arndt, ein Stein, ein Hans von Gagern u. A., hatten einmüthig nach einer kräftigen, einheitlichen Gestalt des wiederbefreiten Vaterlandes verlangt. Sie ward dem deutschen Volke versagt, und zwar, was das Traurigfte, nicht durch Fremde, sondern durch die eigenen Angehörigen, durch die südbeutschen Rheinbundsfürsten und das mit ihnen im geheimen Bunde stehende Oesterreich. Zum Schmerze aller wahren Patrioten erhielt Deutschland eine Verfaffung, welche weder die gerechten Anspruche auf ein gefetzlich georbnetes Maß vernünftiger Freiheit, noch auch die ebenso dringenden auf eine straffere Zusammenfaffung der deutschen Kräfte nach außen befriedigte.

Aber auch dafür war der künftige Rächer und Retter bereits geboren. Derselbe, jetzt noch in den Windeln liegende Knabe, dem von der Vorsehung die hohe patriotische Aufgabe zugedacht ist, Deutschland nach außen groß zu machen und die 1815 wider alles Recht ihm versagte Rückgabe des Raubes Ludwigs XIV. zu erzwingen, derselbe Knabe wird auch dem deutschen Volke die Einheit bringen, die diesem ebenso lange vorenthalten ward und die — wie 1848 der Präsident des deutschen Parlamentes, Heinrich von Gagern, feierlich ausspruch — „das deutsche Volk haben mußte und nicht entbehren konnte." Freilich wird bis dahin auch noch mehr als ein halbes Jahrhundert vergehen, allein dann wird

diese deutsche Einheit und die sie begleitende Macht Deutschlands nach außen mit einem Male fertig aus dem Schoße
der Zeit, wie Minerva aus dem Haupte des Jupiter, hervor-
springen.

Wenn wir uns in die Seele des zum Jüngling heranreifenden Knaben Bismarck versetzen (leider haben wir von
den ersten jugendlichen Regungen dieses der Weltgeschichte an-
gehörenden Mannes nur dürftige Nachrichten und sind daher
zumeist auf bloße Vermuthungen angewiesen), wenn wir aus
dem, was er später war und that, auf diese Zeit seines er-
wachenden Geistes- und Gemüthslebens zurückschließen dürfen,
so möchten wir glauben, daß von den zwei großen nationalen
Aufgaben, welche die Vorsehung ihm für seine Zukunft auf-
bewahrte, der Kräftigung Deutschlands nach außen und der
Verbesserung seiner inneren Verfassung im nationalen und
volksthümlichen Sinne, jene erstere ihn ungleich früher und
stärker gelockt haben wird als diese letztere. Wir hören ihn
1847 im Vereinigten Landtage sein Bedauern darüber aussprechen, daß er 1813—14 noch nicht gelebt habe, daß ihm
versagt gewesen sei, an dem großen Kampfe für die Befreiung und Wiederaufrichtung Preußens und Deutschlands
sich zu betheiligen. Wir wissen, daß Bismarcks Vorfahren,
eine lange Reihe von Geschlechtern herab, sämmtlich Soldaten waren und daß mehrere davon gerade in Kämpfen
gegen Frankreich bluteten. Wir dürfen daher annehmen,
daß schon der reifere Knabe und vollends der angehende
Jüngling auf jene so große und doch in ihren Früchten
für Deutschland so unergiebige Zeit von 1813—15 mit sehr
getheilten Gefühlen hingeblickt, daß er wohl öfters im Stillen
den Wunsch, wenn nicht gar schon den Vorsatz gehegt haben

möge, dem Vaterlande einmal zu einer seiner würdigeren Stellung nach außen, als die es aus jenen blutigen Kriegen davongetragen, zu verhelfen.

Anders lagen die Dinge in Bezug auf die innere Gestaltung Deutschlands. Mit blos militärischen Factoren war hier nichts anzufangen; eine blos durch das siegreiche Schwert Preußens geschaffene deutsche Einheit war nicht wohl denkbar. Hier mußten vielmehr auch ideale Hebel in Bewegung gesetzt, der lebendige Geist des Volkes mußte zur Mitwirkung herangezogen, das nationale Moment mußte durch das liberale verstärkt und unterstützt werden. Das hatte schon der große Freiherr vom Stein erkannt und hatte deshalb in seinen Plan einer deutschen Bundesverfassung (der leider ein Plan blieb) als nothwendige Bestandtheile einer solchen einen Reichstag, ein Reichsgericht zum Schutze der Unterthanen gegen Willkür, endlich die Forderung zeitgemäßer Verfassungen in allen Einzelstaaten mit einem gewissen geringsten Maße ständischer Rechte aufgenommen. Sogar eine nachhaltige Macht des Einzelstaates schien ihm nicht möglich ohne eine freie Entwickelung der Volkskraft im Innern; darum hatte er durch seine genialen Reformen in den Agrarverhältnissen, im Gewerbe= und Gemeindewesen eine Wiedererhebung Preußens nach der furchtbaren Katastrophe von Jena angebahnt, und, wie die Erfahrung von 1813 zeigte, mit glücklichstem Erfolge.

Dem Knaben Bismarck lag wohl von Haus aus ein solcher Ideenkreis ziemlich fern. Er gehörte durch seine Geburt einem Stande an, der damals seiner Mehrzahl nach und mit seltenen Ausnahmen (wie eben der Freiherr vom Stein) den liberalen Regungen der Zeit fremd, wo nicht feindlich gegenüberstand, der gerade durch die Stein'schen Reformen,

die ja freilich seine Interessen besonders unsanft berührt
hatten, noch mehr nach rechts gedrängt worden war. In
der Familie Bismarcks herrschten von lange her die Ueberlieferungen des streng monarchisch-militärischen preußischen
Staates. Nur die Mutter Bismarcks, die aus einer bürgerlichen
Familie stammte (ihr Vorfahr war der gelehrte Dr. Mencken
in Leipzig, der Freund Leibnizens), soll freiere Ansichten gehegt haben. Die erste Erziehung des jungen Otto von
Bismarck war nicht dazu angethan, jenes angestammte Standes-
bewußtsein in ihm zu mildern und den Knaben mit anderen
Anschauungen zu befreunden. In der Plamann'schen Er-
ziehungsanstalt zu Berlin, welcher er zuerst übergeben ward
und wo er bis zu seinem 12. Jahre verblieb, scheint eine
etwas aufdringliche Bildungsmethode im Geiste Jahn'schen
„Deutsch- und Volksthums" geherrscht zu haben. Hier sowohl
wie auch auf dem Friedrich Wilhelms-Gymnasium ebenda-
selbst, auf welches der Knabe später überging, mögen einzelne
Lehrer geflissentlich den „Junker" in ihm herausgefordert und
gereizt haben. Etwas Schroffes lag eigentlich in der von
Haus aus sanften Natur des Knaben nicht. Der eine seiner
Lehrer, Herr Bonnell, in dessen Hause der junge Otto eine
Zeit lang in Pension lebte, rühmt dessen zutrauliche An-
hänglichkeit an sich und seine Gattin und dessen warmen
Familiensinn.

Auf der Universität Göttingen, die Bismarck 1832 bezog,
kam er, als Mitglied des Corps der Hannoveraner, jedenfalls
mit dem jungen hannoverschen Adel in nähere Berührung,
der nicht im Geruch liberaler Ansichten stand. Der frische
politische Hauch, der 1830, infolge der französischen Juli-
revolution, einen großen Theil von Deutschland ergriffen

hatte, war an Preußen nahezu spurlos vorübergegangen und daher natürlich auch dem jungen Bismarck fern geblieben; in Göttingen aber, welches seiner Zeit sehr tief in die Strudel dieser Bewegung hineingezogen worden war, mochte wohl, als Bismarck dahin kam, gerade ein starker Rückschlag jenes Rausches, der für Stadt und Universität manche bittere Nach= wehen gehabt hatte, sich fühlbar machen.

An eine ernstere Geistesarbeit, die seine Ideen von Staat und Gesellschaft hätte abklären und vertiefen können, dachte damals der Jüngling Bismarck noch nicht; sein über= kräftiges Naturell tobte sich vorläufig noch aus in einem lustigen, auch wohl etwas wilden Studentenleben. In den Collegien ward er wenig oder nicht gesehen, desto häufiger auf dem Fechtboden und auf der Mensur. Achtundzwanzig Duelle focht er während seiner drei akademischen Jahre aus und ging aus allen (wie er noch 1870 mit Befriedigung erzählte) unverletzt hervor. Das war eine gute Schule des Muthes, der Geistesgegenwart und der Gewandtheit, Eigen= schaften, die er, in's Geistige übertragen, in seiner späteren staatsmännischen Laufbahn in hohem Grade bewährt hat; es war auch eine nützliche Ausarbeitung seines Körpers, der sich allmählich zu jener Reckenhaftigkeit und jener Widerstands= fähigkeit gegen äußere Einflüsse ausbildete, die wir noch jetzt an ihm bewundern, während, als Bismarck nach Göttingen kam, er (seinem eigenen Ausspruch nach) „dünn wie eine Stricknadel" war. So viel ist sicher — und wir dürfen uns dessen freuen — „von des Gedankens Blässe ange= kränkelt" ist dieser Mann nie gewesen: Thatkraft, frische, auch wohl übermüthige Thatkraft war von früh an das Element, in dem allein er sich wohl fühlte. Die Energie seiner Willenskraft hatte er schon einmal als Knabe bewiesen, indem er, um von dem Lehrer des Französischen loszukommen, der ihm unsympathisch war, in kürzester Zeit englisch lernte; jetzt bethätigte er solche aufs Neue, da er durch rastlosen Privatfleiß, unterstützt von seinen trefflichen Naturanlagen, in kürzester Zeit nachholte, was er während seiner Studien= zeit versäumt hatte.

Gerade damals, als Bismarck, nach glücklich bestandenem Examen, in den preußischen Staatsdienst eintrat, 1835, hatte sich ein Ereigniß vollzogen, welches der bereinstigen staats= männischen Wirksamkeit des gereiften Mannes, soweit sie auf die Einigung Deutschlands gerichtet sein würde, be= deutungsvoll vorarbeitete. 1834 war der preußisch=deutsche Zollverein in's Leben getreten, die erste Etappe einer zu= künftigen politischen Gruppirung der deutschen Mittel= und Kleinstaaten um Preußen, der erste reale Anstoß zur Neu= belebung des, nach den Befreiungskriegen allmählich wieder eingeschlummerten, nationalen Gedankens. Die preußische Regierung hatte zwar, völlig in's Fahrwasser des Metternich= schen Systems gerathen, mit einer wahrhaft selbstmörderischen Consequenz alle freieren politischen Regungen in Deutschland zu ersticken gesucht, nicht bedenkend, daß sie dadurch nur im Dienste Oesterreichs arbeite und Preußens ganze Zukunft auf's Spiel setze; allein in wirthschaftlichen Dingen wenigstens hatte sie eine richtigere Bahn eingeschlagen. Schon 1828 hatte sie die beiden Hessen und Anhalt für einen Zollverein mit Preußen gewonnen und so von den östlichen zu den westlichen Provinzen ihres Staates eine Brücke geschlagen. 1833 war ihr das Größere gelungen, auch Sachsen, Baiern, Württemberg, die thüringischen Staaten 2c. zum Anschluß an

den Zollverein zu bewegen, so daß dieser nun (von Oester=
reich abgesehen) den allergrößten Theil Deutschlands (7714
Quabratmeilen mit 23 Millionen Einwohnern) umfaßte.
Das sicherste Zeichen der Wichtigkeit dieses Vorganges war
die Beunruhigung, welche das Ausland, insbesondere die
beiden größten handeltreibenden Nationen, Franzosen und
Engländer, darüber empfanden. Auch die bedeutsame politische
Perspective dieser, zunächst freilich nur wirthschaftlichen
Einigung von 23 Millionen Deutschen entging den weiter=
sehenden Politikern nicht. „Kaiser von Deutschland ist der=
malen der deutsche Zollverein," schrieb damals ein deutscher
Tagesschriftsteller, Friedrich Giehne, und ein französischer,
der berühmte Nationalöconom Michel Chevalier, sprach geradezu
von der „Wiederherstellung der Einheit Deutschlands", die
durch den Zollverein angebahnt sei, und fügte die wahrhaft
prophetischen Worte hinzu: „Das ist eine Thatsache von
solcher Bedeutung, daß, wenn sie vollständig wäre, sogleich
ein neuer Schwerpunkt des europäischen Gleichgewichts daraus
erfolgen würde."

Ob der Mann, der berufen war, diese „vollständigere"
Thatsache zu schaffen, die wirthschaftliche Einigung des nicht=
österreichischen Deutschlands durch die politische zu krönen
und damit den „Schwerpunkt des europäischen Gleichgewichts"
nach Deutschland zu verlegen, — ob der jugendliche Bismarck
damals von diesem wichtigen Ereigniß Notiz genommen, ob
er dessen Wichtigkeit geahnt hat, darüber wissen wir nichts.
Vor der Hand begann er seine Thätigkeit als preußischer
Staatsdiener in der bescheidenen Stellung eines „Auscultators
beim Berliner Stadtgericht" mit der Verhörung von An=
geschuldigten, die bisweilen durch ihre Ungebührlichkeiten sein

heißes Temperament dermaßen reizten, daß er ihnen drohte, sie zur Thür hinauszuwerfen und, da der vorsitzende Stadt= gerichtsrath ihn bedeutete, daß das seine, des Raths, Sache sei, sich dahin corrigirte, „er werde sie durch den Herrn Stadtgerichtsrath hinauswerfen lassen."

So viel zeigte sich bald, daß ein Bismarck nicht aus dem Holze geschnitzt sei, aus dem die Bureaukraten gewöhn= lichen Schlages bestehen. Den Uebermuth von Vorgesetzten, die ihn seine Abhängigkeit in drückender Weise fühlen ließen, konnte er nicht ertragen. Er nahm bald seinen Abschied.

Seine Mutter, die, wie es heißt, schon früh den Ehr= geiz des begabten Knaben zu wecken gesucht hatte, scheint mit richtigem Blick seine eigentliche Bestimmung erkannt zu haben; sie wollte, er solle sich der Diplomatie widmen. Sonderbar, daß Bismarck niemals eine regelmäßige diplomatische Schule durchgemacht hat. Als 1851 König Friedrich Wilhelm IV. ihn zu einer diplomatischen Stellung berief, geschah dies fast zu Bismarcks eigener Ueberraschung und nur auf Grund seiner vorausgegangenen hervorragenden politisch=parlamen= tarischen Thätigkeit.

Aber, obschon er keinerlei eigentliche Lehrzeit auf diesem so dornenvollen Gebiete hinter sich hatte, zeigte er doch vom Anbeginn seiner diplomatischen Laufbahn an sofort den Meister und flößte ebenso durch die Sicherheit wie durch die Ruhe und Besonnenheit seines Auftretens selbst Veteranen dieses Fachs Achtung und Bewunderung ein. Hätte daran, daß Bismarck ein geborener Diplomat sei, noch ein Zweifel bestehen können, so müßte er schwinden Angesichts der Ent= hüllungen, welche über Bismarcks Thätigkeit als preußischer Bundestagsgesandter das Poschinger'sche Buch: „Preußen im

Bundestage 1851—59" in so dankenswerther Weise ge=
bracht hat.

Aber freilich ist Bismarck kein Diplomat der alten
Schule, und vielleicht war gerade das der Grund, weshalb
er als junger Mann keine Neigung zeigte, bei einem dieser
alten Diplomaten in die Lehre zu gehen. Sein praktischer
Instinct mochte ihn ahnen lassen, daß mit den kleinlichen
Kniffen und Pfiffen, mit denen damals noch vorzugsweise
die Diplomatie operirte, große, bleibende, für die Völker und
die Staaten heilsame Erfolge nicht zu erzielen seien, daß das
Geheimniß dieser Erfolge ganz wo anders liege, als in solchen
kleinen Mitteln der Ueberlistung, darin nämlich, daß der
Vertreter eines Staates immer nur das wolle, was dem
Geiste der Zeit und seiner Nation angemessen, was natur=
gemäß, was in dem allgemeinen Gange der Weltgeschichte
mit einer gewissen Nothwendigkeit begründet ist, daß er dazu
sich offen bekenne und daran mit eiserner Zähigkeit festhalte.

Die Stellung, welche die preußische Diplomatie in den
30er Jahren einnahm, war auch wenig dazu angethan, einen
jungen, feurigen Geist in ihre Bahnen zu locken. Wie die
innere Politik Preußens von Oesterreich, so war die aus=
wärtige von Oesterreich und Rußland abhängig und sie spielte
dabei immer eine untergeordnete, bisweilen sogar eine etwas
zweideutige Rolle. Dies alles mag es erklären, warum
Bismarck trotz jenes Wunsches der von ihm hochverehrten
Mutter (die ihm übrigens 1839 durch den Tod entrissen
ward), statt seine Kräfte einem ihm anscheinend so wenig
Befriedigung verheißenden Berufe zu widmen, es vorzog, sie
in der Verwaltung der eigenen Familiengüter zu verwerthen,
welche, durch ungünstige Umstände heruntergekommen, einer

starken und sorgsamen Hand zu bedürfen schienen. Seine
Thätigkeit im Staatsdienste hat sich daher damals, neben
der kurzen Probezeit im Justizfache in Berlin (1835), auf
eine ebenso kurze in der Verwaltung, zuerst (1836) bei der
Regierung zu Aachen, dann (1837) bei der zu Potsdam,
beschränkt, woneben er 1838 seiner Pflicht als Einjährig-
Freiwilliger genügte. Das Jahr in Aachen scheint wieder
ein rechtes Brausejahr für Bismarck gewesen zu sein. Insbesondere mag ihn damals der grüne Tisch in Wiesbaden
und Ems wohl öfters angelockt haben, was ihm dann
manche noch lange nachwirkende Verlegenheiten zuzog. Darauf
scheinen wenigstens die Worte hinzudeuten, die er 1851 als
glücklicher Gatte an seine Gemahlin schrieb:

„Vorgestern war ich in Wiesbaden und habe mit einem
Gefühl von Wehmuth und altkluger Weisheit die Stätte
früherer Thorheit angesehen. Möchte es doch Gott gefallen,
mit seinem klaren und starken Weine dies Gefäß zu füllen,
in dem damals der Champagner 21jähriger Jugend nutzlos
verbrauste und schale Neigen zurückließ.“ Nun, dieser so
fromme und so patriotische Wunsch ist, dem Himmel Dank,
zu Bismarcks und zu Deutschlands Heil vollauf in Erfüllung
gegangen.

Gänzlich unfruchtbar war bei alledem jener Aufenthalt
in Aachen für Bismarcks künftige Bestimmung wohl nicht.
Wie wir erfahren, verkehrte er dort viel mit Angehörigen
anderer Nationen, Engländern, Franzosen, Belgiern, durch-
streifte auch in deren Gesellschaft die benachbarten Theile Belgiens
und Frankreichs, jedenfalls nicht, ohne mancherlei nützliche Beobachtungen über Land und Leute, öffentliche Einrichtungen, wirthschaftliche und sociale Verhältnisse zu machen, wie wir denn überhaupt

annehmen dürfen, daß Bismarck mit seiner scharfen Beob=
achtungs= und Combinationsgabe gar Vieles von Dem, was
andere Menschen mühsam aus Büchern lernen, schneller und
besser aus der ersten Quelle, dem Leben, geschöpft hat.

In jenem Jahre 1837, welches Bismarck in der Rhein=
provinz verlebte, begann eben dort eine Bewegung, welche,
gleich dem Zollverein, nur freilich in ganz anderem Sinne,
eine wichtige Rolle in Bismarcks zukünftiger staatsmännischer
Laufbahn spielen sollte. Es war das Vorspiel zu jenem
„Culturkampfe," der 33 Jahre später zum Ausbruch kam.

Bis in die 30 er Jahre war das Verhältniß des Staates
zur katholischen Kirche und umgekehrt in Preußen sowohl als in den
anderen deutschen Staaten im Allgemeinen ein friedliches und
befriedigendes gewesen. Männer wie der Freiherr v. Wessen=
berg in Baden, der Freiherr Spiegel zum Desenberg in der
Rheinprovinz, der Graf Sedlnitzky in Schlesien hatten, an
der Spitze großer geistlicher Sprengel als Erzbischöfe oder
Bischöfe stehend, gegenüber sowohl den weltlichen Gewalten
als der protestantischen Bevölkerung eine verständige und ge=
mäßigte Praxis in Anwendung der Lehren ihrer Kirche be=
folgt und so den kirchlichen Frieden aufrechterhalten. Von
Seiten der Regierungen war diese friedliebende Haltung des
hohen katholischen Clerus dankbar anerkannt und im gleichen
Sinne erwidert worden. Dies ward anders, als man von
Rom aus, namentlich seit Gregor XVI. (1831), die Zügel
schärfer anzog, das gemäßigte und tolerante Verfahren der
deutschen Bischöfe mißbilligte und, im Geiste des absolutesten
Papismus und Ultramontanismus, durch strenge Decrete die
kirchliche Praxis, zumal in dem streitigen Punkte der ge=
mischten Ehen, zu einer überall vollkommen gleichmäßigen und

zwar wesentlich geschärften zu gestalten suchte. In Folge dessen entstanden in der Rheinprovinz jene Reibungen mit dem durchaus ultramontan gesinnten Nachfolger des milden Spiegel zum Desenberg, dem Erzbischof Droste zu Vischering, welche zuletzt zur gewaltsamen Wegführung des Erzbischofs auf die Festung Minden führten. Aehnliche Vorgänge wiederholten sich in der Provinz Posen.

Durch den bald darauf (1840) erfolgten Thronwechsel in Preußen wurden damals diese Conflicte beseitigt, da der neue König, Friedrich Wilhelm VI., hierin einer anderen Politik huldigte als sein Vater. Seitdem steigerte die römisch-katholische Kirche ihre Ansprüche und verschärfte ihr System fort und fort, bis sie zuletzt — in der auf dem Concil von 1870 verkündigten absoluten Unfehlbarkeit (Infallibilität) des Papstes, sowie in den vorausgegangenen Kundgebungen gegen Wissenschaft, Presse, Industrie u. s. w. (in der Encyclica und dem Syllabus) sowohl den weltlichen Gewalten, wofern sie sich nicht ihrer unbedingten Autorität unterwarfen, als auch der ganzen modernen Cultur den Krieg erklärte.

Diese weitgehenden Consequenzen des damaligen „Bischofsstreites“ lagen indessen zur Zeit noch im Schooße der Zukunft verhüllt. Vor der Hand traten andere, direct politische Ereignisse in den Vordergrund, welche das Interesse des deutschen und ganz besonders des preußischen Volkes in Anspruch nahmen.

Frankreich, durch das gemeinsame Vorgehen der anderen vier Großmächte gegen seinen Günstling, den Vicekönig von Aegypten (in dessen Streit mit dem Sultan), auf's Höchste gereizt, bedrohte Deutschland und allernächst Preußen mit Krieg. Gleichzeitig war durch den Tod des alten Königs

Friedrich Wilhelms III. die lange zurückgehaltene Bewegung der Geister in Preußen und theilweise auch im übrigen Deutschland entfesselt worden.

Gerade damals war Bismarck mit der Wiederauf=besserung der herabgekommenen väterlichen Güter lebhaft be=schäftigt; er widmete diesem Unternehmen seine ganze Kraft und eine Umsicht, die sich bald durch gute Erfolge belohnt sah. Er wird daher in dieser Zeit dem öffentlichen Leben wohl ziemlich fern geblieben sein. Der Besuch Berlins in Gesellschaft seines Vaters 1840 zur Huldigungsfeier, sowie die (von seinem Biographen Hahn bei dem Jahre 1843 verzeichnete) „Arbeit bei der Regierung zu Potsdam" haben diese ländliche Zurückgezogenheit wohl nur sehr vorübergehend unterbrochen. Das ihm durch das Vertrauen seiner Standes=genossen übertragene Mandat eines Abgeordneten zum pommerschen Provinziallandtage (das Rittergut Kniephof, das er damals vom Vater übernommen hatte, liegt in Pommern) gab er bald wieder zurück; es läßt sich denken, wie wenig seinen lebhaften Geist diese in engste Grenzen eingeschlossene provinzialständische Thätigkeit befriedigen mochte. Die Wahl zum Landrathe mußte er ebenfalls von sich abzuwenden.

Noch einmal begann jetzt für Bismarck — inmitten seines einsamen Landlebens auf Kniephof — eine etwas wilde Zeit. Es scheint, als ob, nachdem die Gutsverwaltung durch ihn wieder in flotten Gang gebracht war, seine That=kraft daran kein Genüge mehr gefunden und ihren Ueber=schuß auf andere Weise habe austoben wollen. Mit Spiel und Banquetten daheim oder in der Nachbarschaft, mit hals=brecherischen Parforceritten (in diese Zeit mögen wohl meist jene „fünfzig Stürze vom oder mit dem Pferde" fallen, von denen Bismarck in späteren Jahren mit einer gewissen Genugthuung darüber, daß er bei alledem heil geblieben, erzählte) und mit allerhand sonstigem Spuk trieb er es so arg, daß die ganze Umgegend nur von dem „tollen Bismarck" sprach und Viele ihn wohl verloren gaben.

Und doch war dieses überschäumende Wesen Bismarcks bereits in einer Umbildung und Vertiefung begriffen. Wir hören, daß er seine flotten Zechgenossen nicht selten mit Gesprächen über Politik „sträflich langweilte"; daß er ganze Sendungen von Büchern sich kommen ließ, geschichtlichen, philosophischen, theologischen; daß er anfing, selbst ernsteren Männern zu „imponiren", so daß diese „das Gefühl hatten, aus diesem brausenden Most werde sich mit der Zeit ein großer und starker Wein abklären." Wir hören auch, daß Bismarck damals öfters mitten aus seinem tollen Treiben heraus in eine Art von „Melancholie" verfiel. Omnes ingeniosi melancholici (alle genialen Leute neigen zur Melancholie) ist ein alter Spruch. Von Goethe wissen wir, daß er in seiner brausenden Jugend zwischen ausgelassenen und trüben Stimmungen wechselte. Wir sehen jetzt, daß solche melancholische Anwandlungen auch so durch und durch realistischen Naturen, wie die Bismarcks von jeher war, nicht erspart bleiben. Es ist das immer ein sicheres Zeichen, daß ein großer und ernster Schaffensdrang in den Tiefen eines bedeutend angelegten Charakters wühlt und sich an's Licht hervorarbeiten will.

Die Reisen, die Bismarck in eben dieser Zeit nach Frankreich und England machte, werden dazu beigetragen haben (vielleicht sogar von ihm zu dem Zwecke unternommen worden sein), die sich vorbereitende Abklärung seines Innern

zu vollenden und seine Kenntniß fremder Länder zu be=
reichern. Es ist bekannt, welche staunenswerthe Vertrautheit
mit den Vorgängen und Einrichtungen in anderen Ländern,
ebenso wie mit dem Gange der Geschichte, der alten und
neuen, Bismarck in seinen parlamentarischen Reden oftmals
entwickelt hat.

Was uns am Schwersten zu glauben fällt, ist, was
angeblich ein Genosse Bismarcks aus jener Zeit versichert
hat: nach seiner Ansicht sei Bismarck damals „ziemlich
liberal" gewesen. Bei seinem ersten öffentlichen Auftreten
wenigstens ist davon nichts zu spüren.

Inzwischen war man von mehreren Seiten auf Bismarck
als einen praktischen, thatkräftigen, dabei ideenreichen Mann
aufmerksam geworden. Sogar von einer Berufung nach
Ostpreußen als königlicher Commissar zur Leitung der dortigen
Meliorationsarbeiten war die Rede. Die Kreisstände wählten
ihn zum Deichhauptmann, und er nahm die Stelle an, die
ihm zwar keinen Gehalt, wohl aber eine weitreichende gemein=
nützige Thätigkeit versprach. Auch in den Provinziallandtag
nahm er nun wieder eine Wahl an, diesmal in den sächsischen,
da er nach des Vaters Tode (1845) das Stammgut Schön=
hausen in der Provinz Sachsen übernommen hatte. Als
Mitglied dieses Landtags erschien er sodann in dem 1847
vom König berufenen „Vereinigten Landtag", der ersten
Gesammtvertretung des preußischen Volkes.

Zuvor lernen wir ihn noch von einer anderen Seite
kennen und lieben, als zärtlichen Bruder und Gatten. Die
Briefe Bismarcks an seine, um 12 Jahre jüngere Schwester
Malwine (die „Arnimin", wie er sie öfters scherzend nennt,
seitdem sie 1849 einen Herrn von Arnim=Kröchlendorff ge=

heirathet) find wahre Perlen theils liebenswürdigſter Gemüth=
lichkeit, theils friſcheſten Humors. Ganz kurz vor dem Be=
ginn ſeiner größeren parlamentariſchen Thätigkeit vermählte
ſich Bismarck mit dem Fräulein Johanna von Puttkamer.

Wie beglückt Bismarck in dieſem Verhältniß ſich fühlt,
obſchon, ja vielleicht gerade weil ſeine Gemahlin, wie er
öfters ſcherzend erwähnt, eigentlich von der leibigen Politik
am liebſten gar nichts hören möchte, das bekunden die Briefe
an ſeine „Johanna", wahrhaft rührende Zeugen ebenſo ſeiner
warmen, ungeheuchelten, aber von jeder falſchen Frömmelei
weit entfernten Frömmigkeit, als ſeines tiefen, innigen, echt=
germaniſchen Familienſinnes. So finden ſich in einem
dieſer Briefe die Worte: „Ich weiß nicht, wie ich das
früher ausgehalten habe; ſollte ich leben wie damals, ohne
Gott, ohne Dich, ohne Kinder, ich wüßte doch in der That
nicht, warum ich dieſes Leben nicht ablegen ſollte wie ein
ſchmutziges Hemb." Es iſt ein ſchöner, wohlthuender Anblick
dieſen großen Staatsmann, deſſen Gedanken die ganze Erde
umſpannen, mit ſo wahrhaft kindlicher Freude jedesmal aus
dieſen Weiten in den trauten Kreis der Seinen und an
ſeinen häuslichen Heerd zurückkehren zu ſehen.

Mit dem Vereinigten Landtage von 1847 beginnt die
öffentliche Wirkſamkeit Bismarcks. Jetzt wird es ſich zeigen,
ob der künftige Schöpfer des Deutſchen Reichs ſich bereits zu
den Anſchauungen hindurchgearbeitet hat, welche darin zum
Ausbruck kommen müſſen.

Von dieſem erſten Vereinigten Landtag (der Volksmund
begrüßte ihn ſogleich als „erſten Reichstag Preußens") er=
warteten preußiſche und deutſche Patrioten nicht blos eine

ruhige Ueberleitung des preußischen Staates (im Wege fried=
licher Reformen von oben) in die Bahnen einer zeitgemäßen
Verfassung, sondern auch, infolge der dadurch herbeizu=
führenden größeren Annäherung Preußens an die Mittel=
und Kleinstaaten, einen engeren Anschluß dieser letzteren an
Preußen und damit die Anbahnung des längst ersehnten
deutschen Bundesstaates, den Ausbau der durch den Zoll=
verein geschaffenen wirthschaftlichen Einigung dieser Staaten
zu einer politisch nationalen.

Was Bismarck betrifft, so stand er solchen Ideen damals
noch gänzlich fern. Er war ein entschiedener Gegner aller
auf Erweiterung des Patentes vom 3. Februar 1847 ge=
stellten Anträge. Er wollte die weitere Ausbildung der durch
dieses Patent geschaffenen neuen Zustände lediglich der könig=
lichen Initiative anheimgegeben wissen. Unter anderen Ver=
hältnissen hätte diese Ansicht gewiß ihre große Berechtigung
gehabt, denn, wie Bismarck schlagend ausführte, es mußte
im In= und Auslande einen günstigeren Eindruck machen,
wenn die Krone selbst, ohne jedes Drängen von außen, das
für Volk und Land Nothwendige freiwillig gab. Nur aber
waren die allgemeinen Zeitumstände eben damals von der
Art, daß eine rasche Ausführung dessen, was doch kommen
mußte, geboten, jede Zögerung gefährlich schien. Die rings
an den Grenzen Deutschlands bereits hochfluthende Bewegung
legte die Besorgniß nahe, daß plötzlich auch Deutschland in
diese Bewegung hineingerissen werden möchte, bevor der König,
schwankend und zögernd, wie er seiner Natur nach war, zur
rechten Zeit das Rechte gethan haben würde. Diese Besorg=
niß ging leider nur zu bald in Erfüllung. Am 18. März
1848 gewährte man dann einer ungeregelten Bewegung aus

dem Volke heraus, was man den wohlgemeinten Bitten der gesetzlichen Vertreter eben dieses Volkes versagt hatte.

Gegenüber dieser Bewegung von 1848 und den ihr gemachten Zugeständnissen blieb Bismarck — mit achtungswerther Festigkeit — seinem früheren Standpunkte getreu. In der Abreßdebatte des zweiten Vereinigten Landtages (der das Wahlgesetz für die Versammlung zur Vereinbarung einer neuen Verfassung mit der Krone berathen sollte) erklärte er: zwar acceptire er das Geschehene, aber „nicht freiwillig, sondern durch den Drang der Umstände getrieben," und „er bedaure, die Vergangenheit nicht wieder erwecken zu können, nachdem die Krone selbst die Erde auf ihren Sarg geworfen."

Mit derselben unerschütterlichen Festigkeit widersprach Bismarck sowohl in der preußischen Zweiten Kammer von 1849 als im Erfurter Parlament von 1850 der Herstellung eines Deutschen Bundesstaates auf parlamentarischer Grundlage und mit Ausschluß Oesterreichs. Weder mit der vom Frankfurter Parlament beschlossenen Reichsverfassung, noch mit der von der preußischen Regierung ausgegangenen sogenannten Unionsverfassung konnte er von seinem specifisch preußischen (oder, wie er selbst es ironisch nannte, „stockpreußischen") Standpunkte aus sich befreunden. Ja, er ging so weit, die Preisgebung Kurhessens, Schleswig-Holsteins und der Union in der bekannten Olmützer Uebereinkunft nicht blos in Schutz zu nehmen, sondern als einen Act weiser Politik zu rühmen. So weit entfernt war damals Bismarck noch von Dem, was er später mit dem Aufgebot seiner ganzen Kraft betrieb, so festgewurzelt in Ansichten, zu deren directem Gegentheil er sich später bekannte! Er selbst hat niemals geleugnet, daß zwischen seinen früheren und seinen

späteren politischen Anschauungen ein tiefer Gegensatz bestehe;
er hat sich dessen gerühmt, und mit gutem Recht, daß er
niemals ein starrer „Doctrinär", sondern stets „entwickelungs=
fähig", neuen Erfahrungen und dadurch zu gewinnenden
besseren Ueberzeugungen zugänglich gewesen sei. Er ist —
und darin beruht wesentlich seine Größe als Staatsmann
— ein „Realpolitiker" vom Scheitel bis zur Sohle; er ist
ferner vor allen Dingen Patriot; als solcher fragt er immer
in erster Linie: „Was frommt dem Vaterlande, der Nation?"
und richtet danach sein Verfahren ein, unbekümmert darum,
ob man ihm vorwerfen könne, seine Ansichten gewechselt zu
haben. Sein Ziel ist unverrückbar immer dasselbe: „das
Wohl des Volkes und die Größe des Reichs;" was aber
die Wege zu diesem Ziele betrifft, so wählt er jedesmal den,
der ihm im Augenblicke der richtigste und sicherste scheint.

Er selbst hat wiederholt diese seine Denk= und Handlungs=
weise mit scharfen Worten gekennzeichnet. So sagte er 1871
zu den französischen Unterhändlern, als diese aus Furcht, in=
consequent zu erscheinen, ihr Vaterland noch längeren Kriegs=
nöthen ohne die mindeste Hoffnung, damit etwas für dasselbe
zu erreichen, preisgeben wollten:

„Consequent sein in der Politik wird häufig zum Fehler,
zu Eigensinn und Selbstwilligkeit. Man muß sich nach den
Thatsachen, nach der Lage der Dinge, nach den Möglichkeiten
ummodeln, mit den Verhältnissen rechnen, seinem Vaterlande
nach den Umständen dienen, nicht nach seinen Meinungen,
die oft Vorurtheile sind. Als ich zuerst in die Politik ein=
getreten als grüner junger Mensch, habe ich sehr andere An=
sichten und Ziele gehabt als jetzt; ich habe mich aber ge=
ändert, mir es überlegt und dann mich nicht gescheut, meine

Wünsche theilweise oder auch ganz den Bedürfnissen des Tages zu opfern, um zu nützen. Man muß dem Vaterlande nicht seine Neigungen und Wünsche aufdrängen; man muß dem Vaterlande dienen, nicht es beherrschen wollen; auch für das genialste Individuum giebt es ein Höheres, dem es sich unterzuordnen hat, das ist der Gedanke der Pflicht und der Verantwortlichkeit vor Gott und seinem Gewissen."

Und im Reichstag von 1881 (am 24. Februar) äußerte er: „Ich gehöre nicht zu denen, die je im Leben geglaubt haben, sie könnten nichts mehr lernen, und wenn mir Einer sagt: ‚vor 20 Jahren waren Sie gleicher Meinung mit mir, heut habe ich dieselbe Meinung und Sie haben eine entgegengesetzte‘, so antworte ich ihm: ‚Ja, so klug, wie Sie heut sind, war ich vor 20 Jahren auch; heut bin ich klüger, ich habe in den zwanzig Jahren gelernt.‘" „Für mich," fuhr er fort, „hat immer nur ein einziger Polarstern, nach dem ich steure, bestanden, salus publica (das allgemeine Wohl). Doctrinär bin ich in meinem Leben nicht gewesen; alle Systeme, durch welche sich die Parteien getrennt und gebunden fühlen, kommen für mich in zweiter Linie; in erster Linie kommt die Nation, ihre Stellung nach außen, ihre Selbständigkeit, ihre Organisation in der Weise, daß wir als große Nation in der Welt frei athmen können. In den Parteifragen kann ich zum Nutzen des Landes dem Einen oder dem Anderen näher treten — die Doctrin gebe ich außerordentlich wohlfeil."

Als Bismarck zuerst ins öffentliche Leben eingriff, 1847—1850, hielt er es für seine Pflicht, gegen das nach seiner Ansicht schädliche Umsichgreifen liberaler Ideen anzukämpfen, zumal in der höchst bedrohlichen Gestalt, wie in

Berlin 1848 das ultrademokratische Element sich geltend machte. Und weil die nationalen Bestrebungen der Jahre 1848 und 1849 mit solchen liberalen Ideen verquickt waren, wurde er auch gegen jene eingenommen, abgesehen davon, daß er, als ein getreuer Anhänger des Bestehenden, auch das Verhältniß Preußens zu Oesterreich und den maßgebenden Einfluß des letzteren in Deutschland wie etwas Selbstver- ständliches und nicht Anzutastendes betrachtete.

Bekanntlich ward Frankfurt a. M., der Sitz des weiland Bundestages, das Damaskus, wo aus dem Saulus Bismarck ein Paulus ward, und österreichische Diplomaten waren es, die aus ihm, einem warmen Freunde Oesterreichs, zwar nicht einen Gegner dieses Staates selbst, wohl aber einen Gegner der falschen Stellung Oesterreichs in und zu Deutschland machten. Von da an wächst und wächst die Gestalt Bis- marcks fort und fort. Wie der Riese Antäus immer neue Kraft schöpfte aus der Berührung mit seiner Mutter, der Erde, so Bismarck als Staatsmann durch die Befreundung mit der nationalen Idee.

Schon sehr bald sehen wir ihn im Bundestage der Sache Schleswig-Holsteins und Kurhessens ein Interesse zu- wenden, welches sehr erfreulich absticht von den harten Worten, die er 1850 in der preußischen Zweiten Kammer über die Verfassungspartei in Hessen und über den Kampf der Schles- wig-Holsteiner für ihr gutes Recht ausgesprochen. 1858 drückt er in einem Briefe an einen Ungenannten die Ueberzeugung aus, daß, um den Zollverein lebensfähig zu machen, man ihm parlamentarische Formen geben, ein „Zollparlament" errichten müsse. 1859 erblickt er schon in dem Bunde (wo Preußen fortwährend von Oesterreich und seinem Anhange

majorifirt werbe) eine auf bie Länge unerträgliche Feffel, bie
Preußen bei ber erften günftigen Gelegenheit fprengen, „ein
Gebrechen Preußens, bas es früher ober fpäter ferro et
igni werbe heilen müffen". 1860 vollenbs ift er zu einem
fo entfchiebenen Anhänger ber nationalen Jbee geworben,
baß ihm felbft bas fog. Legitimitätsprincip weit zurücktritt
gegen bas unveräußerliche Recht ber Nation auf Einheit unb
Größe. „Wir kommen bahin," fchreibt er an einen confer=
vativen Parteigenoffen, inbem er fich theilweife mißbilligenb
über bas von ber confervativen Partei ausgegebene Programm
ausfpricht, „ben ganz unhiftorifchen, gott= unb rechtlofen
Souveränetätsfchwinbel ber beutfchen Fürften, welche unfer
Bunbesverhältniß als Piebeftal benußen, von bem herab fie
europäifche Macht fpielen, zum Schoßkinb ber confervativen
Parteipreffe zu machen." Unb ebenba fagt er: „Jch fehe
nicht ein, warum wir vor ber Jbee einer Volksvertretung,
fei es im Bunbe, fei es in einem Zoll= unb Unionsparlament,
fo zimperlich zurückfchrecken."

Da haben wir fchon ganz ben großen nationalen Staats=
mann, ber, alle Rückfichten bei Seite werfenb, gerabe auf
bas von ihm als nothwenbig erkannte Ziel losgeht, zugleich
ben felbftlofen Patrioten, ber auf bem Altar bes Vaterlanbes
langgehegte Anfichten unb angeftammte Vorürtheile opfert.

Wohl kamen bann noch für Bismarck fchwere, bittere
Zeiten, Zeiten ber unlöslichen Mißverftänbniffe, ber Ver=
kennung feiner großen Pläne unb ber Verkeßerung feiner
Abfichten von ber einen, ihrer Anfeinbung ebenfo von einer
ganz entgegengefeßten Seite, Zeiten, wo er faft allein ftanb
mit feiner Politik unb wo bas ganze Gewicht einer un=
geheuern Verantwortlichkeit für einen beutfchen Bruberkrieg,

deſſen Ausgang unberechenbar war, auf ihm laſtete, Zeiten,
wo er mit Recht von ſich ſagen konnte, daß er der „beſt=
verleumdete Mann" in Deutſchland ſei. Aber nie verließ
ihn ſein Muth, ſein Vertrauen zu ſich ſelbſt und zu der
Sache, die er vertrat. Und in dieſem Vertrauen ſprach er
jenes prophetiſche, damals von Vielen mit lautem Hohn auf=
genommene Wort: „Es wird noch eine Zeit kommen, wo
ich der populärſte Mann in Deutſchland bin."

Dieſe Zeit iſt ſchon längſt gekommen: der Name Bis=
marcks iſt ein ſo populärer, wie es in Deutſchland wenige
noch gegeben hat. Daß dem ſo iſt, das werden ſicherlich
zahlloſe Kundgebungen zur Feier ſeines 70jährigen Geburts=
tages, das wird der Ausfall der durch ganz Deutſchland in
Angriff genommenen Sammlungen für eine „Bismarck=Spende"
unwiderleglich bezeugen.

Möchte es aber bei ſolchen Kundgebungen nicht be=
wenden! Möchte doch von dieſem Tage an die deutſche
Nation einig und ungetheilt, in allen ihren Schichten, hinter
ihrem Reichskanzler ſtehen und durch das Gewicht ihrer Ein=
müthigkeit die großen Pläne, die er zu ihrem Beſten betreibt,
unterſtützen! Möchten von ihm Alle lernen, das Intereſſe
des Ganzen über das Intereſſe der Partei zu ſtellen und
ſelbſt liebgewordene Anſichten zu opfern, wo es jenes Intereſſe
gilt! Dann nur wird Deutſchland ſeines großen Staats=
mannes werth ſein.

XX.

Zum Gedächtniß Kaiser Wilhelms I.

(Aus der „Gartenlaube" 1888, Nr. 11).

Eine tiefe Trauer und eine laute Wehklage geht durch ganz Deutschland: der allverehrte, allgeliebte Kaiser Wilhelm I. ist nicht mehr! Was bei dem außerordentlich hohen Alter des greisen Monarchen unaufhaltsam immer näher und näher drohte, aber immer wieder ferner gerückt erschien durch seine wunderbar kräftige Natur, das ist nun wirklich eingetreten, und, wie sehr wir unsere Gedanken gewöhnt zu haben meinten an das Unvermeidliche, dennoch stehen wir im Innersten erschüttert vor der unerbittlichen Wahrheit, daß uns hinfort nicht mehr vergönnt sein soll, unsere Blicke verehrungs= und bewunderungsvoll zu erheben zu der ehrwürdigen Helden= gestalt im weißen Haar und weißen Bart, dem geweihten Hort und der sichtbaren Verkörperung unserer nationalen Einheit!

Denn das war Kaiser Wilhelm I. Nicht in jenem ge= wöhnlichen Sinne, wie jeder Monarch der Vertreter und Schirmherr seines Volkes und Staates ist, sondern in einem viel höheren. In ihm verehrte die Nation den starken Be= gründer und den weisen Erhalter des neuen Deutschen Reiches;

durch ihn sah sie sich, dankerfüllt, aus jahrhundertelanger Zerrissen=
heit und Schwäche erweckt und mit Einem Male zu einem
Range unter den Völkern Europas erhoben, von dem wohl
die wenigsten unter uns selbst nur zu träumen gewagt hatten;
von ihm datirte für Deutschland eine Periode innerer Einigkeit
seiner Fürsten und seiner Stämme, wie sie in dem mehr
als tausendjährigen Verlaufe der deutschen Geschichte noch
nicht dagewesen, und einer Machtstellung nach außen, wie
sie in solcher Festigkeit und so dauerverheißend selbst den
glänzendsten Zeiten früherer deutscher Kaiser niemals bei=
gewohnt hatte.

Und alles das war ganz wesentlich mit das eigenste
Werk und Verdienst des verewigten Kaisers. Er persönlich
hatte, unter dem Beirath der sachkundigsten Männer, eines
Roon, eines Moltke u. a., jene Neugestaltung des preußischen
Heeres in die Hand genommen und durchgeführt, die schon
1866 sich als ein so wunderbares Mittel gewaltigster Schlag=
fertigkeit bewährte, 1870 aber ganz allein Deutschland vor
der Gefahr einer, wenn auch nur zeitweiligen, Besetzung seiner
Grenzlande durch feindliche Truppen schützte und den Krieg
sofort in Feindesland hinüberspielte. Er war durch die
Erfolge seiner siegreichen Waffen und der nicht weniger sieg=
reichen diplomatischen Künste seines großen Ministers Bismarck,
dem er das ganze Gewicht der preußischen Macht zur freiesten
Verfügung gestellt, der Begründer eines neuen, starken, fest=
gegründeten deutschen Reiches geworden. Und, was beinahe
noch schwerer, gewiß aber nicht minder verdienstlich war, er
verstand es, durch seine Weisheit zu erhalten, was seine
Bismarck und Moltke Großes und Glorreiches geschaffen; er
verstand es, den lauernden Feinden Deutschlands Furcht vor

deſſen allzeit bereiter Wehrhaftigkeit, den befreundeten Mächten aber volles Vertrauen zu ſeiner aufrichtigen Friedenspolitik einzuflößen.

Daher nahten auch ihm, ihrem ehrwürdigen Senior, huldigend Europas Fürſten, große wie kleine; er ward der Stifter und der beherrſchende Mittelpunkt eines machtvollen Bundes, an deſſen Spitze er die Erhaltung des europäiſchen Friedens, die er ſich ſelbſt zur heiligen Pflicht gemacht, auch andern, wenn nöthig, gebieten konnte.

In Deutſchland ſelbſt ward Kaiſer Wilhelms Perſönlichkeit der alles verbindende, ausgleichende, verſöhnende Talisman. In ihm fanden die deutſchen Fürſten die ſicherſte Bürgſchaft dafür, daß ihnen nichts angeſonnen werden würde, was nicht ſchlechterdings nothwendig wäre entweder für die Sicherheit und Größe des Reichs oder für die innere Wohlfahrt der Nation. Um ihn ſchaarten ſie ſich — nicht halb widerſtrebend, wie im alten deutſchen Reiche ſo oft die Vaſallen um ihren oberſten Lehnsherrn, nein, voll Hingebung und Anhänglichkeit, wie getreue Bundesgenoſſen um das von allen hochgehaltene und verehrte Haupt des Bundes, und er ſelbſt, der edle Greis, begehrte nichts anderes zu ſein, als „der Erſte unter Seines= gleichen“.

Und, wie die Fürſten, ſo die Völker. Der kältere Norden wie der lebhafter empfindende Süden, ſie huldigten mit der gleichen Begeiſterung dem allgeliebten Kaiſer Wilhelm. Ja ſelbſt in jenen erſt neuerlich für Deutſchland zurück= gewonnenen Landſchaften, wo das Gefühl der alten Zuge= hörigkeit zum Reiche, verdunkelt durch lange Trennung von uns, ſich nur ſchwach wieder regt, ſelbſt dort war das perſön= liche Erſcheinen des Kaiſers allerwärts das Signal zu

freudigen Kundgebung weiter Bevölkerungskreise. Die seltene
Mischung echt fürstlicher Hoheit und fast bürgerlicher Einfach=
heit, die in Kaiser Wilhelm war, bezauberte Alt und Jung,
Vornehm und Gering. Daher die zahllosen Kundgebungen
der Ehrerbietung und Liebe, die bei jeder Gelegenheit von
allerwärts ihm zuströmten — in Wort und Bild, in ge=
bundener und ungebundener Rede, aus Palästen und Hütten;
daher vor allem jene vielen halbschüchternen und doch treu=
herzig zutraulichen Sendungen aus den Kreisen der Armen
und Bedrängten, ja aus den Kreisen der Jugend= und Kinder=
welt, die entweder mit vertrauensvollen Bitten dem hohen
Herrn nahten oder auch nur im Drange ihres Herzens ihm
die Verehrung der Absender bekundeten, ihm eine kleine Liebes=
gabe, und wäre es nur ein Strauß seiner blauen Lieblings=
blume, zu bieten wagten. Und alle diese Zusendungen fanden
bei ihm die gleiche wohlwollende Aufnahme, und allen diesen
Bitten gewährte er, so weit es irgend möglich, freundliche
Erhörung.

Denn, wie das Volk ihn, so liebte er das Volk. Alle
Stände, alle Berufsklassen umfaßte er mit derselben väter=
lichen Gesinnung. Noch in seinem höchsten Alter war es
sein liebster Gedanke, nachdrücklich und nachhaltig für jene
große, ehrenwerthe Gesellschaftsschicht zu sorgen, auf deren
rühriger Arbeit ganz wesentlich mit der Wohlstand der Nation
beruht, und fast mit Bangen mag ihn der Zweifel erfüllt
haben, ob noch bei seinen Lebzeiten für ein so schwieriges
Beginnen die rechte Form und der wirklich zum Ziele führende
Weg gefunden werden möchte.

Kaiser Wilhelm gehörte nicht, gleich seinen berühmten
Vorfahren dem Großen Kurfürsten und Friedrich dem Großen,

zu jenen genialen Herrschern, die alles nur durch die eigene Kraft vollbringen und für welche auch die begabtesten ihrer Diener nur ausführende Werkzeuge ihrer selbstschöpferischen Ideen sind. Auch wäre wohl zu dieser Art selbstherrlichen Regiments, sogar eines Friedrichs des Großen, weder unsere Zeit noch unser Volk angethan. Aber Kaiser Wilhelm verstand die seltene Kunst, im Cabinet wie im Felde die rechten Männer um sich zu schaaren und sie auf die rechten Posten zu stellen, und zugleich übte er die, bei Monarchen noch seltenere, Selbstverleugnung, der erprobten Einsicht dieser Männer, bisweilen wohl sogar mit Hintansetzung der eigenen Wünsche, rückhaltlos sich anzuvertrauen.

Rührend, wie dieses Vertrauen, war auch die Bescheidenheit, womit er den Dank der Nation und den Ruhm bei Mit- und Nachwelt für all das Große, was ihm gelungen, von sich auf Die abzulenken suchte, die ihm dabei rathend oder helfend zur Seite gestanden hatten. Nach dem glorreichen Tage von Sedan richtete er — damals noch König Wilhelm — an die im Feldlager mit anwesenden deutschen Fürsten eine Ansprache, worin er sagte:

„Sie wissen, meine Herren, welch großes geschichtliches Ereigniß sich zugetragen hat. Ich verdanke dies den ausgezeichneten Thaten der vereinigten Armeen, denen ich mich bei dieser Veranlassung gedrungen fühle meinen königlichen Dank auszusprechen, um so mehr, als diese großen Erfolge wohl geeignet sind, den Kitt noch fester zu gestalten, der die Fürsten des Norddeutschen Bundes und meine anderen Verbündeten, deren fürstliche Mitglieder ich in diesem großen Momente zahlreich um mich versammelt sehe, mit uns verknüpft, so daß wir hoffen dürfen, einer glücklichen Zukunft entgegenzusehen. Meinen Dank jedem, der ein Blatt zum Lorbeer= und Ruhmeskranze Unseres Vaterlandes hinzugefügt!"

Und beim Mittagsmahl im großen Hauptquartier am 3. September brachte er folgenden Trinkspruch aus:

„Wir müssen heut aus Dankbarkeit auf das Wohl meiner braven Armee trinken. Sie, Kriegsminister von Roon, haben unser Schwert geschärft, Sie, General von Moltke, haben es geleitet, und Sie, Graf von Bismarck, haben seit Jahren durch die Leitung der Politik Preußen auf seinen jetzigen Höhepunkt gebracht. Lassen Sie uns also auf das Wohl der Armee, der drei von mir Genannten und jedes einzelnen unter den Anwesenden trinken, der nach seinen Kräften zu den bisherigen Erfolgen beigetragen hat!"

Ihm stand überhaupt die Sache des Vaterlandes und des Volkes allezeit weit höher als seine Person. Gleich seinem großen Vorfahr Friedrich II. betrachtete er sich nur als den „ersten Diener des Staates" und handelte streng in diesem Sinne. Es mag ihm nicht immer leicht geworden sein, langgehegte Ansichten, werthgehaltene Einrichtungen den Wünschen des Volkes, wie sie durch dessen gesetzliche Vertreter an ihn gelangten, oder dem selbsterkannten Bedürfniß der Zeit zu opfern; aber niemals hat er eigenwillig an überlebten Zu= ständen festgehalten oder einem einseitigen Interesse das Interesse des Ganzen nachgesetzt. Nie war sein Ohr jenen falschen Freunden des Königthums geöffnet, welche dem Monarchen einzureden suchen, seine wahre Größe bestehe in der Unbe= schränktheit seiner Machtbefugniß, und wenn in seinen letzten Lebensjahren ihn bisweilen die Besorgniß zu beschleichen schien, als könne die Würde der Monarchie leiden unter einer zu weiten Ausdehnung volksthümlicher Einrichtungen, so hat doch diese Besorgniß ihn nie zu dem Versuche verleitet, die Schranken zu verrücken, welche eben diese Einrichtungen der Gewalt des Staatsoberhauptes setzen.

· Geboren, auferzogen und zum Manne gereift in den Formen und Bräuchen des absoluten Königthums, der Abkömmling eines Herrscherhauses, welches sich wie wenige mit Recht rühmen darf, durch eine Reihe ausgezeichneter Regenten aus seinem Schoße die Größe seines Staates und die Wohlfahrt seines Volkes begründet und gefördert zu haben, in einem Alter, wo es selbst dem Privatmanne schwer fällt, seine Ansichten und Lebensgewohnheiten noch zu ändern, hat er, wenn auch vielleicht nicht immer ohne Ueberwindung, doch immer ohne Rückhalt sich in die neuen Verhältnisse geschickt und den Anforderungen einer neuen Zeit stattgegeben. Als 1844 sein königlicher Bruder sich anschickte, die Verfassung des Landes auf wesentlich veränderte Grundlagen zu stellen, da hat er seine Bedenken dagegen nicht zurückgehalten; nachdem jedoch die berufenen Rathgeber des Königs in ihrer großen Mehrheit sich für die Nothwendigkeit einer solchen Aenderung ausgesprochen, hat er diesen Bedenken entsagt und seine Stimme ebenfalls für die Aenderung abgegeben, indem er jene denkwürdigen Worte sprach:

„Ein neues Preußen bildet sich; das alte geht zu Grabe. Möge das neue so erhaben und groß werden, wie es das alte mit Ehren und Ruhm geworden ist!"

Als dann 1848 König Friedrich Wilhelm IV., noch weiter gehend, eine Verfassung ganz im Geiste moderner Zeit verhieß, erklärte der damalige Prinz von Preußen auf eine an ihn von den Ständen des Belgarder Kreises gerichtete Adresse:

„Sie wissen, daß ich als Mitglied des Staatsministeriums das Patent Sr. Majestät vom 18. März, durch welches dem preußischen Volke eine constitutionelle Verfassung verheißen worden ist, mit voller Uebereinstimmung unterzeichnet und mich dadurch zu deren einstiger Aufrechterhaltung verpflichtet habe. Sie kennen mich hinreichend, um zu mir das Vertrauen zu hegen, daß ich meinem gegebenen Worte mich treu erweisen werde."

Zehn Jahre später, 1858, ergriff er selbst als Regent die Zügel der Regierung Preußens. Weit entfernt, durch hochtönende Verheißungen um die Gunst des Volkes oder um den Beifall der öffentlichen Meinung Europas zu werben, war er vielmehr fast ängstlich bemüht, überschwenglicher Erwartungen, die der Regierungswechsel erregen könnte, entgegenzutreten. „Von einem Bruche mit der Vergangenheit," so erklärte er in jener berühmten Ansprache an das neue Staatsministerium, „soll nun und nimmermehr die Rede sein; wohl aber soll die bessernde Hand angelegt werden, wo sich Willkürliches oder gegen die Bedürfnisse der Zeit Laufendes zeigt." Aber so bekannt und erprobt war bereits die Aufrichtigkeit seiner Gesinnung und die Festigkeit seines Willens, daß diese strengbemessene Zusage mehr wahre Befriedigung erweckte, als alle noch so viel verheißenden Kundgebungen, wie sie sonst wohl vorgekommen.

Dann freilich kam gleichwohl eine Zeit, wo das Verhältniß zwischen Thron und Volk eine schmerzliche Trübung erfuhr — sicherlich für niemand schmerzlicher als für ihn. „Ich schlafe keine Nacht," sagte er tiefbewegt zu Herrn von Beckerath, als dieser ihn beschwor, Frieden zu machen mit seinem Volke. Mit seiner strengen Pflichttreue als Monarch

eines großen Staates und seiner ebenso strengen Gewissen=
haftigkeit in Erfüllung gegebener Zusagen sah er sich vor
die harte Wahl gestellt, entweder wohlerwogenen Plänen für
die Wiedererhebung Preußens zu der ihm gebührenden Macht=
stellung, zugleich für die Einheit und Größe des gesammten
Deutschlands zu entsagen, weil die gesetzlichen Vertreter des
Volkes die zu deren Ausführung nöthigen Mittel verweigerten,
oder geschehen zu lassen, daß seine Regierung sich für einige
Zeit außerhalb der Verfassung stelle. Wie lebhaft mag der
hohe Herr den großen Moment herbeigesehnt haben, wo die
Erfolge der gegen den Widerstand der Volksvertretung durch=
geführten Maßregel das Vorgehen seiner Regierung, wie er
sicher hoffen durfte, rechtfertigen und so zwischen ihm und
seinem Volke die von ihm so schmerzlich vermißte Eintracht
wiederherstellen würden! Wie sehr eilte er, noch unter dem
frischen Eindrucke der glänzenden Siege in Böhmen und der
nicht minder glänzenden diplomatischen Erfolge des Jahres
1866, zu dieser Aussöhnung die Hand zu bieten! Wahrlich,
einen ähnlichen Akt edelster Selbstverleugnung, wie es unter
den damaligen Umständen die von König Wilhelm angeordnete
Vorlegung des Indemnitätsgesetzes an die Kammern war,
dürfte man in der ganzen Geschichte des Constitutionalismus
wohl vergebens suchen!

Als Kriegsherr hat Kaiser Wilhelm mit den Truppen,
an deren Spitze er in den beiden großen Kriegen von 1866
und von 1870 bis 1871 sich persönlich stellte, alle Gefahren
und Anstrengungen redlich getheilt. Nur mit Mühe konnte
ihn in den heißen Schlachten von Königgrätz und von Grave=
lotte seine Umgebung aus dem Feuer der feindlichen Geschütze
entfernen, dem er unerschrocken und heldenmüthig sich aus=

15*

setzte. Mehr als einmal hat er mit dem dürftigsten Nacht=
lager und mit der knappen Kost des gemeinen Soldaten vor=
lieb genommen. Blieb er doch selbst im Frieden seinen mili=
tärischen Gewohnheiten so sehr treu, daß er auch in seinem
Königspalais zu Berlin nie anders als in einem schlichten
eisernen Feldbett und unter einer einfachen Decke schlief.
Was Wunder, wenn Offiziere und Gemeine, wenn die Söhne
seines Preußens wie die aller anderen Bundesstaaten mit
einer Begeisterung ohnegleichen an ihm hingen. Er selbst
zeigte sich fast überwältigt von diesen stürmischen Liebes=
beweisen seiner Krieger.

„Den Empfang durch die Truppen kannst Du Dir
denken: unbeschreiblich!" — so telegraphirte er vom Schlacht=
felde von Sedan aus an seine Gemahlin. Und dann
wieder: „Ueberall ward ich begrüßt von stürmischen Hurrahs
der heranziehenden Trains, welche die Volkshymne an=
stimmten; es war ergreifend!"

Mit der erlauchten Gefährtin seines Lebens theilte er
seine Freude über die errungenen wunderbaren Siege, aber
auch seine Trauer über die vielen gefallenen Helden; an sie
richtete er alle seine Depeschen von den Schlachtfeldern aus,
an sie ausführliche Schilderungen der gewaltigen Kriegs=
ereignisse. Aus allen diesen Zuschriften spricht in er=
greifendster Weise, wie der liebende Gatte und der warm=
fühlende Vater seines Volkes und seines Heeres, so aber
auch der selbst in den schwersten Stunden unerschütterlich
Gott vertrauende, selbst auf der steilsten Höhe menschlichen
Ruhmes sich demüthig vor Gott beugende Held.

„Wenn ich mir denke," schreibt er an die Königin bald
nach der Kapitulation von Sedan und der Gefangennahme

Napoleons — „daß nach jenem großen glücklichen Kriege (1866) ich während meiner Regierung nichts Ruhmreicheres mehr erwarten konnte und ich nun doch diesen weltgeschicht= lichen Akt erfolgt sehe, so beuge ich mich vor Gott, der allein mich, mein Heer und meine Mitverbündeten ausersehen hat, das Geschehene zu vollbringen, und uns zu Werkzeugen seines Willens bestellt hat. Nur in diesem Sinne vermag ich das Werk aufzufassen und in Demuth Gottes Führung und seine Gnade zu preisen."

„Gott sei gepriesen für diese erste glorreiche Waffenthat, er helfe weiter!" — so telegraphirte er an die Königin nach der ersten gewonnenen Schlacht bei Weißenburg, und wiederum nach Wörth: „Preise Gott für seine Gnade!" Kaum Ein Telegramm, worin nicht diese dankbare und demüthige An= rufung Gottes sich wiederholt.

Als Napoleon III., der erst kurz zuvor ihn muthwillig aufs Tiefste beleidigt hatte, indem er in seinem Uebermuth ihn entweder zu einer maßlosen Selbsterniebrigung zwingen oder zum Kriege reizen wollte, als dieser selbe Napoleon sich ihm als Gefangener ausliefern und in der demüthigen Ge= stalt eines Ueberwundenen und um Frieden Bittenden vor ihm erscheinen mußte, da war er, in der ganzen Hoheit seiner edlen und wahrhaft frommen Gesinnung, so weit ent= fernt auch von dem leisesten Anfluge der Selbstüberhebung oder der Schadenfreude, daß er vielmehr tiefergriffen an seine Gemahlin schreibt: „Was ich alles empfand, nachdem ich vor drei Jahren Napoleon auf dem Gipfel seiner Macht ge= sehen hatte, kann ich nicht beschreiben."

Ja, echte Frömmigkeit war der Grundzug im Charakter des Kaisers Wilhelm, war das, was allen seinen anderen

trefflichen Eigenschaften gleichsam die Weihe gab, aber eine
Frömmigkeit, die fern war von jeder Frömmelei und eine
erklärte Feindin jener Scheinheiligkeit, welche unter der
frommen Maske so gern ganz andere Neigungen und Ab=
sichten verbirgt. Dies bekundete er schon als Prinzregent von
Preußen, da er in seiner Ansprache an die Minister sagte:

„Mit allem Ernst muß der Richtung entgegengetreten
werden, die dahin abzielt, die Religion zum Deckmantel poli=
tischer Bestrebungen zu machen. In der evangelischen Kirche,
wir können es nicht leugnen, ist eine Orthodoxie eingekehrt,
die mit deren Grundanschauungen nicht verträglich ist und
die in ihrem Gefolge Heuchelei hat. Alle Heuchelei, Schein=
heiligkeit, alles Kirchenwesen als Mittel zu politischen Zwecken
ist zu entlarven!"

Wohl hatte Kaiser Wilhelm Grund, der göttlichen Vor=
sehung zu danken und sie zu preisen für das, was sie
Großes an ihm und durch ihn an Preußen, an Deutschland
gethan! Wenn er zurückdachte an die traurigen Tage seiner
Kindheit, wie die unvergeßliche Königin Luise mit ihm fliehen
mußte aus der von dem französischen Eroberer bedrohten
Hauptstadt, fliehen weiter und weiter vor dem nachrückenden
Feinde bis an die äußerste Grenze der preußischen Staaten,
wie die geliebte Mutter auf der mühe= und gefahrvollen
Reise schwer erkrankte, er selbst in Memel am Nervenfieber
darniederlag; wenn er sich der Thränen seiner Mutter er=
innerte, die sie über den Zusammenbruch der Monarchie
Friedrichs des Großen geweint, und jener Worte, mit denen
sie seinen älteren Bruder, den nachmaligen Friedrich Wil=
helm IV. und ihn gemahnt: „Befreit Euer Volk von der
Schande der Erniedrigung, worin es schmachtet, sucht den

jetzt verdunkelten Ruhm Eurer Vorfahren zurückzuerobern!"
— wenn er alles dieses sich ins Gedächtniß zurückrief und
damit die glorreichen Waffenthaten seines Heeres verglich,
welche selbst die der Befreiungskriege noch übertrafen, die
von Frankreich zurückgewonnenen Länder, die in seine Hand
gegebene ungeheure Machtfülle, die Erhebung Preußens und
Deutschlands zum ersten Range unter den Nationen — dann
mochte er wohl mit gerührtem und dankerfülltem Herzen
ausrufen: „Der Herr hat alles wohl gemacht, der Name des
Herrn sei gepriesen!"

Und er konnte das mit um so reinerem Gewissen, als er
sich bewußt war, zu dem Kriege, der ihm und uns so Großes
eintrug, keinen Anlaß gegeben zu haben, vielmehr dazu auf
die frevelhafteste Weise gezwungen worden zu sein; als er sich
ferner bewußt war, seiner Siege niemals sich überhoben, seine
Macht niemals mißbraucht zu haben. Hat er doch in jener
großen Stunde, wo in seiner Person das alte deutsche
Kaiserthum erneuert wurde, das feierliche Gelübde gethan:
„Mehrer des Reichs zu sein nicht an kriegerischen Erobe-
rungen, sondern an den Gütern und Gaben des Friedens,
auf dem Gebiete nationaler Wohlfahrt, Freiheit und Gesittung."

Ein so gewaltiger Kriegsfürst Kaiser Wilhelm I. war,
als ein ebenso aufrichtiger Freund des Friedens hat er sich
allezeit bewährt. Was Napoleon III. nur heuchlerisch ver-
kündete: „Das Kaiserreich ist der Friede," das konnte er
von dem durch ihn gegründeten und von ihm beherrschten
Reiche mit vollster Wahrheit sagen. Wozu jener sich willkür-
lich aufwarf, zum Schiedsrichter Europas, dazu ward dieser
edle, selbstlose Kaiser von streitenden Parteien mehr als einmal freiwillig auserkoren. Wo es galt, das Gleichgewicht und

die Ruhe Europas gegen bedenkliche Verrückungen der Macht=
verhältnisse sicherzustellen, da hielt ihn weder die Rücksicht
auf alte und werthgehaltene Beziehungen, noch die Besorgniß
vor Gegnerschaften, die er dadurch sich schaffen konnte, von
der Erfüllung dieser in seinen Augen heiligsten Pflicht zurück.

So schmückt seinen Sarkophag neben dem Lorbeer des
Helden die Palme des Friedens, neben beiden aber der
Eichenkranz des Vaters und Wohlthäters seines Volkes und
der gesammten deutschen Nation; sein Andenken aber wird
gesegnet bleiben und fortleben unvergänglich von Geschlecht zu
Geschlecht! Das bezeugte schon vor nunmehr zehn Jahren,
als zweimal eine ruchlose Hand sein theures Leben gefährdete,
der in allen deutschen Gauen erschallende laute Aufschrei des
Entsetzens und der bangsten Besorgniß; das bezeugen die
tieftraurigen Blicke und die unwillkürlich hervorbrechenden
Thränen, womit, da Gott nun den geliebten Kaiser — in
einem Alter, wie es wenig Menschen vergönnt ist — durch
einen sanften Tod zu sich genommen, diese Trauerkunde aller=
wärts aufgenommen worden ist.

Selten wohl konnte ein Mächtiger der Erde mit so
ruhigem, ja freudigem Bewußtsein diesem göttlichen Rufe
entgegenharren, wie Kaiser Wilhelm; denn selten wohl hat
selbst ein Privatmann, geschweige ein mit großer und
schwerer Verantwortlichkeit Belasteter alle seine Pflichten, die
nächsten wie die höchsten, die des zärtlichen Familienvaters,
wie die des Herrschers eines mächtigen Reichs, so treu, so
gewissenhaft, so peinlich streng erfüllt wie er.

Möge sein Geist fort und fort ruhen auf allen seinen
Nachfolgern und auf dem ganzen deutschen Volke!